VIISI ASKELTA

TAISTELU PROFETIAN ARMOLAHJASTA

Marko Joensuu

VIISI ASKELTA
TAISTELU PROFETIAN ARMOLAHJASTA

IHERINGIUS

1. painos

Alkuteoksen nimi
Five Movements: Winning the Battle for Your Prophetic Gift

Lainaukset Raamatusta on otettu vuoden 1992 uudesta suomennoksesta.

Iheringius
Imprint of Joensuu Media Ltd
145-157 St John Street
London
EC1V 4PW
England

A CIP catalogue record for this book is available from the British Library.

ISBN 978-0-9575354-4-2

www.iheringius.com

Omistettu pojalleni Joshualle
ja vaimolleni Daniellalle

SISÄLLYS

Pyrkikää rakkauteen,
mutta tavoitelkaa myös henkilahjoja,
ennen kaikkea profetoimisen lahjaa.
1. Kor. 14:1

KIITOSSANAT

Tämän kirjan kirjoittamiseen on mennyt kaksikymmentäviisi vuotta, enkä tule todennäköisesti koskaan kirjoittamaan tärkeämpää kirjaa. Kaikkein vaikeinta silloin, kun kirjoittaa kirjoja Jumalan kanssa, on se, että usein hän odottaa kirjan sanoman tulevan lihaksi, ennen kuin hän antaa meille luvan laittaa sormet näppäimistölle.

Matkalla oppimaan, miten opettaa profetian armolahjan kehittämistä, olen oppinut sen, että prosessi on ainakin yhtä tärkeä kuin lopputulos.

Koska matka on ollut pitkä, monet ovat ehtineet profetoida elämästäni. Kiitos Mika Rotkus, Ikwu Amiaka, June Freudenberg, Henrik Rantanen, Hannu Vaurula, Roland Harding, David Muyiwa Adeola, Esteban Gecchelin ja Colin Dye siitä, että olette vaikuttaneet elämääni profeetallisilla sanoilla eri vaiheissa!

Kiitos Ikwu Amiaka, Glenn Metcalfe ja Wills Gardner siitä, että olette kuunnelleet vuosien ajan loputonta teoriointiani profetian armolahjasta! Se on auttanut materiaalin muovaamisessa, eikä ilman teidän kärsivällisyyttänne ja pitkämielisyyttänne tätä kirjaa olisi koskaan kirjoitettu.

Kiitos Miika-Markus Järvelä pitkästä ystävyydestä. Ilman sinun tukeasi ja ymmärrystäsi tätä kirjaa ei olisi suomennettu.

Kiitos isä ja äiti siitä, että olette aina uskoneet minuun ja ehdottomasta rakkaudestanne. Kiitos siskoni Kirsi ja veljeni Pasi siitä, että olette olleet paras mahdollinen sisko ja veli!

Kiitos poikani Joshua siitä, että uudistit luovuuteni jo pelkällä läsnäolollasi ja persoonasi vaikutuksella! Kiitos vaimoni Daniella siitä, että olet jatkanut matkaa kanssani läpi vuosien, uskoen minuun silloinkin, kun unelmani ja näkyni ovat vaikuttaneet tavoittamattomilta. Mitään matkaa ei tule tehdä yksin, ja sinussa Jumala on antanut minulle parhaan mahdollisen matkakumppanin.

Suurin kiitos kuuluu Jumalalle siitä, että hän pelasti minut päämäärättömästä elämästä ja täytti minut Hengellään. Hänen läsnäolonsa ansiosta en koskaan tunne olevani yksin.

1

ISÄ MEIDÄN -RUKOUS

Etsin raamatullista mallia siihen, miten opettaa profetian armolahjan kehittämistä, yli kahdenkymmenen vuoden ajan. Lopulta löysin sen Isä meidän -rukouksesta.

Monille kristityille Isä meidän -rukous on muodollinen ja liturginen rukous, eikä sillä näytä olevan mitään tekemistä profetian armolahjan kanssa. Kuitenkin se ilmentää profeetallisen elämän ja rukouksen dynamiikkaa täydellisesti.

Jeesuksen ajan juutalaiset odottivat messiaan tuloa, mikä toisi mukanaan Israelin kuningaskunnan restauraation. Sitä odottivat myös Jeesuksen opetuslapset. Ylösnousemuksen jälkeen he kysyivät:

> Herra, onko nyt tullut se aika, jolloin sinä rakennat Israelin valtakunnan uudelleen? (Ap. t. 1:6)

Mutta maallisen kuningaskunnan sijasta Jeesus oli tullut rakentamaan kuningaskunnan, joka on näkymätön, ikuinen ja mahdoton hävittää.

Vuosien kuluessa olen siirtynyt kirkkokeskeisestä valtakuntakeskeiseen käsitykseen kristinuskosta.

En halua enää tietää enemmän Jumalasta.

Haluan tuntea hänet.

Isä meidän -rukous keskittyy nimenomaan Jumalan tuntemiseen.

Seurakunnassa on ollut aina profeettoja. Kun monet puhuvat apostolisten ja profeetallisten virkojen elpymisestä, meidän tulee ymmärtää, että näitä virkoja ei ole koskaan menetetty, vaikka osa seurakunnasta onkin ne menettänyt.

On selviä todisteita siitä, että alkukirkossa profetian armolahja oli käytössä laajasti aina 300-luvulle asti. Esimerkiksi Tertullianus kirjoitti 200-luvulla *Contra Marcionemissa*, kirjassa Markion Sinopelaista vastaan, joka väitti että Jahve, juutalaisten Jumala, ei ollut Jeesuksen Jumala.

> Esitelköön Markion lahjoina jumalaltaan profeettoja, jotka eivät ole puhuneet pelkästään inhimillisessä mielessä, mutta Jumalan Hengen avulla, jotka ovat ennustaneet tulevia tapahtumia ja paljastaneet sydämen salaisuudet; tuottakoon hän psalmin, näyn, rukouksen – mutta tulkoon se vain Hengestä, ekstaasissa, hurmoksessa, milloin hän on selittänyt kieliä; todistakoon hän, että yksikään kerskaavan kielen omistava nainen hänen yhteisössään on koskaan profetoinut hänen pyhien siskojen joukossaan. Mutta kaikki nämä merkit ilmenevät minun puolellani ilman mitään vaikeuksia.

Tertullianus käytti armolahjoja todisteena oikean opin puolesta!

Lyonin piispa Irenaeus mainitsi profetian armolahjan tekstissään *Apostolisen Opin Demonstraatio*.

> Ja toiset eivät myönnä Pyhän Hengen lahjoja, he hylkäävät profetian karisman, jonka kastelemana ihminen kantaa elämän hedelmää Jumalalle. Näistä Jesaja sanoi, että

> he ovat kuin lehdetön pähkinäpuu, kuin puutarha ilman vettä. Ja tämänkaltaiset miehet ovat hyödyttömiä Jumalalle, sillä he eivät voi kantaa hedelmää.

Irenaeuksen mukaan kristityt, jotka hylkäävät armolahjat, ovat hyödyttömiä Jumalalle.

Pyhä Ambrosius, Milanon piispa ja yksi 300-luvun vaikutusvaltaisimmista kirkollisista henkilöistä, kirjoitti kirjassaan Pyhästä Hengestä:

> Katsokaa, Jumala vahvisti apostolit, nimitti profeetat ja opettajat, antoi parantamisen armon . . . antoi monet eri kielet. Mutta kaikki eivät ole apostoleja, eivätkä profeettoja, eivätkä opettajia. Kaikilla ei ole parantamisen armolahjaa, eivätkä kaikki puhu kielillä. Sillä yhdellä ihmisellä ei voi olla kaikkia jumalallisia lahjoja; jokainen saa armolahjat sen kapasiteetin mukaan, miten paljon he haluavat armolahjoja, ja mitä he ansaitsevat.

Armolahjat eivät koskaan lakanneet toimimasta, mutta niillä alkoi olla pienempi rooli 300-luvun lopun institutionalisoidussa kirkossa sen jälkeen, kun kristinuskosta tuli Rooman imperiumin valtiouskonto. Maallinen valta ja mammona ovat usein olleet seurakunnan arkkivihollinen, ryöstäen sen Jumalan valtakunnan voimasta. Mutta Rooman imperiumin rajojen ulkopuolella Jumalan valtakunta jatkoi laajenemistaan.

Kristinusko levisi vielä nopeammin Afrikassa ja Persian valtakunnassa kuin Rooman imperiumissa, ja nykypäivän Afganistanin, Sudanin ja Etiopian kattavista alueista tuli läpeensä kristillisiä. Meidän on tänään vaikeaa ymmärtää, että suuri osa Lähi-idän asukkaista oli ennen islamin aikaa kristittyjä.

Vielä 1000-luvun alkupuolella, Islamin ekspansiosta huolimatta, Aasiassa oli 17-20 miljoonaa kristittyä ja

Afrikassa yli 5 miljoonaa, kun samaan aikaan Euroopassa oli 25-30 miljoonaa.[1]

Tarinat Aasian seurakunnasta ovat täynnä ihmeitä ja ennen kuin hylkäät ne myyttisinä tarinoina, kannattaa ottaa huomioon, että kristinuskon leviämistä Lähi- ja Kaukoitään on vaikeaa selittää luonnollisesti, sillä leviäminen oli luonteeltaan täysin pasifistista.

Ja laajenemisen aallot tulivat uudelleen. 1500-luvun loppupuolella Japanissa oli yli 300 000 kristittyä eurooppalaisten lähetystyöntekijöiden työn seurauksena, ennen kuin nouseva vaino tuhosi seurakunnan lähes kokonaan ja pakotti lähetystyöntekijät jättämään Japanin ja uskovat maan alle. Bastian, japanilainen uskova, joka mestattiin 1600-luvun puolivälissä sen jälkeen, kun hänet oli vangittu ja häntä oli kidutettu kahden vuoden ajan, profetoi, että seitsemän sukupolven jälkeen papit tulisivat takaisin mustilla laivoilla ja kristityillä olisi vapaus palvella Jumalaa avoimesti – ja näin tapahtui. Vuonna 1853 kommodori Perryn mustat laivat saapuivat Yhdysvalloista ja kristinuskon laillistaminen tapahtui kahdenkymmenen vuoden sisällä.Tämä tapahtui 214 vuotta Bastianin profetian jälkeen – seitsemän sukupolvea, jos sukupolven lasketaan olleen kolmekymmentä vuotta – elämän normaalipituus noihin aikoihin. *Kirishitan*, Japanin piilokristityt, olivat odottaneet profetian toteutumista ja lähes puolet heistä liittyivät katoliseen kirkkoon profetian takia. [2]

Mitä enemmän opiskelee kristinuskon globaalia leviämistä, sitä selvempää on, että ihmeparantumiset, ihmeet, profetiat ja armolahjat olivat tärkeitä leviämistä auttavia tekijöitä.

Monet kirkkokunnat ovat unohtaneet karismaattisen

---

1 *The Lost History of Christianity: The Thousand-Year Golden Age of the Church in the Middle East, Africa and Asia – and How It Died*. Phillip Jenkins

2 *In Search of Japan's Hidden Christians: A Story of Suppression, Secrecy and Survival*. John Dougill.

menneisyytensä. Jopa Martti Luther, luterilaisen kirkon perustaja, joka oli tunnettu katolisen "taikauskon" vastustaja, profetoi ja rukoili sairaiden puolesta, jotka parantuivat. Ja hänen tulemisestaan ja vaikutuksestaan profetoi Jan Hus, tsekkiläinen uskonpuhdistaja, joka poltettiin elävältä roviolla sata vuotta aikaisemmin.

2

HENGEN MAAILMAAN

"Jumala ei puhu minulle", sanoi kaverini ohjatessaan urheiluautoaan hämärien katujen läpi.

Miksi Jumala puhui minulle? Miksi hän ei puhunut ystävälleni? En pystynyt tuottamaan uskottavaa vastausta, ja ystäväni jatkoi ajelehtimistaan pois Jumalan luota.

Päätin, että joskus tulevaisuudessa pystyisin vastaamaan tähän kysymykseen. Tähän on mennyt kaksikymmentä vuotta, mutta nyt olen löytänyt sen vastauksen.

Erään toisen yöllisen keskustelun aikana Jeesus kertoi Nikodeemukselle,

> Jos te ette usko, kun puhun teille tämän maailman asioista, kuinka voisitte uskoa, kun puhun taivaallisista! Kukaan ei ole noussut taivaaseen, paitsi hän, joka on taivaasta tänne tullut: Ihmisen Poika. (Joh. 3:12-13)

Nikodeemus ei kyennyt ymmärtämään uudestisyntymisen käsitettä, mutta hän ymmärsi sen tärkeyden, sillä Jeesus oli kertonut hänelle, että se oli Jumalan valtakuntaan pääsyn edellytys.

Isä meidän -rukous on hyvä alkupiste, jos haluat oppia "taivaallisista" asioista ja profetian armolahjasta.

Jeesus sanoi,

> "Varokaa vääriä profeettoja. He tulevat luoksenne lampaiden vaatteissa, mutta sisältä he ovat raatelevia susia. Hedelmistä te heidät tunnette. Eihän orjantappuroista koota rypäleitä eikä ohdakkeista viikunoita. (Matt. 7:15-16)

Mittaamme usein profeetat heidän sanojensa tarkkuuden perusteella. Jeesus tutkii heidän hedelmänsä.

Apostolisten isien kirjat on alkuseurakunnan käsikirja, joka kirjoitettiin Palestiinassa tai Syyriassa ensimmäisen vuosisadan loppupuolella. Suuri osa tekstiä käsittelee sitä, mitä tehdä kierteleville profeetoille. Käsikirjan mukaan:

> Ja jokainen profeetta, joka opettaa totuutta, jos hän ei tee mitä opettaa, hän on väärä profeetta.

Meidän tulee etsiä yhdeksää Hengen hedelmää profeetan elämästä: rakkautta, iloa, rauhaa, ystävällisyyttä, hyvyyttä, kärsivällisyyttä, uskollisuutta, lempeyttä ja itsehillintää. Meidän tulee varoa niitä, joiden elämässä ei näy merkkejä näistä Hengen hedelmistä.

Perussääntö on, että pelkoa ja paniikkia levittävät profetiat eivät ole Jumalasta, sillä hän ei ole antanut meille pelon vaan rohkeuden Hengen. Jopa kauhistuttavimmissa Johanneksen ilmestyksen luvuissa rohkaistaan kristittyjä.

Apostolisten isien kirjat neuvovat rukoilemaan Isä meidän -rukouksen kolme kertaa päivässä. On selvää, että tästä rukouksesta tuli nopeasti tärkeä osa alkuseurakunnan elämää.

Jahasiel on huonosti tunnettu Vanhan Testamentin profeetta. Hänet mainitaan Raamatussa vain yhdessä yhteydessä. Mutta noin 2 800 vuotta sitten Jumala käytti häntä pelastamaan Jerusalemin.

Moabilaiset, ammonilaiset ja maonilaiset piirittivät Jerusalemia. Kuningas Josafat kokosi kaikki, jotka hän sai mahtumaan temppeliin rukoilemaan, että Jumala pelastaisi kansakunnan.

Pelastuksesta ei ollut tietoakaan, ja antautuminen varmasti näytti parhaalta vaihtoehdolta.

> Silloin Herran henki tuli joukon keskellä seisovaan leeviläiseen Jahasieliin, joka oli Asafin sukua, Sakarjan poika; hänen isoisänsä oli Benaja, tämän isä Jeiel ja tämän Mattanja. Hän lausui: "Kuulkaa, koko Juudan kansa, Jerusalemin asukkaat ja kuningas Josafat! Näin sanoo teille Herra: Älkää säikähtäkö älkääkä pelätkö tuota valtavaa sotajoukkoa, sillä tämä ei ole teidän sotanne vaan Jumalan. Lähtekää huomenna vihollisia vastaan! He nousevat ylös Sisin rinnettä, ja te kohtaatte heidät sen purolaakson päässä, joka on Jeruelin autiomaan itäpuolella. Mutta teidän ei pidä ryhtyä taisteluun. Jääkää vain paikoillenne ja katselkaa, millaisen avun Herra teille antaa. Juudan ja Jerusalemin asukkaat, älkää säikähtäkö älkääkä pelätkö, vaan lähtekää huomenna heitä vastaan! Herra on teidän kanssanne." (2. Aik. 20:14-17)

Profetian rohkaisemana Juudan armeija marssi taistelutantereelle todistamaan, kuinka vihollisarmeijat olivat jo tuhonneet toisensa.

Jumala oli antanut heille voiton ja valtavan sotasaaliin ilman miekkaan tarttumista!

Isä meidän -rukous auttaa sinua kehittämään profetian armolahjaa siten, että eräänä päivänä se voi toimia elämässäsi yhtä voimallisesti kuin Jahasielin.

Raamatussa on kaksi erilaista Isä meidän -rukouksen versiota – lyhyempi ja pidempi.

Evankeliumi Matteuksen mukaan 6:9-13 sisältää pidemmän version osana Vuorisaarnaa, Evankeliumi

Luukkaan mukaan 11:2-4 sen lyhyemmän. Pidempi vain laajentaa sitä, minkä lyhyempi kattaa suppeammin.

Isä meidän -rukous

Isä meidän, joka olet taivaissa.
Pyhitetty olkoon sinun nimesi.
Tulkoon sinun valtakuntasi.
Tapahtukoon sinun tahtosi,
myös maan päällä niin kuin taivaassa.
Anna meille tänä päivänä meidän jokapäiväinen
leipämme.
Ja anna meille meidän syntimme anteeksi,
niin kuin mekin anteeksi annamme niille,
jotka ovat meitä vastaan rikkoneet.
Äläkä saata meitä kiusaukseen,
vaan päästä meidät pahasta.

Rukous voidaan jakaa viiteen askeleen Hengen maailmaan.

Ensimmäinen – *Isä meidän, joka olet taivaissa. Pyhitetty olkoon sinun nimesi.* – on askel Jumalan läsnäoloon.

Toinen – *Tulkoon sinun valtakuntasi. Tapahtukoon sinun tahtosi, myös maan päällä niin kuin taivaassa.* – on askel Jumalan näkökulmaan.

Kolmas – *Anna meille tänä päivänä meidän jokapäiväinen leipämme.* – on askel Jumalan huolenpitoon.

Neljäs – *Ja anna meille meidän syntimme anteeksi, niin kuin mekin anteeksi annamme niille, jotka ovat meitä vastaan rikkoneet.* – on askel Jumalan luontoon.

Viides – *Äläkä saata meitä kiusaukseen, vaan päästä meidät pahasta.* – on askel Jumalan vapauteen.

Rukouksen päättävä doksologia, ylistyslauselma – *Sillä sinun on valtakunta ja voima ja kunnia iankaikkisesti. Aamen.* – ei ole osa Luukkaan versiota, eikä sitä löydy aikaisemmissa Matteuksen evankeliumin versioissa.

Joka tapauksessa se vain tuo meidät takaisin ensimmäiseen askeleeseen, Jumalan läsnäoloon astumiseen.

Isä meidän -rukous ilmentää Hengen kaipuun tuoda meidät Jumalan läsnäoloon, näkökulmaan, huolenpitoon, luontoon ja vapauteen. Sinun pitää astua jokaiseen näihin ulottuvuuteen, mikäli haluat kestää elämänpituisessa palvelutyössä profeettana. Itse asiassa taistelu profetian armolahjastasi voitetaan tai hävitään sen perusteella, miten syvälle kykenet astumaan näihin viiteen ulottuvuuteen.

Profeetta Aamos sanoi:

> Ei Herra Jumala tee mitään ilmoittamatta suunnitelmiaan palvelijoilleen, profeetoille. (Aam. 3:7)

Jumala ei tule koskaan kertomaan sinulle kaikesta, mitä maailmassa tulee tapahtumaan vaan pääosin omista suunnitelmistaan. Et tule koskaan näkemään ennalta jokaista maanjäristystä, tärinää tai terrori-iskua, koska ne eivät ole Jumalan työ – ellei niistä tietäminen ole välttämätöntä.

Jeesus sanoi,

> Te olette ystäviäni, kun teette sen minkä käsken teidän tehdä. En sano teitä enää palvelijoiksi, sillä palvelija ei tunne isäntänsä aikeita. Minä sanon teitä ystävikseni, olenhan saattanut teidän tietoonne kaiken, minkä olen Isältäni kuullut. (Joh. 15:14-15)

Profeetat ovat Jumalan ystäviä, joille hän puhuu sydämensä salaisuuksista.

Paavali kirjoittaa:

> Pyrkikää rakkauteen, mutta tavoitelkaa myös henkilahjoja, ennen kaikkea profetoimisen lahjaa. (1. Kor. 14:1)

Rakkauteen pyrkiminen ja profetian lahja, ennen muita armolahjoja, ovat se tie, joka on "verrattomasti muita parempi", josta Ensimmäinen kirje korinttilaisille 12:31 alkaa opettaa. Koska Ensimmäinen kirje korinttilaisille 13 on ehkä kaunein koskaan kirjoitettu rakkauden tutkielma, monet kristityt ajattelevat rakkauden yksin olevan se verrattomasti parempi tie. Mutta se jae, joka päättää tämän ajatuksen, ei ole Ensimmäinen kirje korinttilaisille 13:13, jonka mukaan "suurin niistä on rakkaus", vaan Ensimmäinen kirje korinttilaisille 14:1.

Rakkaus *ja* armolahjat ovat se verrattomasti muita parempi tie.

Hengelliset lahjat lataavat rakkauden yliluonnollisella voimalla, jonka avulla voit rakastaa yliluonnollisesti. Luonnollinen rakastaminen uuvuttaa sinut, yliluonnollinen rakastaminen täyttää sinut voimalla, ja profetian armolahja auttaa sinua maksimoimaan tämän rakkauden voiman.

ENSIMMÄINEN ASKEL

Isä meidän, joka olet taivaissa.
Pyhitetty olkoon sinun nimesi.

Ensimmäinen askel Henkeen tuo sinut Jumalan läsnäoloon.

3

ISÄN SYDÄN

> Jumala ei kylläkään ole kaukana yhdestäkään meistä: hänessä me elämme, liikumme ja olemme. (Ap. t. 17:27-28)

Ensimmäinen askel Henkeen – palvonta – tuo sinut Jumalan läsnäoloon.

Evankeliumi Matteuksen mukaan18:1-4 sanoo:

> Kohta sen jälkeen opetuslapset tulivat Jeesuksen luo ja kysyivät: "Kuka on suurin taivasten valtakunnassa?" Silloin Jeesus kutsui luokseen lapsen, asetti hänet heidän keskelleen ja sanoi: "Totisesti: ellette käänny ja tule lasten kaltaisiksi, te ette pääse taivasten valtakuntaan. Se, joka nöyrtyy tämän lapsen kaltaiseksi, on suurin taivasten valtakunnassa."

Ehkä tahdot olla hengellinen supersankari, mutta Jumala tahtoo kutistaa sinut lapseksi.

Monia vuosia sitten näin näyn Taivaan Isästä, joka istui valtaistuimellaan. Valtavat enkelit palvoivat häntä. Yhtäkkiä mahtava kaksoisovi avautui. Pieni poika asteli sisään. Hänen vaatteensa olivat mudan peittämiä, ja mutainen vesi valui superpuhtaalle lattialle. Enkelit pidättivät henkeään. Varmasti pieni poika tuhottaisiin. Mutta Jumala nosti hänet syliinsä.

"Missä olet ollut?" hän kysyi, ja hymyili. Hän ei edes huomannut mutaa! Näin tapahtuu joka kerta, kun lähestyt Jumalaa. Sinulla on valta saada Jumala hymyilemään.

Taivaassa on valtaistuinsali, mutta se on myös sisimmässämme. Olet Pyhän Hengen temppeli!

Jeesus sanoi:

> Rakasta Herraa, Jumalaasi, koko sydämestäsi, koko sielustasi ja mielestäsi. Tämä on käskyistä suurin ja tärkein. Toinen yhtä tärkeä on tämä: Rakasta lähimmäistäsi niin kuin itseäsi. Näiden kahden käskyn varassa ovat laki ja profeetat. (Matt. 22:37-40)

Et opi rakastamaan Jumalaa enemmän yrittämällä kovemmin. Opit rakastamaan Jumalaa enemmän, kun opit tuntemaan hänet paremmin.

Jumala ei vaadi palvontaa sen tähden, että hän olisi itserakas. Jumala on maailmankaikkeuden nöyrin olento ja täysin keskittynyt toisten hyvinvointiin.

Mutta hän tahtoo täyttää sisimpäsi rakkaudellaan ja valollaan, jotta olisit täynnä elämää. Ilman Jumalaa ihminen on varjojen vanki.

Jumalan läsnäolo liittää sinut olemassaolosi perustaan. Paavali sanoi Jeesuksesta:

> Hän on ollut olemassa ennen kaikkea muuta, ja hän pitää kaiken koossa. (1. Kol. 1:17)

Tosi profeetta on tosi palvoja. Jeremia sanoi:

> Mutta kuka heistä oli läsnä, kun minä, Herra, tein päätökseni? Kuka heistä näki minut ja kuuli, mitä minulla on mielessäni? Kuka kuunteli minua tarkoin ja ymmärsi sanani? (Jer. 23:18)

Jumalan neuvonpito tapahtuu hänen läsnäolossaan. Ilm. 4:5-11 näyttää meille taivaallisen valtaistuinsalin.

> Sen edessä oli seitsemän soihtua, Jumalan seitsemän henkeä, ja sen edessä oli myös ikään kuin lasinen, kristallin tavoin kimmeltävä meri. Valtaistuimen edessä ja ympärillä oli neljä olentoa, jotka sekä edestä että takaa olivat täynnä välkehtiviä silmiä. Yksi muistutti leijonaa, toinen nuorta härkää, kolmannella oli kuin ihmiskasvot, ja neljäs näytti lentävältä kotkalta. Näillä neljällä olennolla oli kullakin kuusi siipeä, jotka olivat molemmilta puolin täynnä välkehtiviä silmiä.
>
> Taukoamatta, päivin öin, nuo olennot lausuvat: "Pyhä, pyhä, pyhä on Herra Jumala, Kaikkivaltias! Hän oli, hän on ja hän on tuleva." Aina kun olennot ylistävät, kunnioittavat ja kiittävät häntä, joka istuu valtaistuimellaan ja joka elää aina ja ikuisesti, nuo kaksikymmentäneljä vanhinta heittäytyvät maahan hänen valtaistuimensa eteen ja osoittavat hänelle kunnioitustaan – hänelle, joka elää aina ja ikuisesti. He asettavat seppeleensä valtaistuimen eteen ja lausuvat: "Herra, meidän Jumalamme! Sinä olet arvollinen saamaan ylistyksen, kunnian ja vallan, sillä sinä olet luonut kaiken. Kaikki, mikä on olemassa, on sinun tahdostasi luotu."

Mutta Jeesus ei kuollut enkelien puolesta. Hän kuoli meidän puolestamme. Meillä on enemmän syitä palvoa Jumalaa kuin enkeleillä!

Kun katson ristin ihmettä, Isaac Wattsin kirjoittama vuonna 1707 julkaistu virsi, sanoo sen paljon kauniimmin kuin voisin koskaan sen kertoa.

Oi ihmeellinen armahdus!
Kun katson Herran haavoja,
niin tuska sekä rakkaus
nyt vuotaa niistä virtana.

Näin ruumis peittyy purppuraan
hetkellä suuren sovinnon.
En enää turvaa maailmaan,
se minulle nyt kuollut on.

Nyt kuinka siitä kiittäisin,
kun, Jeesus, annoit itsesi.
Rakkaus, täytä minutkin,
kaikkeni annan käyttöösi.

Jesaja näki Jeesuksen kuoleman ennalta satoja vuosia aikaisemmin.

> Ei hänellä ollut vartta, ei kauneutta, jota olisimme ihaillen katselleet, ei hahmoa, johon olisimme mieltyneet. Hyljeksitty hän oli, ihmisten torjuma, kipujen mies, sairauden tuttava, josta kaikki käänsivät katseensa pois. Halveksittu hän oli, me emme häntä minään pitäneet. Ja kuitenkin: hän kantoi meidän kipumme ja otti taakakseen meidän sairautemme. Omista teoistaan me uskoimme hänen kärsivän rangaistusta, luulimme Jumalan häntä niistä lyövän ja kurittavan, vaikka meidän rikkomuksemme olivat hänet lävistänee ja meidän pahat tekomme hänet ruhjoneet. Hän kärsi rangaistuksen, jotta meillä olisi rauha, hänen haavojensa hinnalla me olemme parantuneet. (Jes. 53:2-5)

Jos koskaan menetät halusi ylistää Jumalaa, niin lue Jesajan kirja 53.

4

LÄSNÄOLON HARJOITTAMINEN

Jumala on kanssasi! Mutta sinun pitää oppia olemaan herkkä hänen läsnäololleen. Jeesus sanoi:

> Kun sinä rukoilet, mene sisälle huoneeseesi, sulje ovi ja rukoile sitten Isääsi, joka on salassa. Isäsi, joka näkee myös sen, mikä on salassa, palkitsee sinut. (Matt. 6:6)

Jos vietät aikaa Jumalan läsnäolossa, yksin, etsien ainoastaan häntä, hän tulee puhumaan sinulle ja täyttämään sinut läsnäolollaan. Paavali kirjoittaa:

> Ettekö tiedä, että teidän ruumiinne on Pyhän Hengen temppeli? Tämän Hengen on Jumala antanut asumaan teissä. (1. Kor. 6:19)

Monista hiljaisuus on epämukavaa, mutta tarvitset hiljaisuutta; ensin oppiaksesi erottamaan sisimpäsi äänen, jotta tiedät, milloin se ei ole Jumala joka puhuu, ja sitten kun sisimpäsi on hiljentynyt, Pyhän Hengen äänen.

Kuullaksesi hänen äänensä sinun pitää luottaa siihen, että hän on läsnä.

Kirje heprealaisille 11:6 sanoo:

> Ilman uskoa ei kuitenkaan kukaan ole Jumalan mielen mukainen. Sen, joka astuu Jumalan eteen, täytyy uskoa, että Jumala on olemassa ja että hän kerran palkitsee ne, jotka etsivät häntä.

Ala kiittää Jumalaa siitä, että hän on läsnä, joka päivä. Hän on siellä, syvällä sisimmässäsi, koet hänen läsnäolonsa tai et. Miksi et kiittäisi häntä siitä?

Henri Nouwen, hollantilainen pappi ja kirjailija, sanoo kirjassaan *Reaching Out*:

> On varmaan vaikeaa tai melkein mahdotonta siirtyä yksinäisyydestä eristymiseen ilman minkäänlaista vetäytymistä maailman häiriöistä, ja sen tähden on ymmärrettävää, että monet jotka pyrkivät kehittämään hengellistä elämäänsä etsivät paikkoja ja tilanteita, joissa he voivat olla yksin, joskus lyhyen ajan, joskus enemmän tai vähemmän pysyvästi.
>
> Mutta eristäytyminen, jolla on todellista merkitystä on sydämen eristäytyminen; se on sisäinen ominaisuus tai asenne, joka ei ole riippuvainen fyysisestä eristäytymisestä . . . On tärkeämpää kuin koskaan painottaa, että eristäytyminen on inhimillinen kapasiteetti, joka voi olla olemassa ja jota voi ylläpitää ja kehittää suuren kaupungin keskustassa, suuren joukon keskellä ja osana aktiivista ja tuottavaa elämää.
>
> Mies tai nainen, joka on kehittänyt tämän eristäytymisen taidon, ei ole enää ympäröivän maailman ärsykkeiden uhri, vaan hän pystyy tarkastelemaan ja ymmärtämään maailmaa hiljaisesta sisäisestä keskuksesta.

Erottelukyvyn kehittämisen hinta on sisäinen eristäytyminen, mutta Jumalan kanssa tämä ei merkitse yksinäisyyttä. Ja tämä hiljainen sisäinen keskus, josta Nouwen kirjoittaa, on täynnä Jumalan Henkeä, joka alkaa tuomaan hänen näkökulmaansa tietoisuuteemme.

Veli Laurentiuksesta tuli ekspertti Jumalan läsnäolon harjoittamisessa. Hän palveli maallikkona karmelilaisessa luostarissa Pariisissa 1600-luvulla. Hänen ajatuksensa koottiin *Jumalan läsnäolon harjoitus* -kirjaan kuoleman jälkeen. Veli Laurentius sanoi:

> Olen lopettanut kaikenlaisen hartauden harjoittamisen ja säännölliset rukoukset niitä lukuun ottamatta, joihin minun asemani pakottaa. Ja olen tehnyt asiakseni pysyä hänen pyhässä läsnäolossaan, jossa pitäydyn yksinkertaisen keskittymisen avulla, ja yleisen Jumalaan kohdistuvan kiintymyksen avulla, jota kutsun Jumalan todelliseksi läsnäoloksi, tai sanoen paremmin, totunnaisen, hiljaisen ja salaisen keskustelun Jumalan kanssa, joka usein saa aikaan iloa ja autuutta, joka purkautuu sisäänpäin ja joskus ulospäin, ilon joka on niin suuri että joudun hillitsemään sitä, ja estämään sen näkymisen muille.
>
> Lyhyesti sanoen, olen täysin varma siitä, että sieluni on ollut Jumalan kanssa nämä kolmekymmentä vuotta. Jätän monia asioita mainitsematta, jotta en pitkästyttäisi teitä, mutta uskon, että on oikein, että kerron teille millä tavoin vietän aikaa Jumalan kanssa, jota pidän kuninkaanani.
>
> Pidän itseäni miehistä kurjimpana, täynnä kipeyttä ja turmeltumista, miehenä, joka on tehnyt kaikenlaisia rikoksia vastaan kuningastaan; järkevän katumuksen koskettamana tunnustan hänelle kaiken pahuuteni, pyytäen häneltä anteeksiantoa hylkään itseni hänen käsiinsä, jotta hän voi tehdä minulle, mitä tahtoo.
>
> Tämä kuningas, täynnä armoa ja hyvyyttä, ei kurita minua vaan ympäröi minut rakkaudellaan, antaa minun syödä pöydässään, antaa minulle avaimet

> aarrekammioonsa; hän juttelee kanssani ja nauttii seurastani jatkuvasti tuhansin eri tavoin, ja kohtelee minua kaikin tavoin kuin suosikkiaan. Näin näen itseni silloin tällöin hänen läsnäolossaan.

Veli Laurentius oli tietoinen Jumalan läsnäolosta, mitä tahansa hän teki ja minne tahansa hän meni. Jos haluat saada profetian armolahjan ja kehittää sitä, sinun pitää pyrkiä tekemään samoin. Ajan kuluessa sinusta tulee parempi tässä, ja pian sinun ei tarvitse tehdä yhtään mitään kokeaksesi Jumalan läsnäolon.

Kyse ei siitä, miten paljon rukoilet, vaan hengellisen herkkyyden kehittämisestä.

Joskus maailma ympärilläni on kuin myrskyävä meri, kun Saatanan voimat aloittavat taas uuden hyökkäyksen. Silloin vain suljen silmäni ja annan ajatukseni harhailla. Muutaman minuutin päästä tunnen, kuinka Jumalan läsnäolon virrat lähtevät liikkeelle sisimmässäni.

En rukoile. Odotan vain, kunnes olen täysin tietoinen Jumalan läsnäolosta. Sitten rukoilen Pyhän Hengen kanssa.

Kysymyksessä ei ole metodi vaan taito, mutta kaikki taito vaatii kurinalaisuutta. Mutta samanaikaisesti kysymyksessä on täysin Jumalan armon työ. Emme voi tuottaa Jumalan läsnäoloa, mutta me voimme tulla tietoiseksi siitä.

HILJENNÄ SISIMPÄSI

Kuullaksesi Jumalan äänen sinun pitää ensin hiljentää kaksi ääntä – vihollisen ääni ja sisimpäsi ääni. Mietiskelyllä on paha maine monen kristityn mielessä, sillä monesta se haiskahtaa itämaiselta uskonnolta, mutta se on kuitenkin aina ollut osa kristinuskon valtavirtaa.

Martti Luther oli augustinolaismunkki, joka omisti elämänsä paastolle, rukoukselle ja jatkuvalle synnintunnustukselle ennen kuin hänestä tuli uskonpuhdistaja. Hän sanoi:

> Jos kukaan pääsisi taivaaseen sen tähden, että hän on munkki, olisin varmasti ollut tässä joukossa.

Protestanttinen uskonpuhdistus sai aikaan paljon hyviä asioita, mutta se myös puhdisti mietiskelyn protestanttisista kirkoista, sillä tämä alettiin liittää mielessä katoliseen kirkkoon. Mutta jos luet joitakin keskiaikaisia munkkien kirjoittamia klassikkoja, vaikuttaa selvältä, että ainakin jotkut heistä elivät lähempänä Jumalaa kuin me!

Kristillinen mietiskely keskittää mielen Jumalaan ja hänen luontoonsa, jotta hänen jumalallinen rakkautensa voi virrata elämäämme. Muista vain, että kaikki tekniikat ovat vain apuvälineitä, ja ne voi hylätä siinä hetkessä, kun astut Jumalan läsnäoloon.

Mietiskely ilman Pyhää Henkeä voi olla vaarallista. Buddhalainen meditaatio keskittyy mielen tyhjentämiseen ja voi avata tien pahoille hengille; kristillinen mietiskely tähtää siihen, että mieli ja sisin täyttyvät Pyhällä Hengellä.

KAHDEKSAN APUKEINOA ASTUA JUMALAN LÄSNÄOLOON

Kokemukseni perusteella nämä kahdeksan apukeinoa voivat auttaa astumaan Jumalan läsnäoloon nopeammin.

1. Ole rehellinen

Psalmien lukeminen ääneen on voimallista. Ne ovat Jumalan antamia rukouksia, jotka ilmentävät syviä tunteita. Niiden rehellisyys rohkaisee meitä rehellisyyteen.

Kun sisimpäsi on alasti Jumalan edessä, hän voi täyttää sen läsnäolollaan.

Monet kristityt eivät koe Jumalan läsnäoloa sen tähden, että he pelkäävät ilmaista negatiivisia tunteita Jumalalle.

Älä koskaan näyttele Jumalan edessä. Ole rehellinen. Hän tietää, kuka olet ja mitä ajattelet.

2. Rukoile kielillä

Kielilläpuhuminen voi avata Hengen virran sisimmässäsi. Tämä tuo usein mukanaan Jumalan läsnäolon.

3. Lue Jesajan kirja 53 ääneen

Minun on melkein mahdotonta lukea Jesajan kirja 53:n profetia Jeesuksesta, Herran kärsivästä palvelijasta, ilman että en alkaisi tuntea hänen läsnäoloaan.

4. Ole hiljaa

Psalmien kirja 46:11 sanoo: "Lakatkaa te huolehtimasta! Tietäkää, että minä olen Jumala." Englanninkielinen käännös neuvoo meitä olemaan hiljaa. Kun olet hiljaa, Pyhän Hengen virta voi alkaa purkautua tietoisuuteesi syvältä sisimmästä.

5. Anna Jumalalle se aika, jolloin olet parhaimmillasi

Aikoinaan nousin joka aamu kuudelta ja yritin rukoilla, mutta usein nukahdin. Sitten kuulin David Wilkersonin opettavan, että meidän ei pidä antaa Jumalalle aikaa, jolloin olemme huonoimmillamme vaan se aika, jolloin olemme parhaimmillamme.

Ei ole mitään järkeä rukoilla, jos olet rättiväsynyt. Nuku ensin ja rukoile sitten, kun tunnet olosi virkistyneeksi.

6. Anna huolesi Jumalalle

Huolet estävät usein Jumalan läsnäoloon astumisen, eikä murehtimisesta murehtiminen auta myöskään! Kun rukoilet ja huoli tulee mieleesi, tunnusta se Jumalalle. Älä yritä työntää sitä pois mielestäsi, vaan anna se Jeesukselle, joka kantoi kaikki huolesi ristille. On vaikeaa vastustaa tai olla välittämättä huolista, mutta on paljon helpompaa antaa ne Jumalalle. Tähän voi mennä aikaa, mutta lopulta huoliesi virta ehtyy.

Huolet ovat epäuskon ääni. Älä yritä taistella niitä vastaan omin voimin. Et tule koskaan voittamaan. Tunnusta epäuskosi Jumalalle ja anna hänen täyttää sisimpäsi uskollaan.

7. Kiitä Pyhää Henkeä siitä, että hän on jo läsnä

Kiitä Jumalaa siitä, että hänen Sanansa mukaan Pyhä Henki asuu sinussa siitä riippumatta, koetko tämän läsnäolon tai et. Jos alat kiitää Jumalaa hänen läsnäolostaan päivittäin, tulet kokemaan sitä taatusti noin kuukauden sisällä.

8. Rukoile kymmenen minuutin ajan

Kokemukseni perusteella tavallisesta hengellisesti tiedostamattomasta tilasta siirtyminen siihen tilaan, jossa olet riittävän herkkä Jumalan läsnäolon tuntemiseen, vie noin kymmenen minuuttia. Joskus siihen voi mennä kaksikymmentä minuuttia. Mutta kymmenen minuuttia on kuusi minuuttia kauemmin kuin useimmat länsimaailman kristityt viettävät päivittäin rukouksessa. Ei ihme, etteivät monet koe Jumalalan läsnäoloa!

Ehkä kymmenen minuuttia voi tuntua pitkältä ajalta, mutta useimmat TV-ohjelmat kestävät ainakin puoli tuntia.

5
KUTSU

Jumala kutsuu profeetat. Kun Betelin pappi Amasja tuli tapaamaan Aamosta ja kielsi häntä profetoimasta Betelissä, Aamos vastasi:

> En ole profeetta enkä profeetan oppilas, vaan karjankasvattaja ja metsäviikunoiden viljelijä. Herra otti minut laumojeni keskeltä ja sanoi minulle: "Mene ja julista kansaani Israelia vastaan!" (Aam. 7:14-15)

Seurakunta voi tunnistaa kutsusi, mutta Jumala on se, joka kutsuu.

Mutta miten voit olla varma siitä, että olet kutsuttu? Jeesus sanoi:

> Monet ovat kutsuttuja, mutta harvat valittuja. (Matt. 22:14)

Monet ymmärtävät tämän kutsun väärin ja ylenkatsovat sitä. Ensisijaisesti, kutsu on seurata Jeesusta. Hän on Tie. Kun alat kulkemaan Tietä, niin Tie alkaa johdattamaan sinua, ja kutsu alkaa selkeytymään. Minäkään en tiennyt heti, että Jumala kutsui minut profeetalliseen palvelustyöhön.

Monet hylkäävät kutsun, sillä Valtakunnantie ei vaikuta johtavan kunniaan. Kutsu vaikuttaa niin mitättömältä. Jos hän olisi kutsunut sinut tekemään historiaa, tuomaan uuden uskonpuhdistuksen, niin silloin olisit ehkä vastannut kutsuun. Mutta hän vain pyysi sinua seuraamaan itseään, eikä hän edes kertonut minne!

Mutta jos haluat elää Jumalan täyteydessä, sinun pitää seurata häntä.

Jeesus sanoi:

> Puolustaja, Pyhä Henki, jonka Isä minun nimessäni lähettää, opettaa teille kaiken ja palauttaa mieleenne kaiken, mitä olen teille puhunut. (Joh. 14:26)

Joskus kutsu on se nalkuttava tunne siitä, että Jumala on puhunut sinulle jostain, eikä tämä tunne jätä sinua rauhaan. Se puhuu suoraan sisimpääsi ja usein ilman sanoja.

Olin jo uskova, kun Jeesus pyysi minua seuraamaan häntä. Olin helluntailaisten nuorisokonferenssissa jossain päin Suomea. Kun seisoin kirkkosalissa, koin ikään kuin Jeesus olisi astunut huoneeseen. Sitten näin hänen seisovan noin 20 metrin päässä edessäni.

Hän katsoi minua silmiin ja sanoi: "Haluatko seurata minua?"

Sitten hän alkoi kävellä minusta poispäin. Ainut tapa saada hänet kiinni oli juosta.

Ehkä kutsusi ei ollut näin dramaattinen. Sillä ei ole mitään merkitystä. Mutta jossain sisimmässäsi on nalkuttava tunne siitä, että hän on kutsunut sinut tekemään jotain, ja tästä tunteesta on mahdoton päästä eroon.

Pietarilla ja Andreaksella oli varmasti suunnitelmia. He olivat rakentamassa kalastusimperiumia! Mutta kun Jeesus kutsui heidät, he jättivät verkkonsa.

Monet tulivat Jeesuksen luo ja lupasivat seurata häntä.

> Vielä eräs toinen sanoi: "Herra, minä seuraan sinua, mutta anna minun ensin käydä hyvästelemässä kotiväkeni." Hänelle Jeesus vastasi: "Joka tarttuu auraan ja katsoo taakseen, ei ole sopiva Jumalan valtakuntaan." (Luuk. 9:61-62)

Mies, joka halusi hyvästellä kotiväkensä, varmasti ajatteli, että Jeesus tulisi kehumaan hänen intoaan. Olihan hän yhtä palava kuin profeetta Elisa.

Ensimmäinen Kuninkaiden kirja 19:19-21 kertoo, kuinka Elia tulee Elisan luo ja kutsuu hänet profeetalliseen palvelusvirkaan. Elia heittää manttelinsa Elisan ylle. Elisa on juuri kyntämässä peltoa kahdentoista härkäparin voimalla. Hän pyytää lupaa hyvästellä perheensä. Elia antaa luvan. Sitten hän ottaa härät ja teurastaa ne. Hän polttaa kyntökoneen ja keittää lihat. Hän tuhoaa kaikki mahdollisuudet palata entiseen elämäänsä. Sitten hän seuraa Eliaa. Mutta Jeesuksen mukaan Elisan sitoutuneisuus ei ole riittävää!

Jeesus sanoi:

> Jos joku tulee minun luokseni mutta ei ole valmis luopumaan isästään ja äidistään, vaimostaan ja lapsistaan, veljistään ja sisaristaan, vieläpä omasta elämästään, hän ei voi olla minun opetuslapseni. (Luuk. 14:26)

Sisimmässäsi on tilaa ainoastaan yhdelle Herralle. Rikas mies tuli Jeesuksen luo ja kysyi:

> Hyvä opettaja, mitä minun pitää tehdä, jotta perisin iankaikkisen elämän? (Mark. 10:17)

Jeesus pyysi häntä antamaan omaisuutensa pois. Sitten hän sanoi opetuslapsilleen:

> Lapseni, Jumalan valtakuntaan on todella vaikea päästä. Helpompi on kamelin mennä neulansilmästä kuin rikkaan päästä Jumalan valtakuntaan. (Mk. 10:24-25)

Opetuslapset kysyivät epätoivoisina: "Kuka sitten voi pelastua?" Jeesus vastasi: "Ihmiselle se on mahdotonta, mutta ei Jumalalle. Jumalalle on kaikki mahdollista." Kuten useimmat tämän ajan juutalaiset, opetuslapset ajattelivat rikkaan miehen omaisuuden olevan todiste hänen vanhurskaudestaan. Jos hän ei pystynyt pelastamaan itseään, niin kuka sitten pystyi?

Kukaan ei pysty pelastamaan itseään töillään, mutta Jumalan avulla mahdottomasta tulee mahdollista.

Tällaista kieltä mekin ymmärrämme! Mutta silti Jeesus pyysi rikasta miestä antamaan pois kaiken omaisuutensa.

Franciscus Assisilainen tulkitsi Jeesuksen sanat kirjaimellisesti. Hän syntyi vuonna 1181 rikkaan vaatekauppiaan poikana ja eli kuin rikas mies, kunnes hän näki näyn, joka muutti hänen elämänsä. Hän alkoi elämään äärimmäisessä köyhyydessä ja perusti fransiskaanisen veljeskunnan.

Mutta tätäkö Jeesus vaatii seuraajiltaan? Haluaako hän meidän elävän äärimmäisessä köyhyydessä?

Tämä on se ainoa kerta, kun Jeesus pyysi kenenkään antavan pois koko omaisuutensa. Mikä on ällistyttävämpää kuin se, että Jeesus kehotti rikasta miestä antamaan pois omaisuutensa on se, että hän jätti useimmat rikkaista rauhaan.

Pelissä oli rikkaan miehen sisin.

Samana yönä, kun Jeesus ilmestyi minulle, outo ajatus tuli mieleeni. *Lopeta punttisalilla käynti!* Se kuulosti Jeesuksen ääneltä, mutta sanoissa ei ollut mielestäni mitään järkeä. Olin harrastanut punttien nostoa jo muutaman vuoden ja vaikutukset olivat olleet mielestäni täysin positiivisia. En löytänyt Raamatusta jaettakaan, joka kielsi urheilun ja päättelin, että Paavali oli ollut huippukunnossa, olihan hän kävellyt tuhansia kilometrejä. Jopa John Wesley, metodismin isä, ratsasti satojatuhansia kilometrejä hevosella. Jeesus oli puuseppä ja oli varmasti tottunut kantamaan raskaita painoja.

Ne bodauksen mestarit, jotka nostivat puntteja salilla, olivat täydellisiä herrasmiehiä. Lihakseni olivat nostaneet itsetuntoani, ja minun oli paljon helpompaa puhua uskosta kuin aikaisemmin.

Tämä ei ollut Jeesuksen ääni, minä päätin.

Kului noin kolme kuukautta. Yhtenä lauantai-iltana, kun olin matkalla nuorteniltaan, ystäväni vanhempi veli näki minut.

"Sinun on aika lopettaa bodaus", hän sanoi.

Seuraavana aamuna nostin Raamatun lattialta, jonne olin jättänyt sen edellisenä iltana. Mikä osui ensin silmiini, oli tarina Jeesuksesta ja rikkaasta miehestä. Olin lukenut Raamattua täysin eri kohdasta edellisenä iltana!

Oli sunnuntai, ja lounaan jälkeen valitsin kirjan kirjahyllystä. Joku oli antanut minulle tämän englanninkielisen kirjan noin vuotta aikaisemmin, mutta en ollut koskaan edes avannut sitä. Se oli käytetty kirja, ja heti avattaessa silmiini osui kirkkaalla värillä alleviivattu tarina Jeesuksesta ja rikkaasta miehestä. Kirjoittaja sanoi, että Jeesus kehotti rikasta miestä antamaan pois rikkautensa, sillä siitä oli tullut hänen epäjumalansa.

Vaikutti siltä, että Jeesus oli jopa laittanut jonkun alleviivaamaan tämän viestin minulle!

Seuraavana päivänä menin punttisalille hakemaan treenikenkäni. En koskaan palannut salille.

Monet kyseenalaistivat päätökseni, mutta olin vakuuttunut siitä, että Jeesus oli juuri antanut minulle toisen mahdollisuuden seurata häntä. Olihan hän puhunut minulle asiasta kolme kertaa vuorokauden sisällä. Ymmärsin viestin ensin väärin, ja lopetin kaiken urheilun. Mutta Jeesus ei vihaa ruumiillista harjoitusta, vaan hän oli poistamassa epäjumalaa.

Kyseessä oli äärimmäinen sydänleikkaus.

Sisimpäsi ei ole koskaan tyhjä. Tämän takia Pyhän Hengen pitää tehdä siellä muutostöitä. Onneksi hän on hyvin strateginen tässä työssä.

Jos kykenet uhraamaan kaikkein tärkeimmän asian elämässäsi, kykenet myös aina antamaan kaiken muun Jumalalle.

Muista Aabrahamin ja Iisakin tarina.

On mahdotonta kokea Jumalan läsnäolo sisimmässä sen täyteydessä, jo sisimpäsi on täynnä epäjumalia.

Rakennamme identiteettimme epäjumalien ympärille. Luotamme niihin enemmän kuin luotamme Jumalaan. Mutta kun sallit Jumalan muuttoauton viedä pois epäjumalasi, sallit hänen myös tehdä tärkeimmät päätökset elämässäsi.

Kaikilla ei ole samoja epäjumalia. En tiedä, mikä on sinun epäjumalasi. Jeesus tietää. Se on se ainut asia, joka estää sinua seuraamasta häntä.

TOINEN ASKEL

Pyhitetty olkoon sinun nimesi.
Tulkoon sinun valtakuntasi.
Tapahtukoon sinun tahtosi,
myös maan päällä niin kuin taivaassa.

Toinen askel Henkeen avaa sinulle Jumalan näkökulman.

6

VALTAKUNNAN SIEMEN

Toinen askel Henkeen on askel nähdä maailma Jumalan näkökulmasta. Paavali kirjoittaa,

> Kuka muu kuin ihmisen oma henki tietää, mitä ihmisessä on? Samoin vain Jumalan Henki tietää, mitä Jumalassa on. Mutta me emme ole saaneet maailman henkeä, vaan Jumalan oman Hengen, jotta tietäisimme, mitä hän on lahjoittanut meille. (1. Kor. 2:11-12)

Monet kristityt, erityisesti monet helluntailaiset, ovat aina odottamassa Hengen laskeutumista, vaikka hän on jo saapunut. Pyhä Henki virtaa meissä *sisältä ulospäin*, eikä ulkoa sisälle.

Autuaaksijulistus aloittaa Vuorisaarnan, ja sen mukaan Jumalan valtakunta kuuluu hengessään köyhille, murheellisille, nöyrille, kärsivällisille, puhdassydämisille, rauhantekijöille, niille, joilla on vanhurskauden nälkä ja jano ja niille joita vainotaan vanhurskauden takia (Matt. 5:3-10).

Vuorisaarna on "Jumalan valtakunnan" saarna. Se kuvaa elämää Jumalan valtakunnassa.

Vuorisaarnan ohjeet saattavat vaikuttaa radikaaleilta, mutta Jeesus oli vakavissaan. Hän sanoi:

> Sitä, joka jättää laista pois yhdenkin käskyn, vaikkapa kaikkein vähäisimmän, ja siten opettaa, kutsutaan taivasten valtakunnassa vähäisimmäksi. Mutta sitä, joka noudattaa lakia ja niin opettaa, kutsutaan taivasten valtakunnassa suureksi. Minä sanon teille: ellette te noudata Jumalan tahtoa paljon paremmin kuin lainopettajat ja fariseukset, te ette pääse taivasten valtakuntaan. (Matt. 5:19-20)

Vuorisaarna kieltää meitä suuttumasta veljeen tai siskoon, katsomasta himoiten ketään muuta kuin puolisoa, ottamasta avioeroa ja tekemästä pahalle vastarintaa. Se kehottaa antamaan aina anteeksi ja pitämään kaikki lupaukset. Jos joku pyytää meiltä paitaa, meidän pitäisi antaa pois lenkkaritkin.

Jeesus käskee meitä rakastamaan vihollisiamme, tekemään hyvät työmme salassa, ja kieltää kertomaan kenellekään, jos paastoamme. Emme saa murehtia raha-asioistamme, eikä meidän pidä koskaan tuomita ketään!

Jeesus sanoi:

> Ei jokainen, joka sanoo minulle: "Herra, Herra", pääse taivasten valtakuntaan. Sinne pääsee se, joka tekee taivaallisen Isäni tahdon. (Matt. 5:17)

Mutta jos yrität seurata Vuorisaarnan opetuksia päivänkään ajan, niin opit pian, että sitä on täysin mahdotonta totella täydellisesti.

Mutta miksi Jeesus käskee meitä saavuttamaan mahdottomuuden?

Vuorisaarnalla on ainakin kolme päämäärää.

Se *kertoo* Jumalan tahdon.

Se *paljastaa* jumalattomuutemme.

Se *murskaa* sydämemme.

Vuorisaarna on täydellinen laki, laki sisäiselle eikä vain ulkoiselle elämälle. Se näyttää, miten meidän vanhurskautemme on aina vajavainen, kun sitä mitataan Jumalan mitoilla. Tämän takia Jeesus täytti Vuorisaarnan lain kuolemalla syntiemme tähden.

Valtaosa kristityistä sekoittaa omaa yritystä Jumalan armoon. Suuri osa opetuslapseuskursseista ei ole muuta kuin pintakiillotettuja itseapuohjelmia. Jos rukoilet enemmän, rakastat enemmän, annat enemmän, niin asiat paranevat. Ja koska suuri osa kristityistä ei testaa näiden itseapuohjelmien toimivuutta äärimmäisellä tai edes suositusten vaatimalla tavalla, he uskovat, että nämä ohjelmat toimisivat, jos vain ihminen eläisi niiden mukaan. Jos et rukoile kolmea tuntia päivässä, on helppo uskoa, että jos itse asiassa tekisit niin, se toisi elämääsi vallankumouksen.

Jonkun pitää viedä nämä itseapuohjelmat niiden loogiseen päätepisteeseen ymmärtääkseen, että niistä ei ole mitään hyötyä. Martti Luther teki juuri näin. Kun hän epäonnistui itsensä auttamisessa, hän muutti myös koko seurakunnan tulevaisuuden.

Et voi elää Pyhässä Hengen täyteydessä ennen kuin itseauttamiskykysi on palanut loppuun.

Martti Lutherin tavoin yritin tulla paremmaksi uskovaksi tekemällä työtä kovemmin. Ehkä olet yrittänyt samaa. Koska Jeesus oli kutsunut minut henkilökohtaisesti, päättelin että minun tulisi tehdä häneen vaikutus vaatimalla itseltäni enemmän kuin kukaan muu. Yritin soveltaa punttisalilla opittua "Ei kasvua ilman kipua"-filosofiaani uskoon.

Kuten Martti Luther, päädyin epätoivon syövereihin. Aluksi valo ohjasi minua, mutta sitten valo alkoi välkkyä. Sen jälkeen se sammui.

Ristin Johannes, 1500-luvulla elänyt kristitty mystikko kuvasi sitä "sielun pimeää yötä", jossa olin Martti Lutherin tavoin:

Tämä valo ohjasi minua.
Varmemmin kuin keskipäivän valo,
Paikkaan, jossa hän (tiesin kuka) odotti minua.
Paikkaan, jonne kukaan ei saapunut.

Ristin Johannes käytti sielun pimeän yön metaforaa kuvatakseen sitä puhdistusprosessia, jonka läpi sielun täytyy käydä, jos se haluaa elää Jumalan läsnäolossa. Hän oli yksi vastauskonpuhdistuksen vaikutusvaltaisimmista hahmoista, ja hän pyrki uudistamaan katolisen kirkon. Ensin hänet vangittiin ja häntä kidutettiin katolisen kirkon toimesta, ja vasta myöhemmin hänet julistettiin pyhimykseksi.

Sielun puhdistuminen ei ole puhdistumista synnistä vaan ennen kaikkea omavoimaisuudesta ja kaikenlaisista hengellisen itsensä kehittämisen muodoista niin, että Pyhä Henki voi ottaa keskeisen paikan hengellisen elämämme moottorina.

Jeesus sanoi:

> Totisesti, totisesti: jos vehnänjyvä ei putoa maahan ja kuole, se jää vain yhdeksi jyväksi, mutta jos se kuolee, se tuottaa runsaan sadon. Joka rakastaa elämäänsä, kadottaa sen, mutta joka tässä maailmassa panee alttiiksi elämänsä, saa osakseen ikuisen elämän. Jos joku tahtoo olla minun palvelijani, seuratkoon minua. Missä minä olen, siellä on oleva myös palvelijani, ja Isä kunnioittaa sitä, joka palvelee minua. (Joh. 12:24-26)

Elämäsi siemenen, mukaan lukien ihmistekoisen hengellisyyden, pitää kuolla, jotta Jumalan valtakunta voi purkautua ulos särkyneen sielusi halkeamista.

Siemenen kuoleminen, jotta Hengen todellinen elämä voi kasvaa sinussa, on harhauttamaton hengellinen laki. Voit vastustaa sitä, potkia sitä vastaan miten paljon vain tahdot, mutta suhteesi Jumalaan ei tule syvenemään ennen kuin opit alistumaan sille. Tämä kuolemisen prosessi alkaa monta kertaa elämän aikana, kun Jumala tekee tiensä jopa sisimpäsi salatuimpiin kammioihin.

Tämä kuolemisen laki murskasi minut. Aloin ymmärtää, että suuri osa hengellisyydestäni oli itse tuotettua. Yhtenä yönä olin henkisesti hajoamispisteessä, epätoivon kiduttamana, täynnä masennusta ja toivottomuutta.

Kahden päivän päästä tästä yöstä kotikaupungissani Porissa pidettiin telttakokous. Olin vapaaehtoisena kopioimassa kasetteja, joten minun piti mennä sinne työn puolesta, vaikkei telttakokous kiinnostanutkaan minua ollenkaan. Vieraileva saarnaaja Hannu Vaurula puhui Pyhän Hengen voimasta. Sitten hän pyysi ihmisiä tulemaan eteen rukoiltavaksi. Nousin ylös, lähes omaa tahtoa vastaan, ja kävelin eteen kuin zombi.

Silloinen nuorisopappimme Henrik Rantanen rukoili puolestani.

"Jumala tulee antamaan sinulle aisaparin", hän profetoi.

Sitten Ogo Chime, nigerialainen gospelartisti, tuli rukoilemaan puolestani. Hän oli se ainoa afrikkalainen, jonka tunsin. Kun hän laski kätensä olkapäälleni, meidät molemmat lyötiin maahan jonkun näkymättömän voiman kautta. Oli kuin meihin olisi iskenyt salama.

Kun nousin ylös, elämäni oli muuttunut. Masennus, joka oli kiusannut minua viimeisen kuuden kuukauden ajan, oli poissa. Olin täynnä iloa.

Olin kokenut oman helluntaini.

Jotkut ystävistäni ihmettelevät, minkä tähden en välitä hengellisistä harjoituksista kuten paastoamisesta. Miksi en seuraa hengellisen kasvun periaatteita, jotka esi-isät ovat kehittäneet?

Mutta olen hyvässä seurassa. Matkustan Martti Lutherin ja Paavalin kanssa. He ovat miehiä, jotka kehittivät itseään hengellisesti aina epätoivoon asti. En stressaa hengellisen kasvun tuottamisesta, sillä tiedän, että Jumala saa aikaan kaiken todellisen kasvun.

Sinä iltana menin kaupungille, ja ihmiset kysyivät mistä he saisivat pillereitä, joita olin kuulemma ottanut. He eivät olleet koskaan nähneet yhtä onnellista ihmistä.

Muutamassa sekunnissa olin jättänyt Valitusvirret taakseni:

> Hän kuljetti minua, hän vei minut pimeään, pilkkopimeään. Hän on nostanut kätensä minua vastaan päivä päivältä yhä uudelleen. Hän repi rikki ihoni, raateli lihani, murskasi kaikki luuni. Hän rakensi varustuksia minua vastaan, ympäröi minut tuskan muurilla. Keskelle pimeyttä hän pani minut asumaan, kuin kauan sitten kuolleitten joukkoon. Hän sulki minun tieni, en pääse pakoon, hän pani minulle painavat kahleet. Vaikka kuinka huudan ja valitan, hän ei kuule rukoustani. Hän tukki tieni kivenjärkäleillä, antoi minun kulkea harhaan. (Val. 3:2-9)

Nyt voin laulaa psalmin sanoilla:

> Herra on lähellä niitä, joilla on särkynyt sydän, hän pelastaa ne, joilla on murtunut mieli. (Ps. 34:19)

Jollei Jumala murskaa sinun sisintäsi, Pyhä Henki ei voi virrata lävitsesi vapaasti. Sisimmän rikkominen saattaa kuulostaa liialliselta voimankäytöltä, mutta sen siunaukset ovat arvaamattomat! Jeesus sanoi:

> Jos joku rakastaa minua, hän noudattaa minun sanaani. Minun Isäni rakastaa häntä, ja me tulemme hänen luokseen ja jäämme asumaan hänen luokseen. (Joh. 14:23)

Sisimmässäsi on ruuhkaa, jos Isä, Poika ja Pyhä Henki asuvat sieliä! Ei ihme, että hän potkii heti ulos kaikki epäjumalasi. Ja kaikkein petollisin epäjumala on uskonnollinen yrittäminen. Mutta jos kolminainen Jumala asustelee sisimmässäsi, haluatko vielä olla vastuussa kaikesta?

Haluan antaa kaiken kontrollin Jumalalle, sillä ilman häntä sisimpäni on sekasotku. Jeesus sanoi:

> Mutta se, mikä tulee suusta ulos, on lähtöisin sydämestä, ja se saastuttaa ihmisen. Juuri sydämestähän lähtevät pahat ajatukset, murhat, aviorikokset, siveettömyys, varkaudet, väärät todistukset ja herjaukset. Nämä ne ihmisen saastuttavat, ei se, että syö pesemättömin käsin. (Matt. 15:18-20)

Joka vuosi juutalaiset juhlivat hanukkaa, valojen festivaalia. Sitä juhlitaan toisen temppelin uudelleenpyhittämisen takia, joka tapahtui makkabilaiskapinan aikana 200-luvulla eKr. – sekä 1. ja 2. Makkabilaiskirja kertovat näistä tapahtumista. Makkabilaiskirjat ovat osa katolisten, ortodoksien ja koptilaisten Raamattua, mutta niitä ei ole sisälletytetty protestanttisiin käännöksiin.

Makkabilaiset olivat juutalainen kapinallisarmeija, joka perusti itsenäisen valtion Juudaan. Ennen heidän valtaansa Juuda oli osa Seleukidien dynastiaa. Tämä dynastia oli yksi niistä neljästä valtakunnasta, jotka pirstoutuivat Aleksanteri Suuren valloittamista alueista hänen kuolemansa jälkeen. Kapina alkoi, kun kreikkalais-syyrialainen kuningas Antiokus Epifanes kielsi juutalaisuuden ja pakotti juutalaiset palvomaan kreikkalaisia jumalia.

Antiokus asetti Zeuksen patsaan alttarille Jerusalemin temppelin Kaikkein Pyhimpään. Hanukka-tradition mukaan makkabilaisten saapuessa temppeliin öljy, jota käytettiin Menora-kynttilöissä, oli saastunut. Oli jäljellä vain yksi astia puhdasta öljyä. Se riitti vain yhdelle päivälle. Sitten tapahtui ihme.

Makkabilaiset sytyttivät kynttilän, ja se paloi kahdeksan päivää, mikä riitti uuden, puhtaan öljyn tuottamiseen.

Kaikkein Pyhimmän alttari oli saastutettu uhraamalla sikoja Zeukselle. Tältä oma sisimpäsi näytti ennen kuin Pyhä Henki alkoi työnsä. Makkabilaiset puhdistivat alttarin yhdessä päivässä, mutta me tarvitsemme alituisen Pyhän Hengen virtauksen pitääksemme sisimpämme puhtaana.

Paavali kirjoittaa:

> Onko nyt hyvä tuottanut minulle kuoleman? Ei toki, vaan synti. Jotta synti paljastuisi synniksi, se tuotti minulle hyvän avulla kuoleman. Näin käsky teki synnin vielä monin verroin pahemmaksi. Me tiedämme, että laki on hengellinen. Minä sitä vastoin olen turmeltunut ihminen, synnin orjaksi myyty. En edes ymmärrä, mitä teen: en tee sitä, mitä tahdon, vaan sitä, mitä vihaan. Ja jos kerran teen sitä, mitä en tahdo, silloin myönnän, että laki on hyvä. Niinpä en enää teekään itse sitä, mitä teen, vaan sen tekee minussa asuva synti. Tiedänhän, ettei minussa, nimittäin minun turmeltuneessa luonnossani, ole mitään hyvää. Tahtoisin kyllä tehdä oikein, mutta en pysty siihen. En tee sitä hyvää, mitä tahdon, vaan sitä pahaa, mitä en tahdo. Mutta jos teen sitä, mitä en tahdo, en tee sitä enää itse, vaan sen tekee minussa asuva synti. (Room. 7:13-20)

Paavali kirjoitti Kirjeen roomalaisille yli kaksikymmentä vuotta sen jälkeen, kun hän oli kohdannut Kristuksen. Tässä vaiheessa hän jo tiesi, että hänen itseapuyrityksistään ei ollut mitään hyötyä. Mutta meillä on toivoa! Paavali kirjoittaa:

> Meidän kykymme on saatu Jumalalta, ja hän on myös tehnyt meidät kykeneviksi palvelemaan uutta liittoa, jota ei hallitse kirjain vaan Henki. Kirjain näet tuo kuoleman, mutta Henki tekee eläväksi. (2. Kor. 3:5-6)

Kirjain tappaa, jotta Henki voi tuoda elämää. Jeesus sanoi:

> "Joka uskoo minuun, 'hänen sisimmästään kumpuavat elävän veden virrat', niin kuin kirjoituksissa sanotaan." Tällä Jeesus tarkoitti Henkeä, jonka häneen uskovat tulisivat saamaan. Vielä ei Henki ollut tullut, koska Jeesusta ei vielä ollut kirkastettu. (Joh. 7:38-39)

Ehjässä sydämessä ei ole halkeamia, joista elävän veden virrat voisivat pulputa ulos. Ja se taukoamaton Pyhän Hengen virta on juuri se, mikä pitää meidät Jumalan läsnäolossa.

7

NELJÄKYMMENTÄ OPPITUNTIA

Opin arkielämässä, miten profetian armolahja toimii. Opin neljäkymmentä läksyä siitä, miten Jumala puhuu meille ja toimii elämässämme, kun hän johdatti minut vaimoni luo. Hänen löytämisensä oli profeetan oppikouluni, ja paras mahdollinen, olihan se käytännöllinen, eikä vain teoreettinen koulu.

Kaikki alkoi, kun olin kahdeksantoista, ja luin Vuorisaarnaa ja Jeesuksen sanoja:

> Älkää siis murehtiko: "Mitä me nyt syömme?" tai "Mitä me juomme?" tai "Mistä me saamme vaatteet?" Tätä kaikkea pakanat tavoittelevat. Teidän taivaallinen Isänne tietää kyllä, että te tarvitsette kaikkea tätä. Etsikää ennen kaikkea Jumalan valtakuntaa ja hänen vanhurskasta tahtoaan, niin teille annetaan kaikki tämäkin. Älkää siis huolehtiko huomispäivästä, se pitää kyllä itsestään huolen. Kullekin päivälle riittävät sen omat murheet. (Matt. 6:31-34)

Jos etsisin ensin Jumalan valtakuntaa, hän antaisi minulle kaiken muun, mitä tarvitsen. Päättelin, että "kaikki tämäkin" sisältäisi varmasti myös vaimon.

1. Sana Sanasta
Jokainen profeetallinen lupaus mahtuu Raamattuun siinä mielessä, että se ei ole koskaan ristiriidassa Sanan kanssa.

Tämän jälkeen Jumala oli hiljaa tulevasta vaimostani noin kahden vuoden ajan, kunnes silloinen nuorisopastorimme Henrik Rantanen profetoi: "Jumala antaa sinulle aisaparin."

2. Profetiat muistuttavat sinua Jumalan lupauksista
Jumala käyttää profetioita muistuttamaan sinua lupauksistaan. Suuri osa profeetallisesta palvelutyöstä on Jumalan lupauksista muistuttamista – silloin kun ihmiset todella tarvitsevat rohkaisua.

Samana iltana kun täytyin Pyhällä Hengellä, Ogo Chime, nigerialainen gospelartisti, rukoili puolestani.

3. Jumala käyttää profeetallista symboliikkaa
Ainoa nigerialainen, jonka tunsin, rukoili puolestani heti sen jälkeen, kun olin kuullut profetian vaimostani. Tämä oli profeetallista symbolismia, sillä vaimoni on brittiläissyntyinen nigerialainen. En ollut vielä edes tavannut häntä, mutta Jumala kertoi jo minulle, että odottaminen ei olisi turhaa.

Kului kaksi vuotta. Olin rukoilemassa ystäväni Mika Rotkuksen kanssa. Hänellä oli myöhemmin bestmanin virka häissäni. Hän näki näyn hääpäivästäni. "Näen, kuinka sulaa suklaata valutetaan kuppiin", hän sanoi. "Se jähmettyy hitaasti. Se ei ole vielä valmista. Näen kukkia. Hääpäiväsi tulee olemaan aurinkoinen."

4. Jumala selittää tiensä näkyjen avulla
Ensimmäistä kertaa tiedossani oli yksityiskohtia vaimostani, vaikka en kyennytkään niitä vielä ymmärtämään. Symbolinen näky selitti sen, minkä tähden joutuisin odottamaan – vaimoni ei ollut vielä valmis. Jumala olisi voinut myös

sanoa, että minä en ollut valmis, mutta sula suklaa viittasi kauniisti vaimoni ihonväriin.

5. Ymmärrät näyn usein väärin

Pitkän aikaa hälytyskellot alkoivat soida päässäni, kun näin suklaata kauniin naisen lähellä. Mutta aina, kun rukoilin selvyyttä, en koskaan kokenut Jumalan hyväksyntää.

Olen oppinut sen, että me vain harvoin ymmärrämme heti unen tai näyn tulevaisuudesta.

Kului taas kaksi vuotta.

6. Joudut odottamaan

Profetioiden dynamiikkaan kuuluu se, että niihin liittyy paljon odottamista. Tämän pitäisi olla itsestään selvää, mutta usein unohdamme sen. Koska näky tai profetia tuntuu niin voimalliselta, kun saamme sen Jumalalta, odotamme sen toteutuvan nopeasti. Tosiasiassa ilmestys on voimallinen sen takia, että meidän pitää kestää pitkä odottaminen.

Vuoden 1994 keväällä sisälläni syntyi varmuus, että minun pitäisi matkustaa Lontooseen. En saanut mitään erityisiä ohjeita, mutta ajattelin, että voisin ottaa lomaa, ennen kuin palaisin kesätöistä opiskelemaan yliopistolle. Rukoilin asian puolesta, ja varmuus vain kasvoi.

7. Rukoile, ennen kuin tottelet sisäistä kehotusta

Jumalan läsnäolo vahvistaa hänen sanojaan. Kun otan hänen profeetallisen sanansa hänen läsnäoloonsa, se vain voimistuu. Muut viestit alkavat haalistua hänen läsnäolossaan.

Tuomarien kirjan 6. luvussa Gideon pyytää Jumalalta merkkiä sen vahvistukseksi, että hän on kutsuttu pelastamaan Israel. Hän levittää maahan villaa. Jos kaste kastelisi villan mutta jättäisi maan kuivaksi, tämä olisi merkki Jumalalta. Näin tapahtuu. Gideon pyytää, että seuraavana yönä maa olisi märkä mutta villa kuiva. Näin myös tapahtuu.

Se merkki, jota pyysin oli, että joku ystävistäni lähtisi mukaan. Yksi suostui heti.

8. On sallittua pyytää merkkiä
Pyydetyn merkin ei tulisi olla mikään järjetön ihme, kuten Thames-joen jakautuminen, vaan vaikka jonkun esteen siirtyminen, jotta voit tehdä sen, mitä koet Jumalan pyytävän. Minua ei huvittanut lähteä lomalle yksin, ja ajattelin, että jos joku kavereista lähtisi mukaan, niin ainakin meillä tulisi olemaan hauskaa.

Eräs ystävistäni suositteli, että menisin käymään Kensington Temple -seurakunnassa, kun hän kuuli, että olin menossa Lontooseen.

9. Jumala ohjaa askeleitasi, mutta ei aina kerro siitä
Mikäli ystäväni ei olisi kertonut minulle Kensington Temple -seurakunnasta, en olisi koskaan tavannut vaimoani. Eikä minulla ollut ajatustakaan siitä, että Jumala puhui hänen kauttaan. Usein, kun Jumala haluaa johdattaa sinut jonnekin, hän vie sinut sinne, mutta on hiljaa siitä, että hän on johdattamassa sinua. Tällä tavoin elämästä tulee seikkailu!

Pian sen jälkeen Pyhä Henki puhui minulle, kun olin rukouksessa. "Tulet pian tapaamaan vaimosi kirkossa", hän sanoi. "Hän tulee istumaan viereesi. Sinun ei tarvitse etsiä häntä. Annan hänet sinulle."

10. Jumala palkitsee uskon
Jumala palkitsee ne, jotka luottavat hänen Sanaansa. Olin rakentanut elämäni raamatunlauseen varaan. Monet uskovista eivät saa Jumalalta sitä, mitä hän on luvannut sen takia, että heillä ei ole kärsivällisyyttä odottaa.

11. Jumala valottaa yksityiskohtia, kun se on tarpeellista
Jumala ei ollut koskaan ennen kertonut minulle siitä, miten

tapaisin vaimoni – ennen kuin nyt. Nyt profetian täyttyminen oli lähellä, ja hän halusi auttaa minua tunnistamaan vaimoni kertomalla, kuinka me tulisimme tapaamaan.

Muutamaa viikkoa ennen kuin matkustin Lontooseen, tapasin tytön, josta pidin kovasti. Hän pyysi minua tulemaan seurakunnalle kokoukseen samana iltana. Tämä oli epätavallista, sillä tämä tyttö oli hirveän ujo.

Ehkä profetia toteutuisi tänä iltana, minä ajattelin. Ehkä tämä tyttö istuisi viereeni, mietin.

En luvannut mitään, mutta menin kuitenkin kirkolle – mutta hän ei ollutkaan siellä. En vieläkään tiedä, mikä häntä pidätti, mutta hän oli tuntunut kovasti haluavan nähdä minut sinä iltana. Päättelin, että kyseessä ei ollut se oikea tyttö.

12. Profetialle voi olla vääriä täyttymyksiä

Jos hän olisi tullut kirkolle, on todennäköistä, että olisin pyytänyt hänet treffeille, enkä olisi varmaankaan tavannut vaimoani tai en olisi ollut oikeassa mielentilassa, kun tapasin hänet. En usko, että sielunvihollinen lähetti tämän tytön, mutta olen oppinut myöhemmin, että sielunvihollinen voi yrittää tuottaa vääriä täyttymyksiä profetialle.

Myöhään elokuussa 1994 laskeuduimme Stansted-lentokentälle lähellä Lontoota. Saavuimme hotellille myöhään yöllä ja jotenkin löysimme tiemme Kensington Temple -seurakunnan kello yhdeksän aamujumalanpalvelukseen.

Koin Jumalan läsnäolon voimakkaasti siinä kokouksessa. Kun istuin eteen, minulla oli outo tunne siitä, että eräänä päivänä tämä seurakunta tulisi olemaan hengellinen kotini.

13. Jumala ohjaa meitä läsnäolollaan

Pitkän vaelluksen aikana Egyptistä Luvattuun Maahan Jumala lähetti pilven ja tulipilarin ohjaamaan Israelia. Samalla tavalla Jumala ohjaa meitä usein läsnäolollaan. Jumalan läsnäolo oli niin vahva, että halusin tulla käymään seurakunnassa uudestaan, kun kuulin, että jumalanpalveluksia olisi seuraavalla viikolla joka ilta.

14. Herätykset aktivoivat hengellisen palvelukutsun

En tiennyt, että olin juuri törmännyt Toronton siunaukseen Lontoossa. Toronton siunaus oli herätys, joka alkoi vuonna 1994 Toronto Airport Vineyard -seurakunnassa. Kensington Temple -seurakunnan johtajat olivat juuri palanneet Torontosta, missä herätys oli vielä täydessä vauhdissa. Monet kristityt ovat kritisoineet Toronton siunausta, mutta tosiasia on se, että Jumala aktivoi monen hengellisen palvelukutsun tämän herätyksen aikana.

Herätyksen todellinen vaikutus ei ole nähtävissä herätyksen aikana vaan vasta pitkään sen jälkeen.

Palasin kirkolle torstai-iltana ja istuin parvekkeelle. Karismaattinen kaaos purkautui alapuolellani, kun ihmiset kaatuivat lattialle Pyhän Hengen voiman vaikutuksesta.

Ystävästäni tämä kaikki oli inhottavaa, ja hän lähti pois kesken kokouksen.

15. Jumala kontrolloi pienintäkin yksityiskohtaa

Jumala ei halua ottaa pois vapautta elämästämme, mutta halutessaan hän voi kontrolloida elämän pienintäkin yksityiskohtaa. Jos ystäväni ei olisi lähtenyt pois, niin vaimoni ei olisi koskaan istunut viereeni, sillä istuinpaikka olisi ollut varattu!

Eräs nuori pastori seisoi lavalla. Hän katsoi parvekkeelle, minun suuntaani. Sitten hän poistui lavalta. Pian hän seisoi edessäni.

"Sinulla on puhdas ja eheä sydän," hän sanoi minulle. Sitten hän palasi lavalle.

Tämä pastori on tänään ateisti.

16. Pinnallinen Jumalan kosketus unohtuu pian

Tämä nuori pastori oli juuri palannut Torontosta. Hän oli selvästi Pyhän Hengen käytössä. Mutta se ei riitä, että Jumala koskettaa meitä – jos emme anna Jumalan muuttaa sisimpäämme.

Herätykset ovat Jumalan kutsuja etsiä häntä, mutta jos emme tee näin, niin hengellinen tilamme usein pahenee herätyksen jälkeen.

Nyt vieressäni oli kaksi tyhjää istuinta – ne ainoat parvekkeella. Kaunis afrikkalainen nainen lähestyi ja kysyi olivatko tuolit vapaita. Sanoin hänelle, että ne olivat vapaita.

Minulla oli outo tunne, että näin suoraan hänen sisimpäänsä, ja että tunsin hänet läheisesti.

17. Profeetat voivat nähdä ihmisten sisimpään

Mitä näin sinä iltana, on vuosien kuluessa osoittautunut olevan täysin totta. Profeetat voivat helposti erottaa ihmisten hengellisen tilan ja identiteetin.

Se afrikkalainen nainen istui viereeni nuoren saksalaisen miehen kanssa. "Puhutko saksaa?" hän kysyi.

"Muutaman sanan", minä vastasin.

"Ystäväni on juuri tullut uskoon. Hän ei ymmärrä englantia hyvin. Voisitko kertoa hänelle, mitä täällä tapahtuu?" Hän osoitti lattialle kaatuvia ihmisiä.

Otin nuoren miehen saksankielisen Raamatun ja avasin sen Johanneksen ilmestyksestä, kohdasta, jossa Johannes kaatuu maahan kuin kuolleena ylösnousseen Jeesuksen ilmestyessä hänelle. "Näin käy usein, kun Jeesus saapuu paikalle", selitin. Hän kiirehti alas kokemaan Pyhän Hengen voimavaikutuksen.

"Minä olen Daniella", afrikkalainen nainen sanoi. Juttelimme lyhyesti ja annoin hänelle osoitteeni. Hän lupasi lähettää minulle seurakunnan lehden.

18. Usein et huomaa heti profetian toteutuneen

Olin juuri tavannut vaimoni, juuri sillä tavalla kuin Jumala oli ilmoittanut, mutta jostain syystä en ymmärtänyt, mitä oli juuri tapahtunut. Sokeuteni johtui varmaan siitä, että olin Lontoossa turistina, ja olin pian matkalla kotiin. En uskonut Jumalan vastaavan minulle Lontoossa. Tulin takaisin seuraavana iltana, ja istuin taas parvekkeella. Pääpastori Colin Dye saarnasi. Hän kutsui seurakunnan sielunhoitotiimin eteen. "Täällä on nuori suomalainen mies", hän sanoi yhtäkkiä, ja katseli ympärilleen. "Hänen pitää tulla eteen." Odotin noin minuutin, mutta kukaan ei noussut ylös. Sen jälkeen nousin itse pystyyn. Colin pyysi minut eteen ja rukoili minun puolestani ikään kuin olisin ollut seurakunnan työntekijä.

19. Profeetat kertovat tulevaisuuden palvelustehtäväsi

Oletko koskaan käynyt jossain seurakunnassa, jossa pastori on pyytänyt sinut esiin suuresta ihmisjoukosta, ja sitten kutsunut sinut profeetallisesti työtiimiinsä? Minulle ei ollut koskaan käynyt näin, ja olin aika hämmentynyt jälkeenpäin. Mutta Colin oli vain profetoinut minulle tulevaisuuden palvelutehtävästäni. Tulisin olemaan töissä hänen seurakunnassaan viiden ja puolen vuoden kuluttua.

Lensin takaisin Suomeen seuraavana iltana. Istuin lentokoneessa, kun Pyhä Henki sanoi minulle: "Haluan sinun kirjoittavan sille afrikkalaiselle naiselle, jonka tapasit."

20. Jumala paljastaa usein suunnitelmansa askel kerrallaan

Minulla ei ollut aavistustakaan Jumalan aikeista. Hän ei kertonut minulle, että olin juuri tavannut vaimoni. Hän vain pyysi, että kirjoittaisin hänelle. Tein näin, ja joka kerta kun kirjoitin kirjeen, tunsin kuinka Pyhän Hengen voitelu virtasi lävitseni.

21. Voitelu ohjaa sinua

Jos olet herkkä Pyhän Hengen virralle, se ohjaa sinua. Usein kun puhun ihmisten kanssa, voimakas voitelu alkaa virrata lävitseni. Annan tämän voitelun ohjata puhettani, ja vaikka en aina saakaan Jumalalta täsmällisiä sanoja, niillä on aina suuri vaikutus. Myöhemmin vaimoni kertoi minulle, miten nämä kirjeet olivat aina rohkaisseet häntä silloin, kun hän tarvitsi erityistä rohkaisua.

Marraskuun 1994 alussa Pyhä Henki viimein paljasti minulle, että se afrikkalainen nainen, jonka olin tavannut Kensington Templessä, tulisi olemaan vaimoni. "Daniella tulee olemaan vaimosi", hän sanoi, kun vietin aikaa rukouksessa.

Olin tyrmistynyt; olimmehan tavanneet vain kerran.

22. Jumala haluaa sinun seuraavan hänen suunnitelmaansa

Kun Jumala pyytää meidän tekevän jotain, mikä näyttää järjettömältä, hän usein tekee näin, koska hän haluaa meidän vapautuvan oman ajattelumme rajoittuneisuudesta. Järkemme on aika rajallinen työkalu Jumalan ajatteluun verrattuna.

Vietin seuraavan kuukauden rukouksessa, ja tulin siihen johtopäätökseen, että olin joko menettämässä järkeni tai Jumala oli puhunut minulle.

23. Rukous on paras tapa koetella profetia

Jumalan etsiminen rukouksessa pitemmän aikaa on paras tapa testata profetia. Tarvitset silloinkin vielä uskoa, mutta tulet olemaan täynnä päättäväisyyttä, eikä hämmennystä.

"Lähetä hänelle ruusuja", Pyhä Henki sanoi minulle, kun minulla oli varmuus, että Jumala oli puhunut minulle Daniellasta. Olin välittämättä siitä muutaman päivän, mutta vähän ajan kuluttua, joka kerta kun rukoilin kuulin Pyhän Hengen megafonin töräyttävän: "Lähetä hänelle ruusuja!"

Äänestä tuli sietämätön. Joulu oli lähellä, joten tilasin kymmenen punaista ruusua Daniellalle jouluksi.

24. Jumala antaa selvät ohjeet
Jos opit kuulemaan Jumalan äänen, et koskaan joudu harhaan. Vietin joulun kotona perheeni kanssa. Kolme päivää ennen jouluaattoa Pyhä Henki puhui minulle uudestaan. "Haluan sinun soittavan Daniellalle jouluaattona. Kerro hänelle siitä, mitä olen kertonut sinulle", hän sanoi.

25. Profetia vaatii uskon tekoja
Monet henkilökohtaiset profetiat vaativat uskon tekoja toteutuakseen. Soitin Daniellalle kymmenen minuuttia ennen keskiyötä. Se oli kaikkein pelottavin puhelunsoitto, minkä olin koskaan soittanut.

"Kiitos ruusuista!" hän huudahti heti, kun hän tunnisti ääneni. Sitten hän kertoi minulle, mitä muuta oli tapahtunut.

Hän oli saanut ruusut vain muutama tunti ennen soittoani, mutta hänen ystävänsä, joka vietti joulun hänen luonaan, oli nähnyt edellisenä yönä unen, jossa Daniella oli vastaanottanut punaisia ruusuja kukkalähetyksellä. Hän oli kertonut Daniellalle unesta juuri ennen kuin hän oli saanut ne ruusut.

26. Jumala puhuu unien kautta
Jumala käyttää usein profeetallisia unia, kun hän tahtoo puhua meille. Tässä tapauksessa Jumala oli pyytänyt minua lähettämään ruusuja ja näyttänyt toiselle uskovalle unen näistä ruusuista.

"Mutta ei siinä vielä kaikki", Daniella sanoi. "Yksi ystävistäni kävi juuri visiitillä. Hän profetoi siitä, miltä tuleva mieheni näyttää. Enkä tunne ketään muuta, johon tämä kuvaus sopii, kuin sinut!"

27. Jumala toteuttaa suunnitelmansa, mutta ei kerro miten
Jumala haluaa meidän luottavan häneen. Tämän takia hän kertoo sinulle, mitä sinun pitää tehdä, mutta ei sitä, mitä hän tulee tekemään. Vain tottelemalla Jumalaa meille selviää, miten hän tulee pitämään lupauksensa.

28. Et ole kylän ainoa profeetta
Olin juuri nähnyt kypsän profeetan töissä. Elia ajatteli, että hän oli se viimeinen profeetta, mutta Jumalalla oli vielä seitsemän tuhatta lisää.

29. Jumala ei jätä mitään sattuman varaan
Jumala oli orkestroinut tuon jouluaaton jokaisen yksityiskohdan, eikä edes minun hyperaktiivinen mielikuvitukseni olisi voinut järjestää näiden tapahtumien kulkua. Olimme molemmat äimistyneitä siitä, mitä Jumala oli tehnyt. Daniella lensi Suomeen helmikuussa ja tapasi vanhempani. Ostin yksinkertaisen kihlasormuksen Helsinki-Vantaan lentokentältä, kun hän lähti takaisin Lontooseen.

Menin Lontooseen kesällä. Yhtenä iltana olimme Daniellan asunnolla, kun joku soitti hänelle. Soittaja oli Roland Harding, se sama profeetta, joka oli kertonut hänen tulevasta aviomiehestään. Hän tuli käymään ja profetoi minulle viidentoista minuutin ajan. Hänen sanomansa oli, että tulisin profetoimaan eri kansakunnille, ja että monet "ystävistäni" tulisivat ivaamaan ja pilkkaamaan minua. Kun kuuntelin häntä, minulla oli tunne, että kestäisi ainakin viisitoista vuotta, ennen kuin profetia alkaisi toteutua.

30. Profetiat auttavat meitä vaikeuksien läpi
Rolandin profetian jälkeen olen joutunut kulkemaan monien vaikeuksien läpi, enkä olisi koskaan selvinnyt niistä ilman Jumalan antamia henkilökohtaisia lupauksia.

31. Näkyyn valmistautuminen vie usein kauan
Yli yhdeksäntoista vuotta Rolandin profetian jälkeen se on hitaasti toteutumassa.

Noin kuukausi ennen kuin matkustin taas Lontooseen, Jumala puhui minulle Suomessa. Olin rukouksessa, kun Jumala ympäröi minut läsnäolollaan.

"Haluatko mennä Lontooseen?" hän kysyi.

"Tietenkin", vastasin. "Haluan ainoastaan tehdä sinun tahtosi." Aloin itkeä kontrolloimattomasti, mutta en tiennyt, minkä takia.

"Miksi itken?" kysyin Pyhältä Hengeltä.

"Sinä et itke", hän vastasi. "Itken sen tuskan takia, jonka tulet käymään läpi."

32. Kutsu särkee sydämesi
En käsittänyt silloin, mitä hän tarkoitti, mutta ymmärrän sen nyt. Sisimpäsi joutuu monen tuskan läpi, kun Jumala muovaa sitä, ja sielunvihollinen pyrkii tuhoamaan Jumalan työn.

Kun palasin Suomeen, tapasin tutun naisen kadulla.

"Älä menen hänen kanssaan naimisiin", hän varoitti. "Rotujen väliset avioliitot eivät toimi. Sitä paitsi Jumala on kertonut minulle, että sinun pitäisi mennä naimisiin kanssani."

"Jumala ei ole kertonut minulle tätä", vastasin.

33. Väärät profeetat tulevat
Aina kun aito profeetallinen liike alkaa kehittymään, sielunvihollinen tulee lähettämään vääriä profeettoja. He pettävät joitakin, mutta sielunvihollisen päätavoite on se, että seurakunta lakkaisi etsimästä profetian armolahjaa.

Kosin Daniellaa kesällä 1995 Lontoossa, ja hän suostui, mutta emme sopineet hääpäivästä. "Menet naimisiin ennen seuraavaa syntymäpäivääsi", Pyhä Henki sanoi pian sen jälkeen kun palasin Suomeen. Tämä kuulosti täysin epärealistiselta, sillä oli jo syyskuu, ja syntymäpäiväni oli kahden kuukauden päästä. Ja minulla ei ollut yhtään rahaa. Kerroin kuitenkin vanhemmilleni, että olimme menossa naimisiin. Isä otti esiin kalenterinsa, ja etsi sopivia päiviä. "Yhdestoista marraskuuta vaikuttaa hyvältä", hän sanoi. Se oli viisi päivää ennen syntymäpäivääni. "Ja me maksamme häät", hän sanoi.

34. Jumala käyttää muita toteuttamaan lupauksensa

Isällä ei ollut aavistustakaan siitä, että Jumala oli jo valinnut hääpäivän. Mutta hän tiesi, että minulla ei ollut rahaa. Monesti elämässäni resurssit ovat loppuneet, ja Jumalan tahdon tekeminen on näyttänyt mahdottomalta. Mutta Jumala ei ole riippuvainen meidän resursseistamme, ja hän käyttää mielellään muita ihmisiä varustamaan meitä.

Hääpäivämme oli aurinkoinen. Se oli hyytävän kylmä, mutta aurinkoinen. Ja Iso-Britanniassa 11. marraskuuta on *Remembrance Day*, aselevon päivä, joka kunnioittaa sotien veteraaneja, joten hääpäivää on melkein mahdoton unohtaa.

35. Jumala puhuu tarkkuudella

Kuuntele Jumalaa tarkasti, äläkä lisää siihen, mitä hän sanoo. Ystäväni oli profetoinut, että hääpäivä olisi aurinkoinen, mutta hän ei sanonut, että se olisi lämmin.

36. Jumala näkee elämäsi parhaassa mahdollisessa valossa

Jumalan positiivisuus ja optimismi voi joskus olla ärsyttävää. Minä tunsin kylmän, hän näki auringonpaisteen. Toisaalta, hän harvoin osoittaa sormellaan syntejämme, sillä Jeesus kuoli niiden tähden ristillä.

Häiden jälkeen lähdimme Espanjaan häämatkalle. Sen kustansi Lighthouse Community Fellowship, yksi Kensington Templen satelliittiseurakunnista. Yhtenä iltana, kun kävelin pimeällä espanjalaisella rannalla, pysähdyin rukoilemaan. Kun katselin mannerta takanani, minulla oli vahva tunne siitä, että suuri herätys tulisi joskus koskettamaan koko Eurooppaa.

37. Profeetalliset teemat kehittyvät usein ajan kuluessa

Pyhä Henki ei puhunut minulle vuosiin tästä tulevasta herätyksestä, mutta sen jälkeen en ole uskonut profetioihin Euroopasta, ellei niihin sisälly myös tuleva herätys. Paljon myöhemmin Jumala puhui minulle tästä tulevasta herätyksestä yksityiskohtaisemmin.

Menin katsomaan *Bodyguard*-elokuvaa vuonna 1992, kaksi vuotta ennen kuin tapasin vaimoni. Tässä romanttisessa trillerissä Kevin Costner näyttelee henkivartijaa, joka palkataan suojelemaan Whitney Houstonin näyttelemää mustaa laulajatähteä. He rakastuvat.

Jostain syystä elokuvalla oli syvä vaikutus minuun, ja koin, että Jumala halusi puhua minulle elokuvan kautta. Nyt tiedän, että hän oli valmistamassa sydäntäni kahden rodun väliseen rakkaustarinaan.

38. Jumala puhuu yllättävillä tavoilla

Jumala käyttää usein elokuvia kun hän puhuu meille, onhan niillä samankaltainen "kielioppi" kuin unilla ja näyillä. Ole valmis siihen, että Jumala puhuu sinulle yllättävillä tavoilla. Puhuva aasi pysäytti Bileamin 4. Mooseksen kirjassa.

Jumala nuhteli minua kerran Ricky Gervaisin, ateistisen koomikon, tviitillä.

Hääpäivänämme eräs ystäväni näytti minulle postikortin, jonka olin lähettänyt Lontoosta vähän yli vuotta aikaisemmin, vain muutamaa päivää ennen kuin tapasin vaimoni. Olin unohtanut lähettäneeni sen. Olin kirjoittanut korttiin: "Tässä kaupungissa on niin paljon kauniita naisia, että tarvitsen ihmeen löytääkseni sen oikean."

39. Voit profetoida tietämättäsi
Olin tietämättäni profetoinut postikortilla, mitä tulisi tapahtumaan. Usein profeetat profetoivat tietämättään. Tämä aiheuttaa myös ongelmia, sillä joskus ihmiset voivat olettaa jokaisen lausahduksesi olevan profetia.

40. Kutsumuksesi tullaan koettelemaan
Voit ajatella, että kun palasimme Lontooseen, joku valtava palvelutyö olisi ollut odottamassa minua. Kaukana siitä! Seuraavat neljä vuotta olivat kovimmat elämässäni. Olin jättänyt taakseni uran mediassa ja saapunut Lontooseen muutama punta ja maksamaton opintovelka taskussani. Etsin töitä kuukausia. Viimein sain töitä kaupan varastotyöntekijänä vaatekauppaketjussa, ja vain sen tähden, että vaimoni tunsi kaupan johtajan.

Kuluisi vielä neljä vuotta ennen kuin alkaisin työn Kensington Templessä, ja mediaopintoni vaikuttivat valtavalta ajanhukalta.

8

OPI KUULEMAAN

Jumala puhuu meille kaikkien aistien välityksellä, mutta useimmiten kuulo- ja näköaistin kautta. Hän käyttää myös tunto-, haju- ja makuaistia, mutta näillä aistimuksilla on usein vain vähän profeetallista arvoa.

Ja vaikka kuvassa, kuvasarjassa tai elokuvassa on paljon informaatiota, tämä informaatio on epätarkempaa kuin sanat, ja sitä on mahdollista usein tulkita eri tavoin.

Joel profetoi:

> Tämän jälkeen on tapahtuva, että minä vuodatan henkeni kaikkiin ihmisiin. Ja niin teidän poikanne ja tyttärenne profetoivat, nuorukaisenne näkevät näkyjä, vanhuksenne ennusunia. (Joel 3:1)

Meillä on kyky puhua, sillä meidät luotiin Jumalan kuvaksi. Ja Jumala kommunikoi puheen avulla.

> Jumala sanoi: "Tulkoon valo!" Ja valo tuli. (1. Moos. 1:3)

Jumala puhui järjestyksen kaaokseen. Hän loi ihmisen sanoilla.

Sen kielen kompleksisuus, jota Jumala puhui, kun hän loi elämän, on edelleen nähtävissä ihmisen DNA:n kompleksisuudessa.

Monet kosmologit ajattelevat maailmankaikkeuden rakenteen muistuttavan ääniaaltoa. Alussa Jumala puhui. Ja tämän puheaktin aallot määrittävät vielä kaiken, mikä on tänään olemassa!

Mutta mitä Vanhan Testamentin profeetat tarkoittivat sillä, kun he sanoivat Jumalan puhuvan heille? Monikaan heistä ei nähnyt Jumalaa kasvoista kasvoihin.

Jeremia sanoi toistuvasti, että "minulle tuli tämä Herran sana". Puhuiko Jumala hänelle kuultavalla äänellä?

Todennäköisesti ei.

Jumala voi puhua meille kuultavalla äänellä, mutta useimmiten hän puhuu meidän hengellemme, joka on meidän hengellinen kosketuspintamme – portti hengelliseen ulottuvuuteen.

Suuri osa ihmisistä ei ole tietoinen heitä ympäröivästä hengellisestä todellisuudesta, vaikka se vaikuttaa heidän elämäänsä ja kohtaloonsa.

Syyrian kuningas yritti vangita profeetta Elisan, sillä hän paljasti Israelin kuninkaalle hänen juonensa.

Elisan palvelija herää siihen, kun suuri Syyrian armeija piirittää kaupunkia. Hän herättää Elian paniikissa. Toinen Kuninkaiden kirja 6:17 kertoo:

> "Älä pelkää", Elisa vastasi, "meillä on puolellamme enemmän väkeä kuin heillä." Hän rukoili Herraa ja sanoi: "Herra, avaa hänen silmänsä, jotta hän näkisi." Herra avasi palvelijan silmät, ja hän näki, että vuori Elisan ympärillä oli tulisia hevosia ja vaunuja täynnään.

Palvelijan silmät avattiin näkemään ympäröivä hengellinen todellisuus. Johanneksen ilmestyksessä jokainen sanoma seitsemälle seurakunnalle päättyy Jeesuksen sanoilla:

> Jolla on korvat, se kuulkoon, mitä Henki sanoo seurakunnille.

Jeesus sanoi opetuslapsilleen:

> Autuaat ovat teidän silmänne, koska ne näkevät, ja korvanne, koska ne kuulevat! (Matt. 13:16)

Kaikilla uskovilla on kyky kuulla Jumalaa. Pyhä Henki asuu jokaisessa kristityssä, eikä hän ole vannonut hiljaisuuden valaa. Hän haluaa puhua sinulle.

SISÄINEN KEHOTUS

Profetian armolahja alkaa usein kehittyä sisäisten kehotusten kautta. Sisäinen kehotus on sisäinen varmuus siitä, että Jumala tahtoo sinun tekevän jotain erityistä ja käytännöllistä. Sen voi usein pukea sanoiksi, ja se nousee syvältä sisimmästä.

Sisäisellä kehotuksella on enemmän energiaa kuin luonnollisella ajatuksella. Rukous ei koskaan kuihduta sitä. Luonnolliset ajatukset lakastuvat Jumalan läsnäolossa, mutta Jumalalta tulleet sisäiset kehotukset vain voimistuvat.

Jos haluat oppia käyttämään profetian armolahjaa, sinun pitää ottaa nämä sisäiset kehotukset vakavasti. Jumala käyttää niitä kouluttamaan meitä.

Ensimmäiset sisäiset kehotukseni olivat ajatuksia siitä, että tapaisin tiettyjä ihmisiä kaupungilla. Koettelin niitä kymmenen minuutin pyöräretkellä kaupungin keskustaan. Nämä sisäiset kehotukset osoittautuivat aina tarkoiksi.

Joskus voit olla väärässä, mutta opi virheistäsi. Etene epäonnistuessakin, älä mene taaksepäin!

Vähitellen Jumala alkoi lisätä vauhtia.

Yhtenä päivänä ajoin autolla, kun voimakas sisäinen ääni keskeytti ajatukseni.

"Mene kirjastoon!" ääni sanoi. Mikä se oli? "Mene kirjastoon!" ääni toisti. Ajattelin, että se pahin asia, joka voisi tapahtua, oli tuhlata vähän polttoainetta, ja tottelin. Kun astelin portaita ylös, satanisti, jolle olin kertonut Jeesuksesta, asteli portaita alas. Tiesin, että Jumala tahtoi muistuttaa tätä nuorta miestä keskusteluistamme.

OPI EROTTAMAAN HÄNEN ÄÄNENSÄ

Jumalan äänen erottamaan oppiminen ei ole aina helppoa. Samuel oli yksi Vanhan Testamentin suurista profeetoista, mutta kun Jumala puhui hänelle ensi kerran, hän ei edes ymmärtänyt, että kyseessä oli Jumala.

Kun saat joltain sähköpostia, ei ole koskaan 100% varmuutta siitä, että lähettäjä on se, kuka hän sanoo olevansa. Mutta kun lepäät Jeesuksen rinnalla, voit olla aivan varma, että hän on Jeesus.

Jumalan läsnäolo on kuin ainutlaatuinen parfyymi, jota kukaan muu ei voi käyttää ja ainoastaan Jumala voi valmistaa. Se täyttää kaiken, mitä hän tekee ja sanoo.

On mahdotonta erottaa Jumala hänen läsnäolostaan. Tämän takia suuret herätykset ovat aina täynnä hänen läsnäoloaan.

Kun seurustelin Daniellan kanssa, hän lähetti minulle kirjeitä, joiden päälle hän suihkutti tiettyä parfyymia. Kerran hän lähetti minulle teddy-karhun, joka oli varmaan kastettu siinä parfyymissa. Ja upotuskasteella! Tästä parfyymista tuli minulle rakkauden tuoksu. Vielä tänään, yli kuusitoista vuotta sen jälkeen, kun hän lakkasi käyttämästä sitä, sieraimiini tarttuu silloin tällöin tämä tuoksu jollain Lontoon kadulla. Ympärilläni on tuhansia tuoksuja, mutta kun haistan tämän tuoksun, katson ympärilleni ja odotan näkeväni hänet. Jumalan läsnäolo on kuin tällainen parfyymi. Kun opit tunnistamaan sen, et voi enää erehtyä siitä.

JUMALAN , SIELUN JA VIHOLLISEN ÄÄNI

Jumalan puhe on täynnä hänen läsnäoloansa. Älä kiinnitä huomiota ajatuksiin, jotka tulevat ilmestyksenomaisesti, mutta joilla ei ole hänen läsnäolonsa tuntua. Näin pysyt turvassa, sillä sielunvihollinen yrittää aina kaapata lisääntyvän hengellisen avoimuutesi. Ihmisen henki on hänen kykynsä olla yhteydessä hengelliseen maailmaan, ja kun hengellinen herkkyytemme kehittyy, altistumme myös niiden demonisten olentojen vaikutuksille, jotka elävät hengellisessä ulottuvuudessa.

Meidän ei pidä keskittyä demoneihin, mutta on hyvä tietää, että niiden tuoma hämmennys voi tappaa profetian armolahjan.

Sielun, sielunvihollisen ja Jumalan tuomilla ajatuksilla on kaikilla energiaa, mutta niillä on kaikilla selvästi erilainen *läsnäolo*. Kun opit erottamaan energialähteiden erilaisen laadun, opit myös erottamaan ajatusten alkuperän.

Päivittäin kuulen Jumalan äänen ainakin kerran, mutta kuulen myös sielunvihollisen äänen, kun hän yrittää jäljitellä Jumalan ääntä.

Sisimpämme kaipuu ja pelot puhuvat myös meille. Mutta tarpeittemme äänessä ei ole Jumalan läsnäoloa ja rauhaa, vaan ne ovat täynnä sielumme levotonta energiaa.

JUMALA TUO SELVYYDEN

Kun Jumala puhuu meille, hän tuo selvyyttä. Meillä kaikilla on hetkiä, jolloin me yhtäkkiä näemme elämän osasia tarkasti. Usein tämä selvyys tulee meille verbaalisessa muodossa. Joskus kyse on siitä, että alitajuntamme on työstämässä ratkaisuja ongelmiimme, mutta jos tämä selvyys on täynnä Jumalan läsnäoloa, niin todennäköisesti se on Jumalan puhetta.

Jumalan läsnäolo sykkii positiivista energiaa ja energistä rauhaa.

Jumalan läsnäolo ei koskaan väsytä meitä, vaan lataa meidät uudelleen.

Paavali kirjoittaa:

> Eihän Jumala ole antanut meille pelkuruuden henkeä, vaan voiman, rakkauden ja terveen harkinnan hengen. (2. Tim. 1:7)

Jos hengelliset kokemuksesi väsyttävät sinua, ne eivät luultavasti ole Jumalalta. Emme aina koe Jumalan läsnäolon energiaa voimakkaana, mutta rukouselämämme ei pitäisi uuvuttaa tai hämmentää meitä.

Jumalalta tullut sana on kuin kaksiteräinen miekka, tuoden selvyyttä hämmennyksen keskelle, positiivisia ratkaisuja negatiiviseen maailmaan ja rakkautta välinpitämättömyyden keskelle. Jumala ei koskaan hämmennä tai syytä. Syyttävät ajatukset, jotka tulevat sielunviholliselta, sammuttavat hengellisen energian, mutta kehottavat sanat Jumalalta ovat täynnä positiivista voimaa, joka tuo mukanaan energian tehdä oikein.

Jumala ei halua meidän toimivan profetioiden, unien tai näkyjen perusteella, jos emme ole varmoja niiden alkuperästä.

Tämä on yksi tärkeimmistä oppitunneista profeetallisessa palvelutyössä. Sinulla saattaa olla kiire tehdä jotain silloinkin, kun olet hämmentynyt. Jumalalla ei ole kiire. Hän haluaa sinun toimivan vain Pyhän Hengen antamalla rohkeudella ja selkeällä mielellä.

Jos en tiedä, mistä ajatukseni ovat peräisin, rukoilen. Jos tuon sielunvihollisen antamat ajatukset Jumalan eteen, hän yleensä vastustaa niitä selvästi. Mikäli ajatukseni ovat vain sielun tuotetta, Jumala usein tyytyy ohjaamaan ajatukseni hellästi hänen tahtoonsa.

Jos tuot jotakin Jumalalle rukouksessa uudestaan ja uudestaan, eikä hän kommentoi siihen ollenkaan, ajatus ei todennäköisesti ole Jumalasta, ellet ole varma siitä, että se oli alun perin Jumalalta. Silloin et voi tehdä muuta kuin odottaa kärsivällisesti, kunnes hän puhuu asiasta uudestaan. Joskus siihen voi kulua vuosia, mutta odotellessa Jumala puhuu sinulle muista asioista.

SIELUNVIHOLLISEN PALAVAT NUOLET

Omat ajatuksemme ovat täynnä inhimillistä energiaa. Sielunvihollisen antamat ajatukset ovat täynnä demonista myrkkyä. Ne ovat aktiivisia, keskeyttäen ajatuskulkumme, ja usein ne pyrkivät jäljittelemään Jumalan ääntä. Mutta niissä ei ole Jumalan voimaa. Joskus niitä ympäröi voitonriemu, kun sielunvihollinen yrittää viehättää meissä olevaa ylpeyttä. Mutta sielunvihollinen ei pysty koskaan jäljittelemään Jumalan läsnäoloa.

Usein koen Jumalan läsnäoloa, mutta sen ympärillä on jonkinlainen hengellinen häiriötila. Silloin tutkin kaikki ajatukset ja sanat, jotka kuulen sisimmässäni, hyvin tarkkaan. Säteilevätkö ne rauhaa, vai tunnenko Jumalan läsnäolon vain sen tähden, että hän suojelee minua viholliselta ja hänen demonista myrkyltään?

Ehkä sielunvihollinen voi lukea ajatuksemme; ehkä ei. Mutta Saatana ja hänen demoninsa ovat opiskelleet ihmisen käyttäytymistä tuhansien vuosien ajan, ja ne voivat lähes aina päätellä mitä me ajattelemme.

Kun oli yhdeksäntoista, olin töissä psykiatrisessa sairaalassa. Olin alkanut ymmärtää, että Jumala oli kehittämässä minun kykyäni kuulla hänen ääntään. Yhtenä päivänä astuin ulos hissistä ja näin potilaan, joka sairasti Alzheimer-tautia.

"Rukoile hänen puolestaan, ja hän paranee!" Kuulin tämän lujan äänen mielessäni. Ensivaikutelmani oli, että Jumala oli haastamassa uskoani, erityisesti sen tähden, että olin juuri lukenut evankeliumien kertomuksista, miten Jeesus paransi sairaita. Mutta jokin tuntui väärältä. Minulla ei ollut parantamisen armolahjaa, mutta kun epäröin, tunsin voimakkaan syyllisyyden ja pakkomielteen toimia vyöryvän päälleni. Se sai minut tuntemaan, että potilaan paraneminen olisi minun vastuullani, ja jos en toimisi, ryöstäisin häneltä hänen parantumisensa.

Ymmärsin silloin, että sielunvihollisella oli kyky kommunikoida henkeni kanssa. Tämä johti minua etsimään Jumalan läheisyyttä yksinäisyydessä.

HENGESSÄ RUKOILEMINEN

Jeesus sanoi:

> Tulee aika – ja se on jo nyt – jolloin kaikki oikeat rukoilijat rukoilevat Isää hengessä ja totuudessa. Sellaisia rukoilijoita Isä tahtoo. Jumala on henki, ja siksi niiden, jotka häntä rukoilevat, tulee rukoilla hengessä ja totuudessa. (Joh. 4:23-24)

Ei ole selvää yksimielisyyttä siitä, viittaako sana *pneuma*, joka voidaan kääntää joko "henkenä" tai "Henkenä", Pyhään Henkeen, kun Jeesus puhuu rukoilemisesta "hengessä ja totuudessa", mutta en usko, että meidän tarvitsee jättää rukouselämämme syvyys raamatunkääntäjien vastuulle. Pyhä Henki asuu sinussa – rukoiletko mieluummin ilman häntä vai hänen kanssaan?

On selvä ero Hengellä täytetyn rukouksen ja ylistyksen ja pelkästään uskonnollisen rukouksen ja ylistyksen välillä.

Yksi tapa oppia profetoimaan on rukoileminen ja ylistäminen Hengessä. Tämä tarkoittaa sitä, että annat Pyhän Hengen ohjata ylistystä ja esirukousta Jumalan läsnäolon virran avulla. Usein esirukous, joka virtaa Hengessä, alkaa kehittää profeetallisen ulottuvuuden.

Usein vain pieni askel erottaa profetian Hengen innoittamasta esirukouksesta, joka ilmentää Jumalan rakkautta.

Esimerkiksi olen rukoillut Lontoon ja San Franciscon kaupunkien puolesta, ja Hengen innoittama esirukous on muuttunut profetiaksi.

Usein löydän Jumalan tahdon profeetallisen esirukouksen kautta, kun Pyhä Henki ohjaa rukoukseni tiettyyn suuntaan. Tunnen Pyhän Hengen energian, kun rukoilen tiettyjen asioiden puolesta, mutta tämä energia katoaa, kun rukoilen toisten asioiden puolesta, ja minulle on selvää, mistä asioista Jumala välittää.

OSITTAINEN MUTTA TARKKA

Profetian armolahjasta on monia väärinkäsityksiä. Yksi niistä on se, että olisi sallittua profetoida huolimattomasti sen takia, että Paavali sanoi, että profetiat ovat vajavaisia. Tämän takia monet uskovista yrittävät välittää ajatuksensa ja toiveensa profetioina, vaikka he eivät ole läheskään varmoja siitä, onko Jumala puhunut heille.

Mutta meidän ei tule esittää mitään profetiana, ellemme ole 100% varmoja siitä, että se on Jumalalta.

Miksi Uuden Testamentin profetian standardien tulisi olla yhtään alemmat kuin Vanhassa Testamentissa? Meillä on enemmän ymmärrystä kuin Vanhan Testamentin profeetoilla. Jos et ole varma siitä, puhuuko Pyhä Henki sinulle, ole vaiti! Jos keskityt Jumalan äänen kuulemiseen, niin voit tulevaisuudessa julistaa varmuudella, minkä olet kuullut Jumalalta.

Jesajan kirja 55:11 sanoo:

> Niin käy myös sanan, joka minun suustani lähtee: se ei tyhjänä palaa vaan täyttää tehtävän, jonka minä sille annan, ja saa menestymään kaiken, mitä varten sen lähetän.

Tämä on totuus jokaisesta sanasta, joka tulee Jumalan suusta, ei pelkästään Raamatusta.

Jumala ei valehtele, eikä hän tule koskaan valehtelemaan. Bileam sanoi:

> Jumala ei ole ihminen: hän ei valehtele, hän ei muuta mieltään. Hänkö ei tekisi, mitä sanoo? Hänkö ei pitäisi, mitä lupaa? (4. Moos. 23:19)

On monia syitä siihen, että profetian armolahjaa ei pidä nostaa erehtymättömyyden jalustalle seurakunnassa, mutta tämä ei tee Jumalan antamaa ilmestystä epäluotettavaksi. On myös suuri ero sillä, toimimmeko profetian perusteella, jonka saimme suoraan Jumalalta vai profetian mukaan, joka on annettu meille epäsuorasti profeetan kautta. En koskaan laittaisi elämääni likoon epäsuorasti annetun profetian takia, mutta olen tehnyt näin monta kertaa, kun Jumala on puhunut minulle suoraan.

Älä vaadi ketään pistämään elämäänsä profetiasi totuudenmukaisuuden varaan, vaan pyydä ihmisiä aina etsimään Jumalaa profetian vahvistukseksi ja selvennykseksi.

Profetiat ovat osittaisia, mutta tarkkoja. Niiden osittaisuus jättää tilaa väärille tulkinnoille. Tämän takia meidän ei pidä koskaan tulkita niitä väkisin, vaan pyytää Jumalalta apua niiden tulkitsemiseen.

Olen tehnyt isoimmat virheeni silloin, kun olen kiirehtinyt tulkitsemaan profetian senhetkisen tilanteeni mukaan etsimättä Jumalalta selvennystä.

Monet opettajat jakavat profetian kolmeen joukkoon: aidot, heikot ja väärät. Mutta on parempi jakaa profetiat aitoihin ja vääriin, sekä huonoon kuulemiseen ja tulkitsemiseen.

Vanhassa ja Uudessa Testamentissa on vain aitoja ja vääriä profeettoja. "Heikkoa" profetiaa ei mainita missään. "Heikkojen" profetioiden ongelma tulee siitä, että monet ovat liian innokkaita kuuluttamaan profetioita. Heitä kiinnostaa näyttävyys ja dramaattisuus, mutta heillä ei riitä kärsivällisyyttä aidon sanoman odottamiseen.

Jos et ole varma, onko profetia Jumalalta, jatka kuuntelemista!

On aivan toinen asia, mitä tapahtuu, kun Jumala pyytää jakamaan profetian, jonka tiedät 100% varmasti tulevan häneltä, mutta sinulla ei ole aavistustakaan siitä, mitä se merkitsee.

TERÄVÄMPI KUIN YMMÄRRYS

Jumalan sana on terävämpi kuin ymmärryksemme, ja ymmärrämme sen väärin usein juuri tämän takia.

> Jumalan sana on elävä ja väkevä. Se on terävämpi kuin mikään kaksiteräinen miekka, se iskee syvään ja viiltää halki sielun ja hengen, nivelet ja luiden ytimet, se paljastaa sisimmät aikeemme ja ajatuksemme. (Hepr. 4:12)

Ensisijaisesti tämä on totta Raamatusta, mutta toissijaisesti tämä on totta myös profetiasta. Jumala ei muutu; hän on johdonmukainen kommunikoija, ja täydellisen totuudellinen. Tämä on meille ongelmallista, sillä sisimmät motivaatiomme saavat meidät melkein aina tulkitsemaan profetian ensin väärin.

Emme ole tottuneet Jumalan tasoiseen todenmukaisuuteen. Luemme rivien välistä, eikä mikään ole koskaan absoluuttista. Monet uskovat ovat menettäneet uskonsa profetiaan vain sen takia, että he eivät ole käsittäneet, että Jumalan sana on tarkempi kuin heidän kykynsä käsittää se.

Jumala sanoo, mitä hän tarkoittaa ja tarkoittaa, mitä hän sanoo!

Jumala ymmärtää, että meidän tapamme kommunikoida on vajavainen, mutta hän haluaa nostaa meidät hänen tasoiseensa kommunikaatioon ja ymmärrykseen.

Muutamia vuosia sitten, kun Jumala oli jo puhunut minulle siitä, että tulisin joskus jättämään Kensington Templen työpaikkana, hän puhui minulle, kun olin valmistelemassa seurakunnan vuosiraporttia.

Työhöni kuului vuosiraportin painattaminen ja graafisen työn laadun takaaminen.

"Tämä tulee olemaan viimeinen raporttisi", hän informoi.

Yhdistin nopeasti mielessäni joukon profetioita ja tulin siihen tulokseen, että jättäisin työpaikkani ennen joulua.

Kului neljä vuotta ennen kuin ymmärsin profetian merkityksen.

En koskaan *tuottanut* uutta vuosiraporttia! Jumalan sana oli tarkempi kuin huono kuuloni. Hän ei koskaan sanonut, että jättäisin työpaikkani sinä vuonna.

Jumalan sana on aina täydellisen luotettava, vaikka tulkintamme on usein väärä.

Useimmat näkevät Matteuksen kertomuksen Pietarin kävelemisestä veden päällä tarinana uskon voimasta, mutta se on myös tarina Jumalan sanan täydellisestä luotettavuudesta.

> Silloin Pietari sanoi hänelle: "Herra, jos se olet sinä, niin käske minun tulla luoksesi vettä pitkin." "Tule!" sanoi Jeesus. Pietari astui veneestä ja käveli vettä pitkin Jeesuksen luo. Mutta huomatessaan, miten rajusti tuuli, hän pelästyi ja alkoi vajota. "Herra, pelasta minut!" hän huusi. Jeesus ojensi heti kätensä, tarttui häneen ja sanoi: "Vähäinenpä on uskosi! Miksi aloit epäillä?" (Matt. 14:28-31)

Pietari käveli Jeesuksen sanan "Tule!" päällä. Hän ei koskaan kävellyt veden päällä. Siltä se vain *näytti*.

Ja tämä sana oli täydellisen luotettava. Jeesus oli pyytänyt Pietaria kävelemään luokseen, ja kun Pietarin usko horjui, Jeesus takasi kutsunsa ojentamalla kätensä ja vetämällä Pietarin luokseen.

Uskosi voi horjua, mutta koska Jumala on luvannut, hän takaa sanansa vaikka vetämällä sinut luokseen.

Pietarin piti vain ottaa se ensimmäinen askel.

Profeetallinen lupaus toimii juuri tällä tavoin. Kun vastaat siihen kuuliaisuudella, Jumala takaa sen, että hänen lupauksensa toteutuu, horjuu sinun uskosi tai ei.

Monet uskovista ajattelevat, että heillä on vapaus tulkita profetioita sisimpänsä toiveiden mukaan. Mutta mitä heidän tulee tehdä, on kuunnella tarkasti ja kuulla se, mitä Jumala sanoo oikeasti, eikä sitä, mitä he haluavat kuulla.

MITEN TIEDÄMME SE ON JUMALA, JOKA PUHUU

1. Jumala on läsnä

Ellei sana tai ajatus tule voimakkaassa Jumalan läsnäolossa, en yleensä hyväksy sitä automaattisesti, tai kerro sitä kenellekään heti. Sen sijaan tuon sanan tai ajatuksen Jumalan eteen rukouksessa, kunnes olen varma, että se on häneltä. Usein Jumala valottaa asiaa lisää. Olen viettänyt parikin kuukautta rukoillen, ennen kuin olen jakanut tärkeän profetian seurakunnan johtajille. Mutta jos sanoma tai ajatus tulee voimakkaan voitelun kanssa, ja se henkilö, jolle se on tarkoitettu, on läsnä, voit yleensä kertoa sen heti.

2. Profetian ei tule olla ristiriidassa Raamatun kanssa

Aito profetia ei ole koskaan ristiriidassa Raamatun kanssa, mutta se voi olla ristiriidassa raamatuntulkintasi kanssa. Usein Jumala puhuu meille valottaakseen raamatullisen totuuden, josta emme tiedä mitään. Jos profetian sana on ristiriidassa raamatuntulkintasi kanssa, mutta huomaat Raamatun opiskelun kautta, että se on itse asiassa sopusoinnussa Raamatun totuuden kanssa, niin Jumala on parantamassa sinun epätäydellistä teologiaasi. On hyvä muistaa, että Jumala on koko maailmankaikkeuden pääteologi.

3. Jumalan sanat ovat pakattu hänen läsnäolollaan

Pyhä Henki ei koskaan sano mitään, mikä ei olisi täynnä hänen läsnäoloaan. Paholainen voi naamioitua valon enkeliksi, mutta hän ei voi jäljitellä Jumalan läsnäoloa.

Sielunvihollisen puhe on täynnä myrkkyä, tai silloin kun hän naamioituu valon enkeliksi, kuin tyhjä kuori, ilman elämää. Silloin sanoman ympärillä on outo levottomuus.

Sielunvihollinen voi siteerata Raamattua, kuten hän teki kiusatessaan Jeesusta, mutta hän ei voi tuottaa sitä ainutlaatuista rauhaa ja energiaa, jonka Jumalan läsnäolo tuo. Jeesus sanoi:

> Totisesti, totisesti: se, joka ei mene lammastarhaan portista vaan kiipeää sinne muualta, on varas ja rosvo. Se, joka menee portista, on lampaiden paimen. Hänelle vartija avaa portin, ja lampaat kuuntelevat hänen ääntään. Hän kutsuu lampaitaan nimeltä ja vie ne laitumelle. Laskettuaan ulos kaikki lampaansa hän kulkee niiden edellä, ja lampaat seuraavat häntä, koska ne tuntevat hänen äänensä. Vierasta ne eivät lähde seuraamaan vaan karkaavat hänen luotaan, sillä ne eivät tunne vieraan ääntä. (Joh. 10:1-5)

Sielunvihollinen yrittää usein piilottaa myrkyllisen läsnäolonsa väärennetyn voitonriemuntunteen taakse, ikään kuin se olisi Pyhä Henki, joka lupaa sinulle voiton. Tämän tarkoituksena on mairitella ylpeydentunnetta.

Toinen Samuelin kirja 24:1 kertoo:

> Herra vihastui jälleen Israeliin, ja yllyttääkseen Daavidia kansaa vastaan hän sanoi: "Mene ja laske Israelin ja Juudan väki."

Tapahtumat kerrotaan eri näkökulmasta Ensimmäisessä aikakirjassa 21:1.

> Saatana nousi Israelia vastaan ja viekoitteli Daavidin toimittamaan Israelissa väenlaskun.

Jumala koettelee palvelijansa antamalla sielunvihollisen kuiskata heidän korvaansa. Jos sisimpäsi on sopusoinnussa Jumalan luonnon kanssa, et kuuntele sielunvihollista. Jumala oli antanut kuningaskunnan Daavidille, mutta nyt hänen sydämensä oli ylpistynyt, ja hän ajatteli omistavansa Jumalan kansan. Joab oli tietoinen siitä, mitä Mooseksen laki opetti väestölaskusta, ja hän yritti pysäyttää Daavidin.

Toinen Mooseksen kirja 30:12 määrää:

> Kun tarkastat israelilaiset ja lasket heidän soturiensa lukumäärän, heidän tulee samalla antaa Herralle maksu henkensä lunnaiksi, ettei mikään vitsaus kohtaisi heitä tarkastuksen vuoksi.

Ei näytä siltä, että kukaan mies olisi maksanut lunnaita osana väestölaskua, ja Jumala lähetti Israeliin vitsauksen.

Vaikuttaa siltä, että Daavid ei erottanut Saatanan ääntä Jumalan äänestä. Jos sydämesi on täynnä ylpeyttä, niin sielunvihollisen ääni saattaa kuulostaa Jumalan ääneltä. On olemassa pettäviä henkiä, jotka tietävät miten vedota meidän tärkeydentarpeeseemme.

4. Jumala antaa riittävästi aikaa koetella profetian

Jumala on jo ottanut huomioon sen ajan, mitä sinulle kuluu koetella se, onko sana häneltä, vai ei. Hän ei koskaan halua sinun jakavan profetiaa, jos et ole 100% varma siitä, että se on Jumalalta.

5. Jumala keskittyy jumalasuhteen parantamiseen

Joskus sen erottaminen, onko profetia Jumalasta, voi kestää kauan. Olen joskus viettänyt kuukausia etsiessäni selvyyttä, ovatko jotkut viestit Jumalasta, eikä Jumala ole vastannut ollenkaan. Sen sijaan hän on ainoastaan vetänyt minut syvemmälle läsnäoloonsa. Usein profetiat ovat Jumalan keino houkutella meitä viettämään enemmän aikaa hänen kanssaan.

9

KIELILLÄ PROFETOIMINEN

Kielillä rukoileminen voi nopeuttaa profetian armolahjan kehittymistä radikaalisti. Vaikka kielilläpuhuminen on oma armolahjansa, se myös toimii suhteellisen turvallisena yhdyskäytävänä profeetalliseen palvelutyöhön.

Kielilläpuhuminen ja kielien selittäminen ovat ne ainoat armolahjat Ensimmäisen kirjeen korinttilaisille 12:1-4 listassa, joiden toiminnasta ei mainita Vanhan Testamentin profeettojen elämässä. Viisauden ja tiedon sanat, profetia, usko, ihmeteot, ja parantaminen olivat kaikki käytössä Vanhan Testamentin aikana. Kielilläpuhuminen ja kielien selittäminen ovat ne kaksi ainoaa armolahjaa, joka kuuluvat ilmeisesti pelkästään seurakunnalle.

Apostolien teot 2:1-13 kertoo:

> Kun sitten koitti helluntaipäivä, he olivat kaikki yhdessä koolla. Yhtäkkiä kuului taivaalta kohahdus, kuin olisi käynyt raju tuulenpuuska, ja se täytti koko sen talon, jossa he olivat. He näkivät tulenlieskoja, kuin kieliä, jotka jakautuivat ja laskeutuivat itse kunkin päälle. He tulivat täyteen Pyhää Henkeä ja alkoivat puhua eri kielillä sitä mitä Henki antoi heille puhuttavaksi. Jerusalemissa asui hurskaita juutalaisia, joita oli tullut sinne kaikkien kansojen keskuudesta, mitä taivaan alla on. Kun

tämä ääni kuului, paikalle kerääntyi paljon väkeä, ja hämmästys valtasi kaikki, sillä jokainen kuuli puhuttavan omaa kieltään. He kysyivät ihmeissään: "Eivätkö nuo, jotka puhuvat, ole kaikki galilealaisia? Kuinka me sitten kuulemme kukin oman synnyinmaamme kieltä? Meitä on täällä partilaisia, meedialaisia ja elamilaisia, meitä on Mesopotamiasta, Juudeasta ja Kappadokiasta, Pontoksesta ja Aasian maakunnasta, Frygiasta, Pamfyliasta, Egyptistä ja Libyasta Kyrenen seudulta, meitä on tullut Roomasta, toiset meistä ovat syntyperäisiä juutalaisia, toiset uskoomme kääntyneitä, meitä on kreetalaisia ja arabialaisia – ja me kaikki kuulemme heidän julistavan omalla kielellämme Jumalan suuria tekoja." He eivät tienneet, mitä ajatella. Ihmeissään he kyselivät toinen toiseltaan: "Mitä tämä oikein on?" Mutta jotkut pilkkasivat: "He ovat juovuksissa, makeaa viiniä täynnä."

Tämän tekstin perusteella saattaisi vaikuttaa siltä, että kielilläpuhuminen on vain Jumalan palvontaa ja ylistämistä, mutta itse asiassa sitä voi käyttää kaikenlaiseen rukoukseen.

Apostolien teot 19:1-6 kertoo:

Apolloksen ollessa Korintissa Paavali vaelsi ylänköseutujen halki ja tuli Efesokseen. Hän tapasi siellä muutamia opetuslapsia ja kysyi heiltä: "Saitteko Pyhän Hengen, kun tulitte uskoon?" "Emme me ole kuulleetkaan mistään Pyhästä Hengestä", nämä vastasivat. "Millä kasteella teidät sitten on kastettu?" kysyi Paavali. He vastasivat: "Johanneksen kasteella." Silloin Paavali sanoi: "Johannes tosin kastoi vedellä parannukseen, mutta hän kehotti ihmisiä uskomaan toiseen, joka oli tuleva hänen jälkeensä, Jeesukseen." Tämän kuultuaan he ottivat kasteen Herran Jeesuksen nimeen, ja kun Paavali pani kätensä heidän päälleen, Pyhä Henki tuli heihin ja he puhuivat kielillä ja profetoivat.

Vaikuttaa siltä, että Efesoksen uskovat kykenivät siirtymään kielilläpuhumisesta profetoimiseen. Paavali kirjoittaa:

> Pyrkikää rakkauteen, mutta tavoitelkaa myös henkilahjoja, ennen kaikkea profetoimisen lahjaa. Kielillä puhuva ei näet puhu ihmisille vaan Jumalalle; kukaan ei ymmärrä häntä, Hengen valtaamana hän puhuu salaisuuksia. Mutta se, joka profetoi, puhuu ihmisille: hän rakentaa, kehottaa ja lohduttaa. Kielillä puhuva rakentaa itseään, profetoiva rakentaa seurakuntaa. Toivoisin teidän kaikkien puhuvan kielillä, mutta vielä mieluummin toivoisin teidän profetoivan. Profetoiva on arvokkaampi kuin kielillä puhuva, ellei tämä sitten osaa myös tulkita puhettaan, niin että se koituu seurakunnan parhaaksi. (1. Kor. 14:1-5)

Paavali kehotti niitä, jotka puhuvat kielillä, joko profetoimaan tai selittämään kielet. Usein tämä on sama asia.

Kun opiskelin yliopistolla, ystäväni tuli käymään. Hän oli ollut mukana okkultismissa ennen kuin hänestä tuli kristitty. Olimme olohuoneessani, kun yhtäkkiä huoneen lämpötila tuntui tippuvan kymmenellä asteella. Joku näkymätön olento laskeutui rinnalleni ja alkoi kuristaa minua. Tunsin raivoavan pedon vihan. Kykenin tuskin hengittämään, ja tiesin, että tämä olento tahtoi tappaa minut. Mitään ajattelematta, aloin puhua kielillä. Ja edelleen ilman selvää ajatusta, aloin ajaa demonia ulos huoneesta ymmärrettävällä kielellä. Kun mietin sitä, mitä oli tapahtunut, ymmärsin, että olin tulkinnut kielen ja käyttänyt sitä hengellisessä sodankäynnissä.

HENGESSÄ RUKOILEMINEN

Tapasin kerran riivatun naisen, joka osasi puhua täydellistä hepreaa, kun hänessä asunut demoni demonstroi, että hän osasi puhua kielillä paljon sujuvammin kuin minä.

Mutta kun uskova puhuu kielillä, on se aina Jumalan lahja. Väärennettyjä tavaroita tuotetaan vain silloin kun väärentäjä tietää, että aito tavara on arvokasta.

Paavali kirjoittaa:

> Jos näet rukoilen kielillä, minun henkeni rukoilee mutta ymmärrykseni jää hyödyttömäksi. Mitä tämä siis tarkoittaa? Minun tulee rukoilla hengelläni, mutta myös ymmärryksellä; minun tulee laulaa kiitosta hengelläni, mutta myös ymmärryksellä. Jos kiität Jumalaa vain hengelläsi, miten paikalla oleva ulkopuolinen voi sanoa kiitokseesi aamenen, kun hän ei ymmärrä mitä sanot? (1. Kor. 14:14-16)

Jotkut uskovista käyttävät näitä jakeita vähätelläkseen kielilläpuhumista, mutta tämä ei ole Paavalin tarkoitus. Sen sijaan hän haluaa palauttaa järjestyksen yleiseen kokoukseen, sillä jae 18 sanoo:

> Minä puhun kielillä enemmän kuin kukaan teistä, ja siitä kiitän Jumalaa.

Paavali puhui kielillä enemmän kuin kukaan korinttolaisista, mutta hän käytti niitä yksityisessä eikä julkisessa rukouksessa.

Viime vuosina lääketiede on valottanut sitä, mitä tapahtuu aivoissa, kun ihminen puhuu kielillä.

Vuonna 2006 Pennsylvanian yliopiston lääketieteen koulu julkaisi ensimmäisen neurokuvaustutkimuksen kielilläpuhumisesta.[1] Tutkimuksen mukaan aivojen toiminnassa tapahtui muutoksia kielilläpuhumisen aikana. Aivojen etulohkon, päälaen ja vasemman häntätumakkeen toiminta muuttui eniten.

1 'The Measurement of Regional Cerebral Blood Flow During Glossolalia: A Preliminary SPECT Study' Andrew B. Newberg, Nancy A. Wintering, Donna Morgan, Mark R. Waldman. *Psychiatry Research: Neuroimaging* 148 (2006) 67–71

Aivojen etulohko on se osa aivoja, joka auttaa meitä kontrolloimaan itseämme. Aivoista kielilläpuhumisen aikana otetut kuvat osoittivat, että emme itse kontrolloi aivojen kielikeskusta, kun puhumme kielillä.

Minusta tämä osoittaa sen, että Pyhä Henki on aktiivisesti mukana kielilläpuhumisessa.

Kielilläpuhuminen vaatii uskoa. Sinun pitää uskoa, että Pyhä Henki asuu ja toimii sinussa. Kun puhut kielillä, menetät kielesi kontrollin ja annat tämän kontrollin Jumalalle. Se, että sinun pitää harjoittaa uskoa, kun et tiedä mitä olet sanomassa, irrottaa rukoilemisesi asteittain rationaalisesta mielestä.

Tässä tapauksessa uskon tunnustaminen – jota et ymmärrä – ottaa kontrollin rationaalisesta mielestäsi, juuri sen takia, että mielesi ei ymmärrä, mitä sanot.

Kun puhut kielillä, opettelet puhumaan Pyhässä Hengessä.

Profeetallinen rukous ja julistus ovat muita Hengessä puhumisen muotoja.

Mutta on vaikeaa siirtyä suoraan ymmärrettävästä mielen tuottamasta rukouksesta ymmärrettävään Pyhän Hengen tuottamaan rukoukseen ilman "epärationaalista" kielilläpuhumisen porttikäytävää.

KIELTEN PROFEETALLINEN SELITTÄMINEN

Kielilläpuhuminen liittää suusi Pyhään Henkeen, joka asuu syvällä sisimmässäsi. Pyhän Hengen virran avaaminen puhuen kielillä tuo mukanaan myös Pyhän Hengen läsnäolon ja voiman. Puhumalla kielillä opit luottamaan Pyhän Hengen virtaan rationaalisen ajattelun sijaan. Kun Pyhän Hengen virta alkaa tuoda mukanaan ymmärrettäviä sanoja, luotat virtaan, sillä se tuo mukanaan Jumalan läsnäolon.

Nyt mielesi ymmärtää, mitä sanot, mutta sen sijaan, että mielesi tuottaisi ne sanat, olet kielilläpuhumisen porttikäytävän kautta siirtynyt ymmärrettävästä mielen tuottamasta rukouksesta ymmärrettävään Pyhän Hengen tuottamaan rukoukseen.

Profetoimisen oppiminen kielilläpuhumisen "apupyörien" kanssa on ehkä turvallisin tapa kehittää tätä armolahjaa.

On turvallisempaa antaa Pyhän Hengen ottaa kontrolli suustasi kielilläpuhumisen kautta ja antaa Pyhän Hengen virrata sisimmästäsi suuhun, kuin yrittää kuunnella Jumalan ääntä, mikä vaatii hengellisen herkkyyden kehittämistä ja ympäristön, joka on vapaa demonisesta vaikutuksesta. Tällä tavalla voit myös siirtyä suoraan kuulemisesta profetian julistamiseen.

Paavali kirjoittaa:

> Me julistamme, niin kuin on kirjoitettu, mitä silmä ei ole nähnyt eikä korva kuullut, mitä ihminen ei ole voinut sydämessään aavistaa, minkä Jumala on valmistanut niille, jotka häntä rakastavat. Meille Jumala on sen ilmoittanut Hengellään, sillä Henki tutkii kaiken, myös Jumalan syvimmät salaisuudet.
>
> Kuka muu kuin ihmisen oma henki tietää, mitä ihmisessä on? Samoin vain Jumalan Henki tietää, mitä Jumalassa on. Mutta me emme ole saaneet maailman henkeä, vaan Jumalan oman Hengen, jotta tietäisimme, mitä hän on lahjoittanut meille. Siitä me myös puhumme, mutta me käytämme Hengen emmekä ihmisviisauden opettamia sanoja ja selitämme hengelliset asiat Hengen avulla. Ihminen ei luonnostaan ota vastaan Jumalan Hengen puhetta, sillä se on hänen mielestään hulluutta. Hän ei pysty tajuamaan sitä, koska sitä on tutkittava Hengen avulla. Hengellinen ihminen sen sijaan pystyy tutkimaan kaikkea, mutta häntä itseään ei kukaan voi tutkia. "Kuka tuntee Herran mielen, niin että voi neuvoa häntä?" Mutta meillä on Kristuksen mieli. (1. Kor. 2:9-16)

On harvoja asioita, jotka vaikuttavat ensin typerämmiltä kuin kielilläpuhuminen. Mutta luotan mieluummin Jumalan typeryyteen kuin ihmisen älyyn.

10

UNET

Jumala paljastaa näkökulmansa profetioiden, mutta myös näkyjen ja unien kautta. Kaksi vanhinta profeettaa merkitsevää sanaa heprean kielessä ovat *hozeh* ja *ro'eh*. Molemmat tarkoittavat näkijää. Samuelia kutsutaan nimellä *ro'eh* Ensimmäisessä Samuelin kirjassa 9:9, mutta näkijä Gadia, joka toimi kuningas Daavidin hovissa, kutsuttiin termillä *hozeh*.

Myöhemmin profeetoista puhuttiin termillä *nabi* – se, joka on kutsuttu. Sitten sanan merkitys muuttui julistajaksi.

Joelin kirja 3:1 sanoo:

> Tämän jälkeen on tapahtuva, että minä vuodatan henkeni kaikkiin ihmisiin. Ja niin teidän poikanne ja tyttärenne profetoivat, nuorukaisenne näkevät näkyjä, vanhuksenne ennusunia.

Eräänä päivänä Vanhan Testamentin profeetoiden kokemukset tulisivat olemaan yleisiä.

Tämä Pyhän Hengen vuodatus alkoi yläsalissa ja on jatkunut tähän päivään asti. Joelin profetian mukaan Hengen vuodatuksen merkki tulisi olemaan profetian lahjan valtava yleistyminen.

Valinta, kuka profetoi, näkee näkyjä tai ennusunia, vaikuttaa poeettiselta. Tulee aika, jolloin kaikki profetoivat, ja näkevät näkyjä ja ennusunia.

Jumalan antamat unet ovat yleisempiä kuin näyt. Jokainen uskova on luultavasti nähnyt unen, joka on Jumalalta, mutta ei ole välttämättä tiedostanut sen alkuperää.

UNIEN ALKUPERÄN TUNNISTAMINEN

Unet ovat useimmiten alitajunnan tuotetta. Jumala sanoo:

> Minä olen kuullut, mitä nuo profeetat puhuvat, nuo, jotka julistavat minun nimissäni silkkaa valhetta. He sanovat: "Olen nähnyt unen, olen nähnyt unen!" (Jer. 23:25)

Unien näkeminen on helppoa, mutta vain Jumala voi antaa Jumalan antaman unen!

Yliluonnolliset unet voivat olla Jumalan antamia tai demonisia hyökkäyksiä alitajuntaamme.

Muinaisina aikoina useimmat ihmiset uskoivat, että Jumala tai jumalat kommunikoivat unien kautta.

Paavalin ajan Korintissa oli Aspleciuksen temppeli, joka oli omistettu Apollon pojalle ja kreikkalaiselle terveyden jumalalle. Ihmiset, jotka halusivat parantua, nukkuivat siellä yli yön. Heidät huumattiin syvään uneen huoneessa, joka oli täynnä käärmeitä.

Jos he näkivät unen, se oli merkki jumalilta, että he tulisivat paranemaan. Varmasti monet näistä unista olivat demonisia.

Jeremian mukaan väärät profeetat julistivat jumalallisina unina valheita.

Mooses varoittaa unennäkijöistä, jotka johtavat harhaan:

> Teidän keskuuteenne saattaa ilmestyä profeetta tai unennäkijä, joka lupaa tehdä ihmeen tai tunnusteon – ja joka näin koettaa taivuttaa teidät palvelemaan vieraita ja

> teille outoja jumalia. Älkää kuunnelko sellaisen profeetan tai unennäkijän sanoja, vaikka hänen lupaamansa ihme tapahtuisikin. Herra, teidän Jumalanne, koettelee teitä näin saadakseen tietää, rakastatteko häntä koko sydämestänne ja koko sielustanne. (5. Moos. 13:2-4)

Ei ole väliä, miten vaikuttava uni on, se ei voi olla Jumalasta, jos se selvästi johtaa syntiin. Mies, jonka tunnen, tuhosi avioliittonsa ja palvelutyönsä seuraamalla demonisten ja saastaisten unien ohjeita, uskoen että ne paljastivat hänen "toden minänsä".

Saarnaajan kirja 5:2 sanoo:

> Sillä paljosta työstä saa levottomia unia.

Kun tietoisuutemme ei kykene käsittelemään elämämme monia asioita, alitajuntamme yrittää ratkaista niitä ylikierroksilla yön aikana.

MITEN TIEDÄT, ONKO UNI JUMALALTA?

Nämä periaatteet auttavat sinua erottamaan unen alkuperän.

1. Muistatko unen?

Jos et muista unta, kun heräät, se ei ollut Jumalalta. Jos Jumala tahtoo kommunikoida unen kautta, hän myös varmistaa, että muistat sen. Kirjoita heti ylös jokainen uni, jonka ajattelet olevan Jumalalta, sillä tämä auttaa sinua muistamaan ne paremmin. Kuvaa unen tarina pääpiirteittäin, sen päähenkilöt ja elementit, kuten värit, esineet ja ilmapiiri. Danielin kirja 7:1 kertoo:

> Belsassarin, Babylonian kuninkaan, ensimmäisenä hallitusvuotena Daniel näki vuoteellaan unen ja näkyjä. Hän kirjoitti ne muistiin, ja hänen kertomuksensa kuuluu näin.

2. Onko unen rakenne hyvin järjestetty vai sekava?

Jumala tuo järjestyksen kaaokseen ja selvyyden hämmennykseen. Et välttämättä aina ymmärrä Jumalan antamaa unta, mutta jos uni on hämmentävä, se ei ole koskaan Jumalasta. Paavali sanoi Timoteukselle:

> Eihän Jumala ole antanut meille pelkuruuden henkeä, vaan voiman, rakkauden ja terveen harkinnan hengen. (2. Tim. 1:7)

Vaihtoehtoinen käännös pelkuruuden hengelle on "hämmennyksen henki". Kun Jumala puhuu, hän kommunikoi selvästi, vaikka et aina tiedä, mitä hän tarkoittaa.

3. Liittyykö uni johonkin, mitä prosessoit mielessäsi?

Jos uni liittyy asiaan, josta olet huolestunut tai jota ajattelet paljon, se on todennäköisesti alitajuinen yritys löytää ratkaisu ongelmalle, jota tietoinen mieli ei kykene ratkaisemaan. Jos katsot elokuvan illalla, voit nähdä yöllä jatko-osan – jossa olet sankari. Ellei uni anna jotain odottamatonta ratkaisua ongelmaan, niin se ei ole todennäköisesti Jumalasta.

4. Mikä on unen emotionaalinen ilmapiiri?

Suuri osa niistä unista, jotka ovat täynnä epätoivoa, ovat alitajunnan tuotantoa. Unet toimivat pelkojen ylipaineventtiilinä. Jos torjut pelon ja ahdistuksen tietoisesti päiväsaikaan, ne ilmestyvät usein uniisi.

Jumala ei koskaan lisää pelkoa elämääsi; hän haluaa poistaa pelon. Saatat kuitenkin nähdä unen, joka paljastaa pelon syyn, ja jos uni tarjoaa ratkaisun pelolle, se on usein Jumalasta.

Unen emotionaalinen ilmapiiri on usein avain unen tulkintaan.

5. Liittykö uni asiaan, josta Jumala on jo puhunut?

Jumala lisää usein syvyyttä ilmoitukseensa unen kautta. Se on ylimääräinen kanava, jonka kautta Jumala voi paljastaa suunnitelmansa ja näkökulmansa.

6. Onko unessa raamatullista symbolismia?

Älä tuhlaa aikaa tai rahaa universaaleihin "unisanakirjoihin", sillä symboleilla on usein erilainen merkitys eri kulttuureissa. Jos Jumala käyttää symboleita, hän käyttää niitä sen mukaan, mitä ne merkitsevät sinulle.

Toisaalta raamatulliset symbolit usein osoittavat unen tulevan Jumalalta.

7. Onko uni "realistinen"?

Jos uni on realistinen, se voi liittyä tulevaisuuden tapahtumaan, jollei se liity selvästi menneisyyteen. Joskus et voi olla varma, onko uni Jumalalta, ennen kuin olet unessa kuvatussa tilanteessa, jolloin uni auttaa sinua toimimaan oikealla tavalla.

8. Onko unessa demoninen elementti?

Jos unessa on demoninen elementti, ei se tarkoita automaattisesti, että uni olisi alkuperältään demoninen, sillä se voi olla tulosta siitä, että Pyhä Henki sinussa reagoi näkymättömään demoniseen vaikutukseen.

Rukoile aina, jos näet tällaisia unia, ja pyydä Pyhää Henkeä antamaan sinulle enemmän ymmärrystä tai kertomaan, jos sinun pitää torjua uni.

9. Teetkö jotain väärää unessa?

Jos näet unen, jossa olet tekemässä jotain väärää, uni ei ole koskaan Jumalalta, ellet ole tekemässä tai vaarassa tehdä tätä väärää asiaa tosielämässä, ja Jumala varoittaa tai muistuttaa sinua tekemään oikein unen kautta. Unet, jossa teet väärää ovat useimmiten joko alitajunnan tuotetta tai lähtöisin sielunviholliselta.

10. Heräätkö Jumalan läsnäoloon?

Joskus herään vahvaan tunteeseen siitä, että uni oli Jumalasta. Toisinaan herään vahvaan Jumalan läsnäoloon, ja tämä on usein merkki siitä, että olen nähnyt Jumalan antaman unen. Toisinaan Jumala on läsnä, sillä hän on suojaamassa minua demoniselta hyökkäykseltä, joka tapahtui unen kautta. Ero on usein selvä.

11. Mitä tapahtuu, kun rukoilet unelle selvennystä?

Rukoile aina unelle selvennystä, jos uskot sen olevan Jumalan antaman. Kun teet näin, Pyhä Henki alkaa usein paljastaa sinulle lisää asioita ja selittää unen elementtejä.

UNIEN SELITTÄMISEN LAHJA

Kaikki näkevät unia, mutta ainoastaan Pyhän Hengen läheisyydessä elävät voivat tulkita unia Jumalan näkökulmasta. Joosef tuodaan vankilasta Ensimmäisen Mooseksen kirjan 41. luvussa selittämään faaraon uni, sillä faaraon hovimestari tietää, että Joosefilla on unien selittämisen lahja. Sekä hovimestari että faarao palvoivat Egyptin epäjumalia. Ehkä faarao oli tottunut näkemään demonisia unia. Mutta tämä uni tuli Jumalalta, ja tämän takia Egyptin taikurit eivät kyenneet selittämään sitä.

Joosef ja Daniel ovat historian tunnetuimmat unienselittäjät. Molemmat sanoivat, että unienselittäminen on Jumalan antama lahja.

Nämä viisi periaatetta auttavat sinua selittämään unia.

1. Pyydä Jumalalta tulkintaa

Monet unohtavat kysyä Jumalalta selitystä. Muista, että Jumala, joka antoi unen, myös antaa sen selityksen.

2. Tulkitse symbolit

Onko unessa symboleita, joilla on sinulle henkilökohtaista merkitystä? Älä lue unia symboleilla selittäviä kirjoja, elleivät ne keskity raamatullisiin symboleihin. Muinaisessa Babylonissa musta kissa toi hyvän onnen, mutta keskiajalla se liitettiin noituuteen. Raamatussa ei mainita mustia kissoja ollenkaan. Mitä musta kissa merkitsee sinulle?

3. Mikä on unen emotionaalinen ilmapiiri?

Unen emotionaalinen ilmapiiri on tärkeä unien selittämisessä. Esimerkiksi unessa voidaan näyttää pelottava tilanne, mutta ilmapiiri on täynnä uskoa. Tämä merkitsee usein sitä, että Jumala näyttää, että hän antaa sinulle voiton pelottavasta tilanteesta.

4. Tuntuuko uni realistiselta?

Unessa voi olla realistisia elementtejä, jotka voivat viitata joko menneisyyteen, nykyhetkeen tai tulevaisuuteen. Jos ne tulevat Jumalalta, niihin tulee unen mukana usein selitys.

5. Pitääkö uni ymmärtää heti?

Unet viittaavat usein kaukaiseen tulevaisuuteen. Meni vuosia ennen kuin Joosefin uni siitä, kun aurinko, kuu ja yksitoista tähteä kumarsivat häntä, toteutui. Kun hän näki unen, ei hänellä ollut edes mahdollisuutta ymmärtää sitä.

Jos et ymmärrä unta, älä mieti sitä liikaa, mutta älä unohda sitä. Myöhemmin, kun se toteutuu, se voi antaa sinulle suuren varmuuden siitä, että olet Jumalan suunnitelmassa. Uniensa takia Joosef ymmärsi myöhemmin, että Jumala oli lähettänyt hänet etukäteen Egyptiin, koska hän halusi pelastaa Joosefin perheen. Tämän takia Joosef siunasi veljiään, eikä kostanut heidän petostaan.

6. Pitääkö unesta kertoa heti?

Näin entistä kotiseurakuntaani koskevan unen yli viisitoista vuotta sitten, mutta kerroin siitä heille vasta jokin aikaa sitten, kun seurakunta oli saapunut unessa näytettyyn aikaan.

Älä ajattele automaattisesti, että unesta pitäisi kertoa heti. Sen sijaan, rukoile unen puolesta, ja Jumala antaa sinulle viisauden kertoa unesta oikealla hetkellä.

Unet puhuvat sydämen kieltä, ja ne kiertävät järjen vastustuksen matkalla sydämeen. Ne voivat muuttaa näkökulmasi hetkessä ja saada aikaan jotain sellaista, mitä edes tuhannet saarnat eivät koskaan pystyisi.

KAUKANA POISSA

Monet unistani ovat valottaneet Jumalan suunnitelmaa tulevaisuudelleni. Kun olin opiskelemassa Tampereen yliopistolla ja vielä poikamies, näin unen hyvinhoidetusta asutuksesta siistine ruohoalueineen. Unessa jätin asutuksen taakseni yksin. Nuori suomalainen pariskunta vilkutti minulle jäähyväisiä. Edessä oli kyntämätön, villi maa. Kun heräsin, minulla oli vahva tunne, että uni oli Jumalalta.

Tiesin jo silloin, että tulisin viettämään suurimman osan elämästäni ulkomailla. Toiset olivat jo profetoineet, että työsarka oli jo odottamassa, mutta en jotenkin sopinut niihin palvelutyön muotoihin, joita olin kokeillut. Silloinen nuorisopappimme Henrik Rantanen oli jo silloin profetoinut, että Jumala antaisi minulla aisaparin.

Muutamia kuukausia aiemmin olin nähnyt elokuvan *Far and Away* (1992), jossa Tom Cruisen näyttelemä nuori mies jättää Irlannin ja matkustaa Amerikkaan Oklahomassa vuonna 1893 annetun ilmaisen maan houkuttelemana. Koin, että elokuva selitti unta ja näytti, että kutsumukseni oli uudisraivaajan eikä asuttajan.

Uni näytti myös, että lähtisin Suomesta yksin, toisin sanoen en löytäisi vaimoani Suomesta.

Uni kertoi minulle, että sisäinen levottomuus, jota tunsin, ei ollut huono asia, ja antoi rohkeutta yrittää uusia asioita.

Uni on toteutunut vain osittain, sillä se on kutsu elämänpituiseen uudisraivaamiseen. Mutta jopa viittaus elokuvaan, joka kertoo Amerikkaan muuttamisesta, on merkityksellinen, sillä myöhemmin Jumala on puhunut minulle siitä, että tulemme joskus asumaan San Franciscossa tai sen lähialueella.

Jumala valitsee symbolit uniisi hyvin huolellisesti. Jos uni viittaa elämänpituiseen aikaan, unen eri elementeillä voi olla merkitys eri aikoina.

SIRKUSAPINA HÄKISSÄ

Joitakin vuosia sen jälkeen kun olin muuttanut Lontooseen, näin oudon unen. Olin sirkusapina, joka oli puettu punaiseen univormuun ja jolla oli söpö, punainen hattu päässä. Olin pienessä häkissä, joka roikkui suuren areenan katosta.

Kuulin ja näin kaiken, mitä ympärillä tapahtui. Jotenkin ymmärsin, että areena liittyi suureen seurakuntaan. Yhtäkkiä huomasin, että häkin ovi oli raollaan. Eräs helluntailiikkeen johtajista, jonka tunsin, kiirehti sulkemaan ovea. Ymmärsin, että jos en karkaa heti, en pakenisi ikinä.

Mikä häiritsi minua eniten oli se, että kyseinen helluntaijohtaja oli hyvä ystäväni. Mutta tosielämässä hän antoi minulle usein neuvoja, jotka olivat vastoin sitä, mistä Pyhä Henki oli jo puhunut. Jonkin aikaa unen jälkeen hän kuoli, ja ymmärsin, että hän oli symbolinen eikä reaalinen hahmo, joka edusti niitä seurakuntien johtajia, jotka olivat kiinnostuneempia oman seurakuntansa rakentamisesta kuin Jumalan valtakunnasta.

Unen takia en ole koskaan antanut minkään seurakunnan kulttuurin kahlita minua. Ja rukoilen Jumalalta, etten antaisi koskaan.

Olen viettänyt yli yhdeksäntoista vuotta Kensington Templessä, viisitoista seurakunnan työntekijänä. Mutta jo ennen kun olin palkallinen työntekijä, Jumala oli jo näyttänyt minulle unen, jonka mukaan palvelisin Kensington Templessä ainoastaan yhden elämänvaiheen läpi.

Unessa olin suuren majakan huipulla. Tiesin, että se oli Kensington Temple. Majakan valoa ei oltu vielä sytytetty, sillä oli vielä kirkas päivä. Mutta majakka oli niin jättimäinen, että sen voi nähdä kaikkialta maailmalla.

Majakan valohuoneeseen oli kiinnitetty läpinäkyvä kapseli, kuin sukkula. Se pyöri ympäri majakkaa. Sitten sen vauhti alkoi kiihtyä, ja se valmistautui laukaisuun. Kapseli oli sisältä kuin lentokoneen ohjaamo, jossa oli pilotin tuoli ja ohjain. Mutta en nähnyt missään moottoria.

Kapseli murskautuisi pian maahan laukaisun jälkeen, ajattelin. Sitten heräsin.

"Uni liittyy aikaan, jolloin lähdet Kensington Templestä", Pyhä Henki sanoi. "Se tulee vaikuttamaan mahdottomalta, mutta Jumala tekee sen mahdolliseksi."

Vuosien kuluessa kiipesin majakan huipulle, ja kuten uni osoitti, suuri osa palvelutyöstäni on tapahtunut Kensington Templen ympärillä. Uni on antanut minulle luottamusta siihen, että minkä Jumala laukaisee, se ei putoa maahan ja murskaudu, vaan liitää kuin kotka. Mutta mitä hän on näyttänyt tulevan seuraavaksi, näyttää yhä mahdottomalta!

Kapselin läpinäkyvyys on antanut minulle rohkeutta avoimuuteen ja tekopyhyyden välttämiseen. Psalmien kirja 51:6 sanoo: "Mutta sinä tahdot sisimpääni totuuden".

KOULU ON OHI

Unet, näyt ja profetiat elämästäsi tulevat vuosien kuluessa neulomaan kuvakudoksen, joka näyttää Jumalan suunnitelman elämällesi.

Pian sen jälkeen, kun aloitin työt Kensington Templessä näin unen. Unessa seisoin vaimoni kanssa laajan koulunpihan ulkopuolella. Koulu oli loppu. Seurakunnan johtava pastori Colin Dye yritti taivutella minua jäämään kouluun, mutta Reinhard Bonnke, evankelista, taivutteli minua lähtemään.

Ymmärsin unen merkityksen heti, mutta Bonnken äkillinen ilmestyminen uneen hämmensi minua. Muutamia vuosia myöhemmin Jumala selitti tätä unta toisella unella.

Siinä toisessa unessa olin toimistorakennuksessa. Lasiseinän toisella puolella seisoi valkopartainen ja -hiuksinen mies. Hän huusi ja viittoi minulle, mutta lasiseinän takia en kuullut sanaakaan. Nimi "John Paul Jackson" välähti miehen alla. Heräsin.

"Kaikki on hankalaa sen tähden, että et ole osa profeetallista virtaa", Pyhä Henki sanoi. Pistin tietokoneen päälle selvittääkseni, kuka John Paul Jackson oli. Selvisi, että hän on profeetta. Ajattelin, että ehkä Jumala halusi minun oppivan jotain häneltä, ja aloin seuraamaan hänen blogiaan. Yhdellä videolla hän sanoi, että hän ilmestyy usein ihmisten uniin, ja että hän on profeetallisen palvelutyön symboli, eräänlainen profeetan arkkityyppi.

En ole koskaan tavannut häntä. Mutta nämä kaksi unta vahvistivat minulle, että Jumala on kutsunut minut olemaan profeetta ja evankelista, ja että nämä kaksi kutsua veisivät minut lopulta pois koulusta.

Jumalan antamissa unissa jokaisella yksityiskohdalla on merkitys, mutta usein ymmärrät profeetallisen unen täysin vasta sitten, kun se on toteutunut täysin.

LEIJONA JA PYÖRÄSUOJA

Jokin aikaa sitten olin rajun ja pitkäaikaisen demonisen hyökkäyksen kohteena. Minua ammuttiin jatkuvasti pelon, syyllisyyden, ahdistuksen ja syytösten tulisilla nuolilla. Useimpina päivinä minun piti rukoilla tuntikausia pystyäkseni elämään normaalisti.

Sitten Jumala näytti minulle unen.

Seisoin lapsuuteni kotikerrostalon pihalla. Yhtäkkiä suuri ja raivoisa leijona ilmaantui kotipihalle. Pakenin pyöräsuojaan ja lukitsin oven takanani, mutta leijona yritti työntää päätään pienen katossa olevan aukon läpi. Tökin sen päätä hiihtosauvan terävällä päällä, mutta sillä ei ollut mitään näkyvää vaikutusta. Pelkäsin, että leijona rysähtäisi heikon peltikaton läpi ja söisi minut elävältä. Heräsin.

Ensivaikutelmani oli, että uni oli aivan liian täynnä epätoivoa tullakseen Jumalalta. Raamatusta löytyy monia leijonia, mutta kyseessä ei selvästikään ollut Juudan jalopeura. Pietari kirjoittaa:

> Pitäkää mielenne valppaana ja valvokaa. Teidän vastustajanne Saatana kulkee ympäriinsä kuin ärjyvä leijona ja etsii, kenet voisi niellä. Vastustakaa häntä, uskossa lujina! Tiedättehän, että veljenne kaikkialla maailmassa joutuvat kokemaan samat kärsimykset. (1. Piet. 5:8-9)

Mutta unen symbolismi avasi minulle sen merkityksen. Kun olin pikkupoika, tapanani oli olla piilossa pyöräsuojassa. Piha oli se alue, jossa taistelimme pyssysotia, ja lähes aina, ainakin oman muistini mukaan, voitin muut pikkupojat, sillä minulla oli ylimääräisenä aseena kärsivällisyys. Muiden poikien kärsivällisyys loppui aina ennen minua, ja he ryntäsivät ulos piilopaikastaan pyssyt paukkuen. Sitten "teilasin" heidät kylmäverisesti. Jaakob kirjoittaa:

> Taipukaa siis Jumalan alaisuuteen, mutta vastustakaa Paholaista, niin se lakkaa ahdistamasta teitä. (Jaak. 4:7)

Jumala neuvoi minua lopettamaan Paholaisen pakenemisen, ja astumaan rohkeasti pihalle, avoimelle paikalle. Jos pysyisin pyöräsuojassa, jonka seinät oli rakennettu peloistani, pysyisin juuri siellä, missä Paholainen tahtoi minun pysyvän. Mutta jos menisin taisteluun aukealle paikalle, voittaisin hänet kärsivällisyyden ja Jumalan avulla.

VAROITTAVAT UNET

Joskus uni voi viitata lähitulevaisuuden tapahtumaan, neuvoen ja varoittaen. Faaraon uni seitsemästä lihavasta ja laihasta vuodesta, jonka Joosef tulkitsi (1. Moos. 41), oli varoittava ja neuvova uni.

Isäni on nähnyt monta varottavaa unta onnettomuuksistani. Kerran olin vakavassa autokolarissa, joka pysäytti koko maantien liikenteen puoleksi tunniksi. Oli ihme, että selvisin hengissä. Soitin isälle kertoakseni onnettomuudesta, mutta hän ei ollut ollenkaan yllättynyt. Hän oli nähnyt varoittavan unen ja rukoillut minulle suojelusta jo kahden viikon ajan.

Ystäväni Ikwu Amiaka näki kerran varoittavan unen puutarhurin kuolemisesta sähköiskuun talonsa pihalla. Uni näytti sen tavan, jolla puutarhuri kuolisi. Hän kertoi minulle unesta muutamaa päivää ennen puutarhurin käyntiä. Rukoilimme hänelle varjelusta.

Puutarhurin käydessä tapahtumat etenivät tarkalleen kuin unessa, mutta kun puutarhuri oli käyttää sitä konetta, joka tappoi hänet unessa, Ikwu vaati, että hän voisi käynnistää laitteen hänen puolestaan. Ikwu sai itse sähköiskun, mutta onneksi sähköisku meni hänen sormiensa eikä sydämen läpi.

Jumala näyttää tämänlaisia unia, jotta rukouksen ja valmistautumisen ansiosta unen kautta varoitetut pahat asiat eivät tapahtuisi. Vain harvoin tällaisten unien tapahtumat ovat väistämättömiä. Mutta kun Pilatuksen vaimo näki unen Jeesuksen kuolemasta ja yritti estää Jeesuksen ristiinnaulitsemisen (Matt. 27:19), mikään ei olisi voinut estää Jeesuksen kuolemaa.

UNET, JOISSA ON DEMONISIA ELEMENTTEJÄ

Olen usein nähnyt unia, joissa on demonisia elementtejä, sen jälkeen kun olen ollut läheisessä kontaktissa muiden uskontojen harjoittajiin. Monta vuotta sitten kaksi Hare Krishnan seuraajaa pysäytti minut kadulla. Puhuin heille Jeesuksesta, mutta ostin yhden heidän kirjoistaan, sillä heidän johtajansa tuijotti minua epäluuloisesti. Laitoin kirjan hyllylle ja unohdin sen sinne, kunnes noin kaksi kuukautta myöhemmin näin unessa, kuinka tyttö, joka muistutti toista Hare Krishnan seuraajaa, jahtasi minua demoniset silmät palaen. Heitin kirjan roskapönttöön.

Kerran olin syömässä Hare Krishnan omistamassa ravintolassa. Seuraavana yönä heräsin siihen, että puhuin kielillä demonisen ja pelottavan painajaisen jälkeen. En kuitenkaan usko, että se oli sielunvihollisen lähettämä uni, vaan että unen kautta reagoin näkymättömään demoniseen vaikutukseen.

Monia vuosia sitten eräs ystävistäni ilmoitti olevansa homoseksuaali, ja alkoi elää homoseksuaalista elämäntapaa, hyläten uskon. Yritin voittaa hänet takaisin Jeesukselle, ja yhtenä yönä päädyin istuskelemaan iltaa hänen kanssaan eräällä gay-klubilla. Tunsin siellä valtavan Pyhän Hengen voitelun. Seuraavana yönä heräsin demoniseen painajaiseen ja puhuen kielillä.

Jos näet tämänkaltaisia unia, on hyvä tutkia elämääsi ja miettiä, oletko vahingossa joutunut demoniseen vaikutuspiiriin.

Kristityt voivat nähdä demonien antamia unia. Rami Kivisalo, jonka tarina on kerrottu kirjassa *Gangsterin Testamentti*, oli riivattu, ennen kuin hänestä tuli uskova. Uskoontulon jälkeen hän näki joka yö kahden vuoden ajan painajaisia päällään kiemurtelevista käärmeistä.

KUOLEVA ELOKUVATÄHTI

Joitakin vuosia sitten olin lopen kyllästynyt työhön seurakunnassa ja halusin työpaikan, jolla ei ollut mitään tekemistä seurakuntatyön kanssa. Pyhä Henki ei kuitenkaan yrittänyt syytellä minua kyynisyydestäni vaan näytti minulle unen.

Unessa istuin oopperassa vaimoni kanssa. Olin pukeutunut smokkiin. Vieressäni istui komea valkoinen mies, joka oli pukeutunut kauniiseen pukuun. Hän näytti elokuvatähdeltä. Mutta kun katsoin hänen kasvojaan tarkemmin, huomasin, että hän ei voinutkaan hyvin. Itse asiassa hän oli kuolemaisillaan. Seuraavassa kohtauksessa olin ylellisessä hotellihuoneessa. Riisuin smokin ja olin menossa nukkumaan. Järkytykseksi se elokuvatähden näköinen mies makasi nyt sängylläni alusvaatteissaan. Hotellihuoneen sänky muuttui yhtäkkiä sairaalan petiksi. Putket menivät miehen ruumiiseen sieltä, mistä Jeesuksen ruumis oli lävistetty, mutta ruumis ei vuotanut verta vaan mätää. Miehen ruumis oli mädäntymässä. Sitten putket alkoivat pumpata verta kuolevaan ruumiiseen. Heräsin, ja hetken mietiskelyn jälkeen ymmärsi, että Jumala oli juuri näyttänyt minulle länsimaisen seurakunnan tilan.

Olin turhautunut seurakunnan tilasta ja palvelutyön usein lihallisesta luonteesta. Unessa Jumala ei syyttänyt minua vaan näytti, että hän halusi palauttaa kuolevan ruumiin elämään.

Uni särki sydämeni.

Olin halunnut juosta pakoon Jumalan kutsua. Mutta hotellihuoneessa kuoleva mies kertoi siitä, että Jumala ei koskaan antaisi minulle lepoa tästä kutsusta.

Mikä tekee tarinan vielä mielenkiintoisemmaksi on se, että muutamaa vuotta myöhemmin päädyin tähän unessa kuvattuun hotellihuoneeseen jouluna, ja siellä Pyhä Henki puhui minulle enemmän palvelutyöstäni. Mutta tämä on jo eri tarina.

Länsimainen seurakunta on kipeästi Jumalan valtakunnan voiman ja elämän kokemisen tarpeessa, ja onneksi Jumala on valmis tuomaan tämän elämän takaisin. Seuraavien vuosikymmenien aikana tulemme näkemään suuren osan länsimaista seurakuntaa palaavan Jumalan valtakuntaan ja heittävän pois Kuninkaan läsnäolon korvikkeet.

11

NÄYT

Jos menet mihin tahansa seurakuntaan ja kysyt, kuka on nähnyt unen, kaikki nostavat kätensä, mutta vain harva tunnustaisi nähneensä näyn. Näyt ovat unia harvinaisempia, mutta kuitenkin paljon yleisempiä kuin useimmat uskovat tiedostavat.

Näyt eivät ole päiväunia, kuvittelemista tai visualisointia. Jumalan antama näky ei ole aktiivisen tai harhailevan mielikuvituksen tuote. Näkyjen näkeminen ei ole luovaa visualisointia, joka on positiivisen ajattelun moottori. Luovasta visualisoinnista on omat hyötynsä, ja liikemiehet ja ammattiurheilijat käyttävät sitä tekniikkana, mutta sillä ei ole mitään tekemistä Jumalan antaman näkyjen kanssa. Näky ei ole myöskään mikään organisaation mission tai vision julkilauselma, vaikka joskus ne voivat artikuloida Jumalan antaman näyn. Profeetallista näkyä ei voi kuvitella, pakottaa tai formalisoida. Sen voi antaa vain Jumala.

Näky voi olla kuva, kuvasarja tai liikkuva kuva, eräänlainen lyhytelokuva, jonka Jumala näyttää sinulle, kun olet hereillä. Silmäsi voivat olla auki tai kiinni. Näky voi peittää koko näkökentän tai jättää sinut tietoiseksi ympäristöstä. Kuten unet, näyt voivat olla symbolisia, realistisia, tai niiden sekoitus.

Jeremia sanoi:

> Herra kysyi minulta: "Mitä näet, Jeremia?" Minä vastasin: "Näen mantelipuun oksan." "Oikein, se on mantelipuun oksa", sanoi Herra, "minä itse valvon, että sanani toteutuu. (Jer. 1:11-12)

Tämä on yksinkertainen symbolinen näky, yksi kuva, jolle Jumala antaa merkityksen. Toisin kun uneksiessa, näkijä on tietoisessa tilassa, mikä tekee keskustelusta Jumalan kanssa mahdollisen. Joissakin näyissä ei ole mitään mieltä ilman Jumalalta tulevaa kommentaaria. Ellei Jumala olisi kysynyt Jeremialta kysymystä, Jeremia ei olisi varmaankaan miettinyt kahdesti sitä, mitä hän oli juuri nähnyt.

Kuten unet, on helppoa tulkita näky väärin.

Jos näet näyn, kysy Jumalalta aina sen merkitystä, silloinkin kuin sen tulkinta vaikuttaa helpolta.

On symbolisia ja realistisia näkyjä. Johanneksen ilmestyksen voi ymmärtää parhaiten sarjana symbolisia näkyjä, joilla on myös joitakin realistisia elementtejä. Yksi helposti väärinymmärretyistä Johanneksen ilmestyksen osista on se, mitä tapahtuu sen jälkeen, kun kuudes enkeli puhaltaa pasuunaa.

> Kuudes enkeli puhalsi torveensa. Silloin kuulin, kuinka Jumalan edessä olevan kultaisen alttarin sarvista tuli ääni, joka sanoi kuudennelle torveaan soittaneelle enkelille: "Päästä irti ne neljä enkeliä, jotka ovat kahleissa suuren Eufratvirran rannalla." Niin päästettiin irti nämä neljä enkeliä, jotka olivat valmiina tätä tuntia, päivää, kuukautta ja vuotta varten: niiden oli määrä surmata kolmannes ihmiskunnasta. Niillä oli ratsuväkeä kaksikymmentätuhatta kertaa kymmenentuhatta sotilasta; minä kuulin joukkojen lukumäärän. Tällaisia olivat näyssäni ratsut ja ratsastajat: niillä oli tulipunaiset,

> savunsiniset ja rikinkeltaiset rintapanssarit, ja hevosilla oli kuin leijonan pää ja niiden suusta suitsi tulta, savua ja rikin katkua. Näihin kolmeen vitsaukseen – tuleen, savuun ja rikin katkuun, jotka suitsivat hevosten suusta – kuoli kolmannes ihmiskuntaa. Hevosten voima oli niiden suussa ja hännässä. Häntä oli kuin käärme, ja sillä oli käärmeen pää, jolla se tuotti tuhoa. (Ilm. 9:13-19)

Kuten tämä näky, useimmat Raamatun näyistä ovat symbolisia, mutta monet lopun ajan selittäjät ovat vuosikausia yrittäneet selittää tätä näkyä realistisena näkynä.

Mutta näky on paljon selvempi, kun käsität sen osittain symbolisesti. Eräänä päivänä demonista armeijaa johtaa neljä pahaa enkeliä, jotka ovat olleet sidottuna Eufrat-virran luona. Tällä näkymättömällä demonisella liikekannallepanolla tulee olemaan tuhoisia ja näkyviä seurauksia.

REALISTISET NÄYT

Näyt voivat näyttää realistisilta, mutta niillä voi silti olla symbolisia osia. Voit tulkita näyn helposti väärin, jos ajattelet symbolisten elementtien olevan realistisia. Hesekielin kirja kertoo, kuinka Jumala paljastaa Hesekielille Jerusalemin johtajien epäjumalanpalveluksen.

> Hän sanoi: "Ihminen, näetkö, mitä he tekevät? Israelin kansa on hylännyt minun temppelini ja harjoittaa täällä iljettäviä menojaan. Eikä tässä kaikki. Vielä iljettävämpää olet näkevä." Hän vei minut esipihan portille, ja minä näin muurissa pienen aukon. Hän sanoi minulle: "Ihminen, revi muuria edestäsi pois." Minä revin muuria edestäni, tein siihen oven kokoisen aukon. Hän sanoi minulle: "Mene ja katso, millaisia iljetyksiä he täällä tekevät." Minä menin ja näin kaikenlaisia iljettäviä kuvia, maassa matavia ja neljällä jalalla kulkevia eläimiä ja kaikenlaisia israelilaisten epäjumalia, joita oli piirretty

> seinät täyteen. Kuvien edessä seisoi seitsemänkymmentä miestä, kaikki Israelin kansan vanhimpia, ja heidän joukossaan oli myös Jaasanja, Safanin poika. Heillä kaikilla oli kädessään suitsutusastia, josta pilvenä nousi tuoksuva savu. Hän sanoi: "Ihminen, näetkö, mitä Israelin vanhimmat hämärissä kammioissaan tekevät, kukin omien jumalankuviensa edessä? He sanovat: 'Herra ei meistä välitä, Herra on hylännyt tämän maan.'" (Hes. 8:6-12)

Näyssä on joitakin realistisia elementtejä, mutta se on myös osittain symbolinen. Jokainen vanhin on kerääntynyt temppeliin, mutta samaan aikaan he ovat kaikki omassa huoneessaan. Näyssä epäjumalat on piirretty temppelin seinään. Ne edustavat johtajien syntejä.

Näyssä Hesekiel kaivaa reiän muuriin, mikä on selvä symbolinen teko. Näyn kautta Jumala paljasti Hesekielille, mitä vanhimmat tekivät salaa kodeissaan.

Näin realistisen näyn, kun olin 24-vuotias. Olin asuntoni keittiössä Tampereella, kun jonkinlainen lyhytelokuva alkoi pyöriä silmieni edessä. Elokuvassa näytin mielestäni noin 35-vuotiaalta. Seisoin suurella lavalla isossa salissa, pukeutuneena valkoiseen paitaan ja tummansinisiin housuihin. Tuntui siltä, että olin aikamatkaaja! Pieni tyttö nousi lavalle. Kysyin häneltä: "Mitä haluat?" Tunsin sielussani sen rakkauden, mitä Jeesus tunsi häntä kohtaan. Tiesin, että minulla oli valta antaa hänelle, mitä tahansa hän tarvitsi. Näky päättyi.

Vuodet vierivät. Aloitin työt Kensington Templessä, mutta näyn toteutuminen ei vaikuttanut tulevan yhtään lähemmäksi. Kun täytin 35, olin hämmentynyt. Näky oli tuntunut niin todelliselta, mutta oliko se kuitenkin ollut vain illuusio?

Yhtenä päivänä katsoin peiliin ja tajusin totuuden, ehkä sen tähden, että olin ollut juuri parturissa. Näytin vielä paljon nuoremmalta kuin näyssä. Jumala ei ollut koskaan kertonut, minkä ikäinen olisin, silloin kun näky toteutuisi. Olin vain olettanut sen iän mielessäni.

Ehkä jonakin päivänä pieni tyttö lähestyy minua lavalla. Ehkä ei. Mutta sen tiedän varmasti, että palvelen yhtä tai tuhatta, haluan olla täynnä Jeesuksen rakkautta ihmisiä kohtaan.

DARTH VADER JA LUKE SKYWALKER

Pian sen jälkeen kun muutin Lontooseen, näin näyn. Se alkoi Britannian kartalla, ja näin kirkkaan tulen palavan Lontoota ympäröivän M25-kehätien sisällä. Tästä tulesta lensi kipinöitä, jotka matkustivat kolmelle alueelle Suomessa – Helsingin, Tampereen ja entisen kotikaupunkini Porin ympäristöön. Kipinät liikkuivat näiden kolmen alueen välillä, ja pian koko maa oli tulessa. Sitten yksi kipinä lähti Afrikan suuntaan.

Sitten näin miehen, joka oli pitkän tien alussa. Hän näki kauniin ruusun tien vieressä. Hän nosti sen, katsoi sitä hetken, heitti sen menemään. Ruusu kuoli heti. Ymmärsin, että se oli myrkyllinen.

Oli kirkas päivä, ja näin pitkän tien loppuun, jossa seisoi mahtava musta hahmo, joka muistutti pahaa Darth Vaderia *Tähtien Sota* -elokuvasta. Hahmo lähetti valtavan parven demonisia lepakkoja matkaajaa kohti, joka näytti nyt saman elokuvan sankarilta, Luke Skywalkerilta. Hän veti miekan huotrasta, ja yritti turhaan taistella lepakkoja vastaan.

Lepakot peittivät hänen näkökenttänsä kokonaan. Ymmärsin, että miehen tulisi keskittyä eteenpäinmenoon eikä taisteluun lepakkoja vastaan. Loppujen lopuksi, lepakot eivät voineet kuitenkaan haavoittaa häntä, ei sillä väliä, miten rumia ja ilkeitä ne olivat, mutta ne kykenivät peittämään näkyvyyden.

"Kaunis ruusu on hengellinen ylpeys", Pyhä Henki

sanoi. "Otat sen käteesi, mutta tajuat, että se on arvoton. Sielunvihollinen tulee lähettämään raivokkaan demonisen armeijan sinua vastaan. Ainoa tapa nähdä tulee olemaan minun ääneni kuuleminen."

Tämä näky vaivasi minua. Osa elementeistä näytti heti selviltä. Näytti selvältä, että tuli viittasi tulevaan herätykseen ainakin Lontoossa ja Suomessa.

Tähtien Sota -elokuvassa Luke Skywalkerin (Luukas Taivaankävelijä) pitää oppia olemaan luottamatta silmien näkökykyyn. Jedimestari Yoda opettaa häntä taistelemaan silmät peitettynä, jotta hän oppisi luottamaan näkymättömään Voimaan. Näytti siltä, että Jumalan mukaan minäkään en voittaisi tulevia taisteluja, jos luottaisin normaaliin näkökykyyni.

Tiesin myös sen, että Beelsebul, yksi Saatanan nimistä, tarkoittaa kärpästen herraa.

Minulta on mennyt yli viisitoista vuotta tämän näyn ymmärtämiseen. Jos näky kattaa koko elämän, miten pitkään menee, ennen kuin ymmärrät sen kokonaan? Koko elämä.

Uudessa Testamentissa Beelsebul viittaa Saatanaan, mutta nimi tulee alun perin filistealaisten epäjumalalta. Beelsebulia rukoiltiin, jotta hän ajaisi kärpäset pois uhratun eläimen ympäriltä. Näyssä Beelsebub viittasi siihen, että demonisen hyökkäyksen todellisena tarkoituksena oli tuhota sisimpäni ylistys.

Oletko yrittänyt koskaan keskittyä työhön, kun yksinäinen kärpänen pörräilee huoneessa? Entä niiden armeija? Ymmärrätkö nyt, miten paljon Saatana vihaa sitä, että vietät aikaa Jumalan läsnäolossa?

Ehkä tämä viha johtuu siitä, että hänen entinen ammattinsa on taivaan ylistyksenjohtaja, mutta hän on menettänyt tämän aseman ikuisesti.

Ehkä se johtuu siitä, että hän tietää miten paljon hengellistä voimaa syntyy, kun palvomme Herraa. Sielunvihollinen lähettää meitä päin demonisen tulimyrskyn, jotta emme kykenisi ylistämään Jumalaa.

Olen jo kokenut näyn demonisen tulimyrskyn. Kirjoitin tämän kirjan sen aikana. Tähän mennessä tämä tulimyrsky on kestänyt jo viisi vuotta, enkä usko, että hengellisestä elämästäni olisi paljon jäljellä ilman näyn antamaa voimaa. Jumala on näyttänyt minulle kuinka Darth Vader -hahmo symbolisoi San Franciscoa. Sekä *Tähtien Sota* -elokuvan tuottanut Lucas Films että Saatanan kirkon päämaja ovat siellä. Tämän takia Saatanan ja Darth Vaderin hahmot olivat sulautuneet näyssä yhteen. Jumala ei antanut näyssä ainoastaan koordinaatteja, mutta näytti kuinka hengellinen sodankäynti ja elokuva tulisivat olemaan osa elämääni.

Vaikka ymmärrän näyn paremmin ja se on ohjannut elämääni, se ei ole kuitenkaan vielä täyttynyt. Elokuussa 2011 me matkustimme San Franciscoon ensimmäistä kertaa ja Jumala paljasti minulle enemmän suunnitelmastaan. Kun istuin hampurilaisbaarissa ja odotin poikani syövän ateriansa loppuun, Jumala näytti minulle, kuinka hän tulisi käyttämään Kaliforniaa ja aasialaisia siellä vaikuttamaan Aasiaan kulttuurisesti relevanteilla mediatuotteilla, joilla tulee olemaan selvä kristillinen sanoma. Elokuussa 2012 hän alkoi puhua minulle muuttamisesta jossain vaiheessa San Franciscoon osana kaupungin hengellistä uudistumista.

Tämän näyn toteutuminen on mahdotonta ilman Jumalaa. Mutta miksi Jumala antaisi kenellekään näyn, jonka me voimme itse toteuttaa? Me olemme yhteistyössä Jumalan kanssa hänen näkyjensä toteuttamisessa. Hän ei ole koskaan yhteistyössä meidän kanssamme meidän näkyjemme toteuttamisessa. Näky tulee aina Jumalalta.

Jos Jumala antaa sinulle koko elämäsi selittävän näyn, älä edes odota ymmärtäväsi sitä heti. Älä myöskään yritä saada näkyä toteutumaan omalla voimallasi. Sen sijaan, keskity seuraamaan Jeesusta päivittäin, ja matka alkaa selittää näkyä.

ARVOITUKSET

Joskus näyt ovat kuin arvoituksia, Kun näemme ne, meillä ei ole aavistustakaan siitä, mitä ne tarkoittavat ennen kuin Jumala selittää ne.

Kun opiskelin Tampereella, vietin paljon aikaa rukoilemassa asunnossani. Yhtenä päivänä yksittäinen kuva välähti mielessäni – kuva traktorista, joka kynti peltoa. Luulen, että Jeremian näky mantelipuun oksasta ei ollut paljon sen kummoisempi kuin tämä kuva, mutta Pyhä Henki ei selittänyt sitä. Sitten laitoin television päälle ja näin tunnetun julistajan puhuvan suurelle yleisölle. Vaihdoin kanavaa, ja toisella kanavalla oli ohjelma voimakkaista racing-traktoreista, jotka vetivät kilpaa raskaita painoja.

"Kaikki nämä hevosvoimat menevät hukkaan", Pyhä Henki sanoi. "Tämä on vain ilotulitusta."

En kritisoi isoja seurakuntia tai kristillisiä järjestöjä, mutta totuus on se, että me olemme usein tyytyväisiä hyvään esitykseen, kun Jumala haluaa jotain syvempää ja todellisempaa.

Seurakunnissamme on paljon hyvää esittämistä. Kukaan ei juhlinut näyn pientä traktoria, mutta suuret ihmisjoukot juhlivat traktorikisan voittajaa.

Kuitenkin se yksittäinen pieni traktori saa paljon enemmän oikeaa työtä tehtyä kuin vahvannäköinen kilpailutraktori.

JEESUKSEN JA ENKELIEN ILMESTYMISET

Tunnen monia uskovia, jotka sanovat nähneensä enkeleitä. Uskon joihinkin näistä tarinoista, mutta ikävä kyllä, Paavalin mukaan meidän tulee olla varovaisia enkelien ilmestyessä.

> Eikä ihme, tekeytyyhän itse Saatanakin valon enkeliksi. Ei siis ole mitenkään merkillistä, että hänen palvelijansa esiintyvät Jumalan asian palvelijoina. He saavat tekojensa mukaisen lopun. (2. Kor. 11:14-15)

Kuulin kerran enkelitarinan eräältä uskovalta. Minusta vaikutti siltä, että hän oli kohdannut pimeyden eikä valon enkelin, vaikka hän uskoikin sen olleen valon enkeli.

Uskon, että ihmisille ilmestyy enemmän pimeyden enkeleitä, jotka ovat naamioituneet valon enkeleiksi kuin aitoja valon enkeleitä. Enkelien työhön ei kuulu huomion keskipisteenä oleminen. Jos enkelit eivät tuo mukanaan Jumalan läsnäolon ilmapiiriä, ole varovainen niiden kanssa.

Tunnen monia uskovia, pääasiassa entisiä muslimeja, joille Jeesus on ilmestynyt. Heidän elämänmuutoksensa tämän kokemuksen jälkeen on ollut radikaali. Jeesus ilmestyi yhdelle hyvälle ystävälleni. Hän ei silloin ollut vielä uskova vaan islamilainen fundamentalisti. Jeesus puhui hänelle noin viiden minuutin ajan.

NÄKYJEN TULKITSEMINEN

Näkyjen tulkitsemisprosessi on hyvin samanlainen kuin unien. Joskus niitä nähdessä Jumalan läsnäolo voi olla voimakas, toisinaan näyt tulevat ilman selvää Jumalan läsnäoloa, mutta kuitenkin on selkeä tunne siitä, että näky on Jumalasta.

1. Kysy Jumalalta näyn selitystä

Jos kysyt Jumalalta näyn selitystä, hän saattaa antaa sen heti. Toisinaan hän voi alkaa selittää sitä ilman meidän kysymyksiämme. Hän saattaa selittää näyn kokonaan tai vain osittain.

2. Analysoi symboleja

Onko näyssä symboleja, joilla on henkilökohtaista merkitystä? Onko näyssä raamatullisia symboleja? Symbolien analysoiminen voi auttaa selittämään näkyä.

3. Onko näky realistinen vai symbolinen?

Monet näyistä ovat symbolisia, mutta niillä voi olla realistisia elementtejä. Realistiset näyt sisältävät usein oman tulkintansa.

4. Pitääkö näky ymmärtää heti?

Aivan kuin unet, näyt viittaavat usein kaukaiseen tulevaisuuteen. Tämän tähden niitä ei pidä selittää väkisin. Tällä voi olla pahimmillaan vakavat seuraukset, varsinkin jos teet tärkeitä päätöksiä selityksen perusteella. Danielin kirja 8:26 kertoo kuinka enkeli sanoo Danielille: "Mutta pidä salassa se näky, sillä se koskee tulevia päiviä." Monien näkyjen merkitys avautuu vasta ajan kuluessa.

5. Tuleeko näystä kertoa heti?

Voit ymmärtää näyn heti, mutta tämä ei tarkoita, että näystä tulisi kertoa muille heti. Rukoile aina ennen kuin kerrot näystä muille, ja Jumala antaaa sinulle viisauden siitä, missä ja milloin kertoa näystä.

12

PROFEETAT SEURAKUNNASSA

Jokin aika sitten vierailin seurakunnassa, jonka hengellinen johto oli tullut siihen tulokseen, että Uuden Testamentin mukaan profeettojen tulee olla osa seurakunnan palvelutiimiä. He olivat valinneet joukon seurakuntalaisia, joilla he ajattelivat olevan profetian armolahjan. Tilaisuuden tarkoituksena oli julkistaa heidän profeetallinen kanavansa.

Olin lopulta aika pettynyt, sillä seurakunnan johtaja kulutti koko illan käymällä läpi profeetallisen palvelutyön rajoituksia. Kun hän lopetti, kaikki into oli jo haihtunut huoneesta.

On tärkeää, että seurakunnalla on jonkinlainen systeemi, jolla varmistetaan, että profetian armolahjaa käytetään oikealla tavalla, mutta se ankara kontrolli, jota seurakunnan johtaja ehdotti, tappaisi armolahjan käytön heti.

"Täällä ei siedetä sooloilijoita", seurakunnan johtaja sanoi. Ajattelin, että täällä ei tulisi olemaan sooloilijoita, eikä ketään muutakaan. Kuulosti siltä, että kyseisen pastorin mielestä profeetat olivat anarkisteja, jotka halusivat räjäyttää kirkkorakennuksen!

Paavali näki profeetat välttämättömänä osana tervettä seurakuntaa. Hän kirjoitti efesolaisille:

> Te ette siis enää ole vieraita ja muukalaisia, vaan kuulutte Jumalan perheeseen, samaan kansaan kuin pyhät. Te olette kiviä siinä rakennuksessa, jonka perustuksena ovat apostolit ja profeetat ja jonka kulmakivenä on itse Kristus Jeesus. Hän liittää koko rakennuksen yhteen niin että se kasvaa Herran pyhäksi temppeliksi, ja hän liittää teidätkin Hengellään rakennuskivinä Jumalan asumukseen. (Ef. 2:19-22)

Paavalin mukaan profeetat eivät ole seurakunnan tuhoajia vaan rakennusekspertteјä, ja heidän tehtävänään on rakentaa perustus yhdessä apostolien kanssa. Paavalin mukaan seurakunnan johdossa tulee olla viiden kutsumuksen edustajia:

> Hän antoi seurakunnalle sekä apostolit että profeetat ja evankeliumin julistajat, sekä paimenet että opettajat, varustaakseen kaikki seurakunnan jäsenet palvelutyöhön, Kristuksen ruumiin rakentamiseen. (Ef. 4:11-12)

Suuri osa seurakunnista on paimenten tai opettajien johtamia, ja he palkkaavat välillä myös evankelistan. Tämän takia monet seurakunnista ovat luonteeltaan traditionalistisia organisaatioita, jotka seuraavat turvallisia strategioita.

Paimen on ihmisten suojelija, opettaja opin vartija. Molempien palvelukutsujen sisäinen logiikka on turvallisuuden maksimointi, ei riskienotto.

Paavalin mukaan seurakunta tarvitsee myös apostoleja ja profeettoja, ei johtamaan sitä yksin vaan yhdessä paimenten, opettajien ja evankelistojen kanssa.

Jeesus kannatti tiimijohtajuutta. Hän valitsi seurakunnalle kaksitoista johtajaa. Hän ymmärsi, että kukaan mies tai nainen ei ole erehtymätön, ja että valta voi turmella kenet tahansa. Tämän takia seurakunta tarvitsee erilaisilla lahjoilla varustettuja johtajia, jotka tekevät työtä yhdessä.

On traagista, että nykypäivän "superapostolit", joista Paavali kirjoittaa Toisessa kirjeessä korinttilaisille 11-12, ja "superprofeetat", joiden päämääränä on kerätä itselleen seuraajia, ei Kristukselle, ovat saaneet monet uskovat ajattelemaan, että kaikki nykypäivän apostolit ja profeetat ovat vääriä. Ja on totta, että aseman antaman auktoriteetin korostaminen hengellisen auktoriteetin sijasta ei ole koskaan Jumalasta. Jeesus sanoi,

> Te tiedätte, että hallitsijat ovat kansojensa herroja ja maan mahtavat pitävät kansoja valtansa alla. Niin ei saa olla teidän keskuudessanne. Joka tahtoo teidän joukossanne tulla suureksi, se olkoon toisten palvelija, ja joka tahtoo tulla teidän joukossanne ensimmäiseksi, se olkoon toisten orja. (Matt. 20:25-27)

Mutta vaikka profeettoja ei olekaan kutsuttu määräilemään toisia, he voivat kuitenkin harjoittaa hengellistä auktoriteettia – palvelemalla muita!

Paavali sanoi,

> Mutta se, joka profetoi, puhuu ihmisille: hän rakentaa, kehottaa ja lohduttaa. (1. Kor. 14:3)

Se, joka lohduttaa, palvelee ja rakastaa niitä, joita lohdutetaan.

Tämän jakeen takia monet pyrkivät rajoittamaan profetian armolahjan käytön pelkkään rohkaisuun, mutta tämä ei ollut Paavalin tarkoitus, sillä tässä yhteydessä hän vertasi julkista profetoimista julkiseen kielilläpuhumiseen.

Saadaksemme paremman kuvan siitä, miten profetian armolahjaa käytettiin alkukirkossa, meidän pitää lukea Apostolien tekoja, jotka antavat paljon laajemman kuvan profetian armolahjan käytöstä alkuseurakunnassa.

> Tuohon aikaan tuli Jerusalemista profeettoja Antiokiaan. Muuan heistä, nimeltään Agabos, ilmoitti Hengen vaikutuksesta, että koko maailmaan oli tuleva suuri nälänhätä. Näin tapahtuikin Claudiuksen aikana. (Ap. t. 11:27-28)

Alkuseurakunnan profeetat kykenivät ennustamaan maailmanlaajuisia tapahtumia. On selvää, että Uuden Testamentin profeetat eivät olleet menettäneet Vanhan Testamentin profetian ennustavaa elementtiä.

Apostolien teot 13:1-3 kertoo:

> Antiokian seurakunnassa oli profeettoja ja opettajia: Barnabas ja Simeon, josta käytettiin nimeä Niger, kyreneläinen Lukios, Menahem, joka oli neljännesruhtinas Herodeksen kasvinkumppani, sekä Saul. Kerran, kun he olivat palvelemassa Herraa ja paastoamassa, Pyhä Henki sanoi: "Erottakaa Barnabas ja Saul minun työhöni, siihen tehtävään, johon minä olen heidät kutsunut." Niin he paastosivat ja rukoilivat, ja sitten he panivat kätensä näiden kahden päälle ja lähettivät heidät matkaan.

Profeetat tunnistivat Saulin ja Barnabaksen kutsun, ja tämän perusteella Antiokian seurakunta siunasi heidät ja lähetti heidät matkaan. Myöhemmin profeetat toimivat edelleen Antiokiassa.

> Juudas ja Silas, jotka hekin olivat profeettoja, puhuivat veljille monin sanoin rohkaisten ja vahvistaen heitä. (Ap. t. 15:32)

On todennäköistä, että Juudas ja Silas vahvistivat seurakuntaa profeetallisin sanoin, eikä opettamalla, sillä Luukas mainitsee nimenomaan, että he olivat profeettoja.

Apostolien teot 21:8-11 kertoo:

> Seuraavana päivänä lähdimme liikkeelle, ja niin tulimme Kesareaan. Siellä menimme evankelista Filippoksen luo ja majoituimme hänen kotiinsa. Hän oli yksi seitsemästä avustajasta, ja hänellä oli neljä naimatonta tytärtä, joilla oli profetoimisen lahja. Olimme olleet kaupungissa jo useita päiviä, kun sinne saapui Juudeasta Agabos-niminen profeetta. Hän tuli luoksemme, otti Paavalilta vyön, sitoi sillä jalkansa ja kätensä ja julisti: "Näin sanoo Pyhä Henki: tällä tavoin juutalaiset Jerusalemissa sitovat sen miehen, jonka vyö tämä on, ja luovuttavat hänet pakanoiden käsiin."

Uuden Testamentin profeetat kykenivät myös ennustamaan yksilön tulevia elämäntilanteita.

PROFEETAT JA SEURAKUNNAN JOHTO

On vaikeaa ja usein tuhoisaa toimia profeettana seurakunnassa ilman toimivaa työsuhdetta seurakunnan johtajien kanssa.

Tämä vaatii paljon nöyryyttä ja molemminpuolista ymmärrystä. Ei ole tilaa ylpeydelle.

Olen kokenut profeetan palvelutyön sekä profeetan että seurakunnan johdon näkökulmasta, ja ymmärrän seurakunnan johtajia hyvin. Monet seurakunnan johtajista saavat satoja profetioita, usein sähköpostin kautta, ihmisiltä, jotka väittävät olevansa profeettoja, mutta joista he eivät ole koskaan edes kuulleet. Tai sitten he tuntevat profeetan, ja tietävät, että hänen henkilökohtainen elämänsä on sekasotku. Tiedän yhden profeetan, joka voi antaa erittäin tarkkoja profeetallisia sanomia, mutta myös kärsii vakavista mielenterveydellisistä ongelmista. Tämä takia hän voi siirtyä nopeastikin täsmällisten profeetallisten sanomien jakamisesta syvään masennukseen ja joutua psykiatriseen hoitoon. Hänen sanojensa tarkkuus riippuu paljolti siitä, missä mielenterveydellisessä tilassa hän on.

Monien profeetallisesti armoitettujen epäkypsyyden tähden monet seurakunnan johtajat seuraavat nyrkkisääntöä, jonka mukaan kaikki profeetalliset sanomat ovat joko vääriä tai epäilyttäviä.

Monet, jotka yrittävät kategorisoida profetian armolahjalla varustetut, sanovat, että on ihmisiä, joilla on profeetan virka, niitä joilla on profetian armolahja, ja että kaikki uskovat kykenevät profetoimaan epäsäännöllisesti.

Mutta tämä ei ole Raamatun erottelu. Uudessa Testamentissa niitä, jotka profetoivat, kutsuttiin profeetoiksi, elleivät he olleet apostoleja. Monilla apostoleilla vaikuttaa olleen myös profetian armolahja.

Mutta Uusi Testamentti sanoo myös selvästi, että kaikilla uskovilla on kyky kuulla Pyhän Hengen ääni.

Uskon, että tällä jaottelulla on vain vähän tekemistä Raamatun kanssa, mutta paljon seurakuntien sisäisen voimapolitiikan kanssa. Monet seurakunnan johtajista tunnustavat harvoin julkisesti, että joku heidän seurakunnassaan on profeetta. Tämähän merkitsisi sitä, että jollakulla muullakin olisi Jumalan antamaa auktoriteettia! Tämän takia he usein vuokraavat "vaeltavan" profeetan palveluja, sillä he poistuvat pian paikkakunnalta.

Jos jonkun ajatellaan pelkästään "harrastelevan" profetiaa, eikä heillä ole profeetan palveluvirkaa, niin silloin heidän sanojaan ei tarvitse ottaa kovinkaan vakavasti.

Johtajat ajattelevat, että jos he vahvistavat jonkun olevan profeetta, hän tulee käyttämään asemaansa väärin.

Profeetat voivat käyttää asemaansa väärin – ja niin voivat myös paimenet, opettajat, evankelistat ja apostolit! Ja on varmaa, että maailmassa on paljon enemmän paimenia kuin profeettoja, jotka väärinkäyttävät asemaansa, yksinkertaisesti siitä syystä, että profeettoja on paljon vähemmän.

Raamattu puhuu vääristä opettajista, paimenista, apostoleista, profeetoista ja evankelistoista. Mutta en ole koskaan kuullut kenenkään vaativan, että kaikki opettaminen pitäisi lopettaa väärien opettajien takia. Itse asiassa suurin osa seurakunnista taistelee väärää opetusta vastaan opettamalla vielä enemmän! Samalla tavoin, emme voi voittaa taistelua vääriä profetioita vastaan kieltämällä kaiken profetian.

Se taso, millä voit käyttää profetian armolahjaa seurakunnassa, on paljolti riippuvainen siitä, miten syvä suhde sinulla on seurakuntaan ja sen johtajiin.

Profeetallinen palvelutyö on kuin sydänkirurgin työ. Jos sinun profeetalliset sanasi ovat sydänkirurgin veitsi, voisiko kukaan luottaa siihen, että kykenet operoimaan tarkasti ja taitavasti, tappamatta potilasta? Voit ajatella, että Jumala on antanut sinulle oikeuden profetoida ihmisille vapaasti, mutta paimenen näkökulmasta saatat näyttää hullulta, joka sohii ihmisiä kirurgin veitsellä. Ja profetian veitsi on terävä.

Profeetoista ei aina tule parhaita paikallisen seurakunnan johtajia, ja jotkut johtamisasemat voivat tukehduttaa profetian armolahjan.

Olin kaksi vuotta Kensington Templen miesten johtosolussa. Tämä solu koostui miehistä, joilla oli hengellinen vastuu seurakunnan kaikista miesten soluista. Tämä tukahdutti profetian armolahjan totaalisesti.

Tähän aikaan solutyömme perustui aika joustamattomaan malliin, jossa oli tiukka organisaatio ja tarkasti määritelty opetuslapsien kehitysohjelma. Tämän takia minua pyydettiin usein motivoimaan miehiä ottamaan "seuraava askel" solunäyssä.

Mutta koin usein, että se seuraava askel ei ollut se paras asia, jota voisin antaa heille. Tämä johti sisäiseen konfliktiin. Oli vaikeaa kuulla Jumalaa, kun solutyön malli puhui niin lujaa.

Mallit voivat olla hyödyllisiä, mutta eivät koskaan yhtä

täsmällisiä kuin Jumalan ainutlaatuinen suunnitelma ihmisen elämälle. Se päivä, jolloin "sain potkut" johtosolusta oli yksi parhaista päivistä elämässäni!

Tämä ei kuitenkaan tarkoita sitä, että profeetat eivät voisi olla osa seurakunnan johtoryhmää, ja ajan kuluessa seurakunnan johto löysi minulle johtamistehtävän, joka sopi minulle paljon paremmin.

JOHTAJILLE PROFETOIMINEN

Usein profetiat annetaan julkisesti koko seurakunnalle, kun ne tulisi antaa yksityisesti seurakunnan johdolle. Tämä lisää profeettojen ja johtajien välistä epäluuloisuutta. On vain harvoja tilanteita, milloin meidän tulee antaa profetia koko seurakunnalle keskustelematta ensin seurakunnan johdon kanssa.

Profetia ei aina vaadi välitöntä tai edes julkista ulosantia. Monesti profetiat, jotka ovat hyödyllisiä yksityisesti jaettuina ovat tuhoisia, kun ne ovat julkisia. Useimmat profetiat, jotka saamme Jumalalta, ovat tarkoitettu ainoastaan "yksityiskäyttöön" esirukouksessa.

Noin kahden vuoden ajan olin vaiti järkyttävästä profetiasta, jonka Jumala oli antanut minulle erään seurakunnan johtajan avioliitosta. En koskaan puhunut siitä hänelle, vaan rukoilin hänen puolestaan lähes päivittäin. Sitten kuulin, että hänellä oli ollut avioliiton ulkopuolinen suhde. Hänen avioliittonsa pelastui, ja Jumala uudisti hänen palvelutyönsä. En koskaan haastanut häntä, eikä hän tule koskaan tietämään, että rukoilin hänen puolestaan päivittäin. Ei sillä ole väliä, sillä emme ole näytöstaiteilijoita vaan suojelemassa ja vapauttamassa Jumalan ihmisiä sielunvihollisen kourista. Pietari kirjoittaa:

> Ennen kaikkea pysykää kestävinä keskinäisessä rakkaudessanne, sillä "rakkaus peittää paljotkin synnit". (1. Piet. 4:8)

On aikoja, jolloin meidän pitää antaa vakava profetia seurakunnan johtajille. Vuonna 2001 sain profetian tulevasta ajasta, jolloin Jumala paljastaisi monien tunnettujen pastorien synnit julkisesti. Profetian mukaan monet näistä pastoreista olivat tuttuja vieraita meidän seurakunnassamme. Heidän seksuaaliset syntinsä ja organisaatioiden taloudelliset epäselvyydet tulisivat julkisiksi, ja media käyttäisi heidän synteihinsä paljon palstatilaa. Rukoilin selvyyttä profetialle noin kuukauden ajan. Sitten annoin sen seurakunnan johtajille.

Viime vuosikymmen on näyttänyt, miten tämä profetia on toteutunut, sillä monet pastoreista, jotka tunnemme, ovat menettäneet maineensa. Uskon tämän profetian auttaneen seurakunnan johtajia ymmärtämään, että tämä syntien paljastuminen oli Jumalan, eikä sielunvihollisen työtä, ja operoimaan viisaudella.

Noin vuosi sen jälkeen sain huolestuttavan profetian, joka kosketti erästä paikallisseurakuntaa – sielunvihollinen yrittäisi tappaa joitakin heidän työntekijöitään. Jumala halusi seurakunnan kerääntyvän rukoilemaan suojelusta. Minulla oli vaikeuksia hyväksyä profetiaa, sillä se ei sopinut teologiaani Jumalan kaikkivaltiudesta, mutta kerroin sen kuitenkin. Tappaahan sielunvihollinen kuitenkin tuhansia kristittyjä joka vuosi vainojen avulla. Tietääkseni seurakunta ei koskaan kokoontunut rukoilemaan, ei ennen kun seurakunnan johtajan vaimo melkein kuoli auto-onnettomuudessa. Hänen kuolemansa oli hiuskarvan päässä.

Jotkut opettavat, että koska elämme armon alla, profeettojen ei tule koskaan sanoa mitään negatiivista. Mutta tämä ei ole totta. Paavali eli armon alla, mutta hänen kirjeensä ovat täynnä kehotuksia parannukseen.

Mutta jos negatiivissävyisten profetioiden jakaminen tuntuu helpolta, se todennäköisesti tarkoittaa sitä, että sinulla on aihetta parannukseen. Jokaisen negatiivissävyisen profetian tulisi aiheuttaa sinussa syvää sisäistä tuskaa ja kipua.

Muutamia vuosia sitten sain profetian, jonka annoin erään paikallisen seurakunnan johtajalle. Seurakunta eli valtavan taloudellisen kasvun aikaa.

"Tulet kokemaan taloudellista kasvua kolmen vuoden ajan", profetoin. Seurakunnan talous kasvoi valtavasti kolmen vuoden ajan, ja sinä aikana tämä seurakunta investoi uusiin rakennuksiin. Ongelmana oli se, että seurakunnan johto teki pitkän aikavälin kasvuennusteita vuosittaisen kasvun perusteella, mutta tämä kasvu pysähtyikin kolmen vuoden päästä.

Sen jälkeen tämän seurakunnan monet palvelualueet ovat kärsineet, sillä he ottivat liikaa velkaa ostaakseen rakennuksia. Joskus mietin, että miksi Pyhä Henki ei antanut minulle selvempää sanaa, mutta kyllä hän antoikin. Kolme vuotta on kolme vuotta, eikä ikuisuus!

KUTSUMUSTEN TUNNISTAMINEN

Seurakunnan johtajat eivät ole aina parhaita tunnistamaan seurakuntalaisten kutsumusta, ellei se kutsumus ole helpolla sovitettavissa seurakunnan näkyyn.

On tosiasia, että monet hengellisistä johtajista rohkaisevat seurakuntalaisia kuluttamaan niin paljon aikaa seurakunnassa kuin mahdollista. Ainakin alitajuisesti he ajattelevat, että kenen tahansa seurakunnan jäsenen antama maksimaalinen tuki heidän näylleen on aina Jumalan tahto.

Ongelmana on se, että elämämme ei aina mahdu hienosti seurakunnan näyn sisälle tai palvelumuotoihin, vaikka se mahtuu aina Jumalan valtakuntaan.

Profeettojen tehtävänä on erottaa ihmisten lahjat ja potentiaali. Olen monesti kehottanut uskovia viettämään vähemmän aikaa seurakunnassa ja löytämään Jumalan suunnitelman elämälleen.

Paimenet ja seurakunnan johtajat tunnistavat useimmiten sen, mikä on jo näkyvää, mutta profeetat tunnistavat tulevaisuuden potentiaalin.

Elleivät profeetat olisi olleet Antiokiassa tunnistamassa Saulin kutsumusta, meillä ei olisi ehkä valtaosaa Uudesta Testamentista. Monet paimenet olisivat kuitenkin olleet täysin tyytyväisiä, jos Saul ja Barnabas olisivat pysyneet Antiokiassa, olisivat he hyötyneet heidän jo ilmeisistä lahjoistaan.

Kun tapasin ensimmäistä kertaa June Freudenbergin, joka oli vastuussa Kensington Templen rukoustyöstä, hän katsoi minua kerran, ja sanoi:

"Olet kutsuttu palvelutyöhön. En ole varma, onko se seurakuntapalvelussa vai liike-elämässä, mutta sinun pitää tehdä töitä kanssani, jotta opit tuntemaan tämän seurakunnan."

Junen sanan osoittautuvat tarkoiksi ja oikeiksi, ja ilman niitä en olisi ehkä koskaan ollut töissä Kensington Templessä.

Usein profeetat ilmoittavat jonkun kutsumuksen julkisesti, jotta seurakunta voi olla tukemassa tätä kutsumusta.

TIEDON JA VIISAUDEN SANAT

Lue Ensimmäinen kirje korinttilaisille huolellisesti, sillä suuri osa kirjeestä keskittyy armolahjojen käyttöön.

Paavali kirjoittaa:

> Yhden ja saman Hengen voimasta toinen saa kyvyn jakaa viisautta, toinen kyvyn jakaa tietoa, toiselle sama Henki suo uskon voiman, toiselle parantamisen lahjan, joku saa voiman tehdä ihmeitä, joku profetoimisen lahjan, joku kyvyn erottaa eri henget toisistaan, joku kielillä puhumisen lahjan, joku taas kyvyn tulkita tällaista puhetta. (1. Kor. 12:8-10)

Kaikki lahjat ovat ilmestyslahjoja, sillä uskon, ihmetekojen ja parantamisen lahjat tarvitsevat kaikki Jumalan kuulemisen kautta syntyvää uskoa. Jeesus sanoi:

> Totisesti, totisesti: ei Poika voi tehdä mitään omin neuvoin, hän tekee vain sitä, mitä näkee Isän tekevän. Mitä Isä tekee, sitä tekee myös Poika. (Joh. 5:19)

Jos Jeesus ei pystynyt tekemään ihmeitä ilman Isän neuvoja, kuinka me voisimme tehdä ihmeitä kuulematta Jumalalta? Viisauden ja tiedon jakaminen ovat armolahjoja, joita voi käyttää profetian armolahjan kanssa, mutta ne toimivat hieman eri tavalla.

Älä koskaan julista tiedon sanaa profetiana!

Tiedon jakaminen tai tiedon sana on Pyhän Hengen antama selvä käsitys nykytilanteesta.

Viisauden jakaminen tai viisauden sana on Pyhän Hengen inspiroimaa neuvonantamista, joka on vähemmän ohjaavaa kuin profetia. Se hyödyntää elämänkokemustamme, jakaa hengellisiä periaatteita, tai neuvoo kuinka varoa kätkettyjä vaaroja.

Tiedon sanaa seuraa usein profetia tai viisauden sana, ja se toimii sydämen avaajana, jotta sen vastaanottaja uskaltaa hyväksyä profetian tai viisauden sanan.

Tiedon sanan julistaminen profetiana on nykytilanteen paljastamista. Se voi kuulostaa vaikuttavalta, mutta tuloksena on se, että pidät ihmisiä nykytilanteen vankina.

Valheen henget voivat myös antaa tarkkoja tiedon sanoja. Jokaista profetian armolahjalla varustettua pommitetaan sielunvihollisen toimesta väärällä ilmestystiedolla, ja jos et ole varovainen, voit alkaa hyväksymään tiedon sanoja väärästä lähteestä, kun ne osoittautuvat tarkoiksi.

Paras puolustus valheen henkiä vastaan on armolahjojen käyttäminen vain silloin, kun tunnemme Jumalan läsnäolon virtaavan lävitsemme.

Profetian armolahja ja tiedon ja viisauden sanat voivat auttaa toisiaan monin tavoin. Kerran menin tapaamaan ystävää hänen työpaikallaan. Kun tervehdin häntä, tunsin Jumalan haluavan minun neuvoa häntä aloittamaan opiskelu uudelleen. Kysyin häneltä, oliko hän ajatellut opiskelua viime aikoina. Ilmeni, että hän oli juuri miettinyt mitä tehdä elämässään, ja opiskelun aloittaminen oli ollut listan kärjessä. Hän rakasti palvelutyötään, mutta kun Jumala oli puhumassa hänelle opiskelusta, ainoana vaihtoehtona tuntui olevan työpaikalta lähteminen.

Tiedon sanan takia hän kuunteli minua keskittyneesti. Annoin hänelle viisauden sanan, Hengen inspiroiman ratkaisun hänen ongelmaansa.

Tiesin, että hänen palvelutyönsä vei paljon aikaa. "Sinun pitää kouluttaa enemmän vapaaehtoisia", kerroin hänelle. "Siten voit olla sekä töissä että opiskella."

Töiden lopettaminen ja kokopäiväisen opiskelun aloittaminen olisi voinut olla katastrofaalista hänen seurakunnalleen, mutta jos olisin sekoittanut tiedon sanan profetiaan, olisin neuvonut häntä tekemään juuri näin.

Usein, kaksi elämänvaihetta ovat menosssa osittain samanaikaisesti elämässämme, ja jos neuvomme jotakuta siirtymään uuteen elämänvaiheeseen ennen kuin nykyvaihe on kunnolla päättynyt, tällä voi olla tuhoisat seuraukset.

Neuvoin kyseistä ystävää kehittämään vapaaehtoisia tietoisesti sillä periaatteella, että tulevaisuudessa he voisivat pyörittää koko palvelutyötä, ja annoin muutaman neuvon ajanhallinnasta elämänkokemukseni perusteella. Kun tällä seurakunnalla oli vuoden isoin konferenssi, mutta tämän johtajan piti olla matkoilla perhesyiden vuoksi, sillä ei ollut mitään näkyvää vaikutusta konferenssin onnistumiseen, kun muut työntekijät oli koulutettu tekemään hänen työnsä. Myöhemmin hän jätti palvelutyönsä, mutta seurakunta ei ole siitä kärsinyt.

En maininnut kertaakaan Jumalaa tai profetoimista, mutta hänelle oli selvää, että Jumala oli antamassa hänelle viisautta.

Kerran menin tapaamaan ystävää, joka kysyi oliko minulla hänelle profetiaa. Näin kirjeen pankista hänen pöydällään. Tunsin, että hänellä oli velkaongelma. "Uskon, että Jumala haluaa parantaa sinun rahatilanteesi", kerroin hänelle. Hän kertoi, että hänellä oli iso luottokorttivelka, eikä minkäänlaista mahdollisuutta lyhentää sitä. Tunsin uskon kasvavan sisimmässäni, ja kerroin hänelle, että Jumala ei pitänyt häntä tilivelvollisena tämän velan suhteen. Rukoilin, että Jumala auttaisi häntä maksamaan sen. Tämä rohkaisi häntä suuresti. Tiedon sana avasi häntä vastaanottamaan uskon lahjan, jotta hän kykenisi käsittelemään velkansa uskon antamalla rohkeudelle eikä epätoivolla.

Nämä armolahjat voivat joskus toimia yhdessä uskomattomilla tavoilla. Tapasin kerran erään ystäväni kahvilassa. Kerroin hänelle, että hän saisi pian ylennyksen, mutta että hänen tulisi käyttää ylennystä paremman tasapainon saamiseen elämässä. Hän oli töissä suuressa pankissa, ja teki töitä usein kuusitoista tuntia päivässä. Hänellä oli jo hyvä asema, mutta aikaa lapsille vain viikonloppuisin.

Muutaman kuukauden päästä tapasin hänet uudelleen. Hän oli juuri ollut haastattelussa osastonjohtajan paikalle pomonsa äitiysloman takia. Uudessa asemassa hän viettäisi enemmän aikaa pankinjohtajien kanssa, mikä oli hyvä mutta myös hieman riskaabelia hänen uralleen. Hän oli unohtanut haastattelun täysin, ja muistanut sen vasta, kun hän oli avannut kalenterinsa aamulla töissä. Haastattelu oli puolen tunnin päästä, eikä hän ollut valmistellut siihen ollenkaan.

Mutta Jumala on ihmeellinen! Pankin tapana oli estää kaiken sosiaalisen median käyttö, mutta sinä aamuna hän oli jostain syystä yrittänyt avata LinkedIn-profiilinsa. Jostain syystä hän pääsi tilille, ja se ensimmäinen viesti, minkä hän näki, oli linkki artikkeliin, jonka olin juuri tviitannut. Artikkeli luetteli kymmenen hyvän johtajan ominaisuutta. Hänellä oli aikaa lukea vain listan viisi ensimmäistä. Ensimmäinen haastattelukysymys liittyi hyvään johtajuuteen. Hän sai ylennyksen.

Mutta ylennys oli vain osa Jumalan siunausta. Hän pyysi lisää joustavuutta, jotta hän voisi viedä lapsensa aamulla kouluun. Useimmat olisivat työskennelleet vielä kovempaa kuin ennen ylennystä, mutta hän toimi päinvastaisesti. Profetia, jota seurasi tviitattu viisauden sana juuri oikeaan aikaan, auttoi häntä saamaan ylennyksen, mutta myös olemaan parempi isä ja aviomies. Hän on jättänyt tämän työpaikan jo nyt, sillä monet profetiat koskettavat vain yhtä elämänvaihetta, eikä ylennys tarkoittanut sitä, että hänen tulisi pysyä samassa työpaikassa ikuisesti.

Eri armolahjojen rajat eivät ole tiukat, sillä on vain yksi Henki, ja jos opit kuulemaan Jumalan äänen, kykenet usein siirtymään armolahjasta toiseen helposti.

Viisauden sana on todella hyödyllinen työkalu julkisessa profeetallisessa palvelutyössä. Jokin aikaa sitten olin mukana profeetallisessa kokoussarjassa. Yhdessä kokouksessa Jumala antoi minulle henkilökohtaisen profetian lähes jokaiselle, joka jonotti jutellakseen kanssani jälkeenpäin. Tätä kesti noin puolitoista tuntia. Toisessa kokouksessa opetin profetian armolahjasta, ja monet nuorista odottivat yli kaksi tuntia jonossa esittääkseen kysymyksiä, ja ehkä saadakseen profetian sanan. Sillä kertaa minulla oli henkilökohtainen profetia vain kahdelle.

Mitä sanot jollekin, joka on odottanut kaksi tuntia kuullakseen, että sinulla ei olekaan mitään annettavaa?

Onneksi profetian armolahja ei toimi eristyksessä muista armolahjoista, ja profetian armolahjan päätarkoitus onkin auttaa ihmisiä kuulemaan Jumalalta itse, eikä se, että kuulemme Jumalaa ihmisten sijasta. Autan paljon mieluummin uskovia oppimaan kuulemaan Jumalan ääntä, kuin kuulen Jumalalta heidän sijastaan. Vietin noin viisi minuuttia jokaisen jonossa olevan kanssa ja kysyin heiltä, missä jamassa heidän rukouselämänsä oli. Sitten annoin heille käytännön vinkkejä siihen, miten parantaa sitä.

Meillä on usein kiusaus esittää, silloin kun tiedämme, ettei meillä olekaan antaa mitään jännittävää profetiaa, mutta tämä kiusaus katoaa, kun ymmärrämme, että Jumalan tarkoituksena ei ole, että annat kaikille profetian.

Usein, mitä uskovat tarvitsevat, on käytännöllisiä neuvoja siitä, kuinka rukoilla. Ja jos annat mikrofonin pois kun rukoilet ihmisten puolesta, esittämisen paine katoaa, ja voit keskittyä täysin yksilöihmisiin.

UNIEN JA NÄKYJEN SELITTÄMINEN

Ihmiset voivat pyytää sinua selittämään unia ja näkyjä. Älä koskaan tulkitse pakolla, vaan kysy kysymyksiä.

Keskity siihen, mikä on varmaa, äläkä spekuloi. Sinun ei tarvitse osata selittää jokaista unta ja näkyä. On aina parempi olla antamatta tulkintaa kuin vääntää sitä pakolla, sillä väärä tai epätäydellinen tulkinta voi johtaa ihmisiä harhaan, mutta, jos et anna ollenkaan tulkintaa, se voi auttaa ihmisiä etsimään Jumalaa ja hänen tahtoaan rukouksessa.

MENTOROINTI

Seurakunnissa on todella vähän mentorointia, vaikka muiden kouluttaminen ja valmistaminen onkin koko profeetallisen palvelutyön päämäärä. Paavali kirjoittaa:

> Hän antoi seurakunnalle sekä apostolit että profeetat ja evankeliumin julistajat, sekä paimenet että opettajat, varustaakseen kaikki seurakunnan jäsenet palvelutyöhön, Kristuksen ruumiin rakentamiseen. Kun me kaikki sitten pääsemme yhteen ja samaan uskoon ja Jumalan Pojan tuntemiseen ja niin saavutamme aikuisuuden,

> Kristuksen täyteyttä vastaavan kypsyyden, silloin emme enää ole alaikäisiä, jotka ajelehtivat kaikenlaisten opin tuulten heiteltävinä ja ovat kavalien ja petollisten ihmisten pelinappuloita. Silloin me noudatamme totuutta ja rakkautta ja kasvamme kaikin tavoin kiinni Kristukseen, häneen, joka on pää. Hän liittää yhteen koko ruumiin ja pitää sitä koossa kaikkien jänteiden avulla, kunkin jäsenen toimiessa oman tehtävänsä mukaan, ja näin ruumis kasvaa ja rakentuu rakkaudessa. (Ef. 4:11-16)

Miten profeetat varustavat seurakuntaa? Monet uskovat ajattelevat, että profeetoiden tulisi ilmoittaa heille Jumalan tahto, jotta heidän ei tarvitsisi kuluttaa aikaa Jumalan etsimiseen. Mutta profeettojen päätehtävä on opettaa muita kuulemaan Jumalaa.

Muiden profeetoiden mentorointiin tarvitaan hyvin kehittynyt profetian armolahja, mutta myös halu kehittää ja auttaa toisia. Mentorointisuhde voi viedä vuosia. Elisa seurasi Eliaa seitsemän vuotta. Jeesus vietti kolme vuotta opetuslastensa kanssa. Onneksi mentorointiprosessin ei tarvitse olla intensiivinen, mutta siihen vaaditaan säännöllisiä tapaamisia. Tavoitteena on tehdä itsensä työttömäksi opettamalla muita kuulemaan Jumalaa. Tekniikkana on kysyä kysymyksiä, jotka auttavat erottamaan Jumalan äänen, ei antaa valmisvastauksia.

Mentorointiprosessi voi nopeuttaa profetian armolahjan kehittymistä. Minun on pitänyt läpikäydä profeetallinen prosessi Jumalan kuulemisesta profetian täyttymiseen monta kertaa, ennen kuin olen alkanut ymmärtää, miten Jumalan sana, valtakunnan siemen, toimii. Tähän menee vuosia. Mentorointi voi eliminoida pahimmat virheet ja pettymykset, kun väistämättä, profetia tulee toimimaan eri tavalla kuin odotimme. Se voi myös auttaa muita toimimaan palvelutyössä kypsällä tavalla.

Istuin kerran autossa ystäväni kanssa. Rukoilimme ja hän kertoi minulle näystä, jonka hän uskoi liittyvän minuun. Minulla ei ollut aavistustakaan, mistä hän puhui. Eikä hänelläkään. Seuraavana päivänä olin tilanteessa, johon näky soveltui täydellisesti. Kerroin hänelle, miten hänen näkynsä oli toteutunut täydellisesti.

On tärkeä antaa toisille palautetta, varsinkin armolahjan kehittymisen alkupuolella. Se lisää uskoa, kun kuulet, että profetiat, joita et edes kunnolla ymmärtänyt, ovat toteutuneet. Tämä myös vähentää kiusausta tohtoroida profeetallista sanomaa, jota et ymmärrä.

MITEN PROFETIA ANNETAAN

Jos opit jakamaan profetian kypsällä tavalla, palvelutyösi tulee olemaan rakentava eikä tuhoava. Monet profetian armolahjalla varustetut eivät ymmärrä, että se tapa, jolla profetia jaetaan, on olennainen osa sanomaa, ja että aito profetia voi olla tuhoava, jos se jaetaan väärällä tavalla.

1. Kenen tulee kuulla profetia?

Useimmat profetioista eivät ole tarkoitettu jaettavaksi julkisesti, eivät edes silloin kun ne koskettavat koko seurakuntaa. Useimmat paikallisseurakunnille tarkoitetut profetiat tulee kertoa ensin seurakunnan johtajille. On heidän päätöksensä, haluavatko he kertoa profetian julkisesti vai ei. Monesti seurakunnan johtajat tuovat profeetallisen teeman seurakunnalle opetuksen eikä profetian kautta. Esimerkiksi voit saada profetian tulevasta virvoituksen ajasta ja antaa sen johtajille, mutta sen sijaan, että he antaisivat sinun julistaa sen saarnapöntöstä, he saattavat tuoda teeman esiin raamattutuntien avulla. Jos rakastat seurakuntaasi, älä tule katkeraksi, sillä usein tämä tapa on paljon hyödyllisempi seurakunnalle.

Rukoile aina, että Jumala ilmoittaisi sinulle sen henkilön,

jolle kertoa profetia, silloinkin kun sen vastaanottaja näyttää itsestäänselvältä. Vaikka saisitkin selvän profetian tietylle tai tietyille ihmisille, se ei tarkoita välttämättä sitä, että sinun pitäisi automaattisesti kertoa se heille, sillä profetia saattaa olla tarkoitettu ainoastaan esirukouksen avuksi.

2. Lisääkö profetia mitään olennaista?

Usein ihmiset kertovat ilmestyksestä, jonka he ovat saaneet, mutta ilmestys ei lisää mitään olennaista. Esimerkiksi Pyhä Henki saattaa valaista raamatullisen totuuden Jeesuksen Herruudesta jollekulle, mutta normaalisti ei ole mitään syytä julistaa tätä profetiana.

Usein Jumala puhuu samasta asiasta monille samassa kokouksessa.

Huomaan usein, että olen rukoillut paimenen saarnan puolesta viimeistään sunnuntaina, mutta ei ole mitään syytä julistaa heidän sanomaansa sen jälkeen profeetallisesti, sillä paimen on jo julistanut sen.

Useimmiten Pyhä Henki antaa minulle puheen pääpiirteet, kun on vuoroni opettaa, ja tiedän, että Jumala haluaa puhua seurakunnalle jostain aiheesta. Mutta normaalisti ei ole mitään syytä kertoa erityisesti, että kyseessä on profeetallinen sanoma, vaan antaa Jumalan Sanan tehdä työnsä. Jos sanoma on Jumalasta, ihmiset vastaanottavat sen Jumalalta ilman profeetallista dramaturgiaa.

3. Milloin kertoa profetia?

Profetioita ei ole aina tarkoitettu jaettavaksi heti. Jos profetia tulee vahvan voitelun kanssa, ja se ihminen, jolle profetia on tarkoitettu, on paikalla, on hyvin todennäköistä, että voit kertoa sen heti, mutta tämä ei tarkoita sitä, että kaikkien pitäisi kuulla se. On usein parempi jakaa profetia yksityisesti kuin julkisesti.

Jos saat profetian kokouksen aikana, ja olet kuulijoiden

joukossa, on useimmiten parempi odottaa kokouksen loppua. Tämä antaa myös mahdollisuuden rukoilla hiljaa, ja Jumala voi ilmoittaa sinulle lisää. Jos tapaat usein sen ihmisen, jolle profetia kuuluu, voi olla parempi olla sanomatta mitään, mennä hiljaa kotiin, ja rukoilla kunnes sinulla on täysi varmuus profetian jokaisesta osasesta.

4. Miten sinun pitää antaa profetia?

Monet profetioista voi antaa suullisesti, mutta on hyvä antaa pitempi profetia äänitettynä tai kirjoitettuna. Tämä antaa profetian vastaanottajalle mahdollisuuden arvioida sitä yksityiskohtaisesti. Voit myös antaa profetian suullisesti ja lähettää sen pääsisällön vastaanottajalle sähköpostilla tai viestillä myöhemmin.

5. Mikä on sydämen asenteesi?

Jos et tunne rakkautta profetian vastaanottajaa kohtaan, älä anna sitä ollenkaan. Rukoile, kunnes alat välittämään vastaanottajan hyvinvoinnista.

Anna profetia aina nöyrästi, ja pyydä vastaanottajaa koettelemaan se rukouksessa. Jos vastaanottaja etsii Jumalaa vilpittömästi, Jumala tulee vahvistamaan sanomansa. Profeetallisen palvelutyön tarkoituksena on auttaa opetuslapseuteen ja läheisempään jumalasuhteeseen, ei kerätä seuraajia sinulle!

On ihmisten oma asia, mitä he tekevät profetiallasi. Elleivät profetiat johda syvempään jumalasuhteeseen, ne voivat usein olla tuhoisia, sillä ainoa oikea tapa laittaa niitä käytäntöön on Pyhän Hengen neuvojen ja johdatuksen seuraaminen.

JULKINEN PROFEETALLINEN PALVELUTYÖ

Olen tähän asti tuskin kirjoittanut niin kutsutusta julkisesta profeetallisesta palvelutyöstä, vaikka tämä on juuri se, mitä suuri osa uskovista ajattelee olevan sitä "todellista" profeetallista palvelutyötä. Minusta julkinen profeetallinen palvelutyö ei ole etsimisen arvoista. Jos se on päämääräsi ja unelmasi, elämäsi ja palvelutyösi tulevat varmasti epäonnistumaan. Älä etsi sitä, mutta anna Jumalan kehittää palvelutyötäsi omalla vauhdillaan, jotta kykenet välttämään sen vaaratilanteet ja vastustamaan sen kiusauksia.

Lava on se paikka, jossa kiusaus antaa "profetia", silloinkin kun Jumala ei ole puhunut, on suurin.

Monet jäljittelevät profeettoja, joilla on julkinen palvelutyö, mutta unohtavat, että profeetan palvelutyö on täysin riippuvainen siitä, että vietät aikaa yksin Jumalan kanssa.

Voit maalata mahtavia profeetallisia näkymiä julkisesti, mutta mikä on niiden todellisuus? Profeetallinen palvelutyö karismaattisissa seurakunnissa rappeutuu usein esitystaiteeksi, sillä on helppoa luvata taivaat – joskus tulevaisuudessa. Ulkopuolisesta voi näyttää siltä, että profeetan palvelutyöhön ei tarvita muuta kuin vilkas mielikuvitus!

Tästä huolimatta monet ovat kutsuttu julkiseen profeetalliseen palvelutyöhön. Jos olet kutsuttu, niin ole oma itsesi! Ei ole mitään syytä ylidramatisoida tai jäljitellä ketään muuta.

Äläkä ota mallia Apostolien tekojen 5. luvusta, jossa Pietari nuhtelee Ananiasta ja Safiraa Pyhälle Hengelle valehtelemisesta. Molemmat kannettiin pois kuolleina.

Vain harvoin on yksilöihmisen synnin julkinen nuhtelu profetian armolahjan perusteella Jumalasta. Paavali sanoo:

> Veljet, jos joku tavataan tekemästä väärin, on teidän, joita Henki ohjaa, lempeästi ojennettava häntä. Olkaa kuitenkin varuillanne, ettette itse joudu kiusaukseen. (Gal. 6:1)

Jeesus sanoi:

> Jos veljesi tekee syntiä, ota asia puheeksi kahden kesken. Jos hän kuulee sinua, olet voittanut hänet takaisin. Mutta ellei hän kuule sinua, ota mukaasi yksi tai kaksi muuta, sillä "jokainen asia on vahvistettava kahden tai kolmen todistajan sanalla". Ellei hän kuuntele heitäkään, ilmoita seurakunnalle. (Matt. 18:15-17)

Julkinen teloitus kokouksen aikana ei seuraa tätä Jeesuksen kuvaamaa prosessia.

Toinen suuri vaara, joka liittyy julkiseen profeetalliseen palvelutyöhön, on tiedon sanojen julistaminen profetioina. Näin tapahtuu hyvin usein, erityisesti kun puhutaan sairaudesta.

Usein julistaja saa tiedon sanan tietystä sairaudesta. Hän mainitsee sairauden, ja joku nousee ylös. Hän ajattelee automaattisesti, että Jumala haluaa parantaa sairaan, mutta näin ei ole välttämättä. Voi olla, että Jumala käyttää sairautta vain tunnistamaan ihmisen, varsinkin, jos tämä ihminen näkee itsensä tämän sairauden kautta.

Älä kopio toisten palvelutyyliä, vaikka voit tietysti oppia muilta.

Mikä toimii minulle parhaiten, ei välttämättä sovi sinulle. Opetan mieluiten profetiasta julkisesti, mutta jätän yksilöihmisille profetoimisen jälkikokoukseen. Kun ylistysryhmä alkaa laulaa uudelleen, vietän aikaa ihmisten kanssa lavan vieressä.

Usein profeetallisen palvelutyön julkinen osuus ei ole muuta kuin yleisen opetuksen antaminen seurakunnalle. Toisinaan se voi merkitä sitä, että pyydän yksilöitä tai ryhmiä yleisön joukosta rukoiltavaksi.

Yhdessä tilaisuudessa puhuin joukolle muusikkoja ja ylistyksenjohtajia. Pyysin jokaista, joka soitti tai lauloi myös sekulaarissa ympäristössä tulemaan esiin, sillä ennen kokousta tunsin, että Pyhä Henki halusi toimia näin. Minulla oli antaa henkilökohtainen profetia lähes jokaiselle heistä.

Kaikki yleiset siisteyden ja pukeutumisen periaatteet pätevät myös profeetallisessa palvelutyössä; jos henkesi haisee, ime kurkkupastillia, äläkä koskaan kosketa ihmisiä sopimattomalla tavalla.

Yritän profetoida ihmisille yksityisesti julkisellakin paikalla, ja kerron paikalla olevalle pastorille jälkeenpäin tärkeimmistä profetioista.

Toisinaan on hyvä puhua mikrofoniin, jotta profetian voi äänittää.

Kun johdin ensimmäisen julkisen profeetallisen tilaisuuden, se oli yllättävän helppoa. Mutta se oli vaivatonta, sillä olin viettänyt paljon aikaa Jumalan kanssa tilaisuutta valmistellessa.

Yksi asia, jonka haluaisin tuoda yleisesti ottaen julkiseen profeetalliseen palvelutyöhön, on enemmän opetusta ja varustamista julkisesti, ja enemmän yksityisyyttä kun profetoidaan yksilöille.

Monet kokevat olonsa epämukavaksi, kun heidät vedetään ihmisjoukosta, ja koko seurakunta tuijottaa heitä.

Jeesus kunnioitti ihmisten yksityisyyttä, ja usein hän jopa pyysi niitä, jotka olivat parantuneita, vaikenemaan paranemisestaan.

PROFETIOIDEN VASTAANOTTAMINEN

Vaikka minulla on kypsä profetian armolahja, saan silti yhä profetioita muilta. Useimmiten ne vahvistavat, mitä jo tiedän, mutta joskus ne tuovat uuden näkökulman. En anna profetioille yhtään tilaa sisimmässäni, ennen kuin olen vienyt ne Jumalan eteen rukouksessa, vaikka joskus ne annetaan sellaisessa voitelussa ja Jumalan läsnäolossa, että tiedän heti niiden tulevan Jumalalta. En välitä useimmista profetioista, jotka annetaan koko seurakunnalle. Monet profeetat puhuvat ikään kuin heidän yleispätevät lupauksensa toimisivat kuin horoskoopit. En usko, että kaikki seurakunnan jäsenet voivat koskaan olla menossa samanlaisen elämänvaiheen läpi. On yleisiä profetioita, jotka kertovat ennalta muutoksista yhteiskunnassa ja seurakunnassa, mutta harvoin esimerkiksi jokainen seurakunnan jäsen tulee nauttimaan taloudellisesta siunauksesta samaan aikaan.

Monesti hengelliset johtajat "profetoivat" visionsa yhteisön tulevaisuudesta koko seurakunnalle, unohtaen, että Jumala on luonut meidät kaikki ainutlaatuiseksi.

Älä koskaan etsi profetioita muilta. Jos tarvitset niitä, Jumala lähettää profeetan luoksesi antamaan ne sinulle. Sen sijaan, keskity kuulemaan Jumalan ääntä. Tällä tavalla opit seuraamaan Jeesusta eikä ihmisiä.

Älä koskaan hyväksy profetiaa vain sen tähden, että jollakin on korkea asema seurakunnassa.

Jokin aikaa sitten tunnettu profeetta joutui selittämään, minkä tähden hän oli vastaanottanut julkisen profetian mieheltä, joka on hyvin kunnioitettu profeetallisessa liikkeessä. Profetia osoittautui vääräksi, ja tämä on vähentänyt hänen profeetallisen palvelutyönsä uskottavuutta. On monia "profetioita", joiden motivaationa on johtajien keskinäinen, julkinen tukeminen.

Jos olen oppinut mitään kansainvälisestä seurakunta- ja viihde-elämästä, se on varmasti se, että julkisille rakkaudenosoituksille ei kannata antaa paljon arvoa.

Ensimmäisen Kuninkaiden kirjan 13. luku varoittaa hyväksymästä ilmoitustietoa toisilta profeetoilta koettelematta sitä ensin. Jumala käskee nuorta profeettaa palaamaan kotiin pysähtymättä missään ja olemaan syömättä ja juomatta, sen jälkeen, kun hän on tavannut kuninkaan. Vanha profeetta kuulee hänen profetiastaan kuninkaalle ja lähtee etsimään häntä. Hän valehtelee nuorelle profeetalle, kertoen, että enkeli ilmestyi hänelle, ja antoi uudet ohjeet.

Nuori profeetta uskoo vanhan profeetan valheet ja menee syömään ja juomaan vanhan profeetan kotiin.

Leijona tappaa nuoren profeetan matkalla kotiin.

Sielunvihollinen, raateleva leijona, käyttää usein vääriä profetioita tuhotakseen sinut.

Monet karismaattisen liikkeen tunnetut julistajat ovat lakanneet seuraamasta Jeesusta yksityiselämässään, mutta heitä pidetään julkisesti vielä kovassa arvossa. Usein vain heidät hyvin tuntevat ihmiset tietävät, että heidän jumalasuhteensa ei ole kunnossa, mutta he peittävät tämän pitääkseen oman asemansa.

Se, että profeetta antoi tarkan profetian joskus menneisyydessä, ei merkitse automaattisesti, että hän antaisi oikean profetian tänään. Monet profeetoista ovat langenneet kiusaukseen jakaa positiivisia "profetioita" hengellisille johtajille ja seurakunnille, silloinkin kun Jumala ei ole puhunut heille mitään. Onhan niille hyvät markkinat! Monet, joilla on profeettojen maine, eivät ole profeettoja, vaan he ovat oppineet manipuloimaan seurakunnallisten kokousten ja suurkokousten dynamiikkaa omaksi hyödykseen.

PROFETIAN ARVIOIMINEN

Silloin tällöin joku profetoi seurakunnassa julkisesti. Toisinaan joku pyytää arvioimaan heille annetun profetian. Profetian arvioiminen on yhtä tärkeää kuin profetointi, sillä väärät ja huonosti sovelletut profetiat voivat tuhota ihmisten elämän.

Jeremia kertoi Babylonin pakkosiirtolaisille:

> Rakentakaa taloja ja asettukaa niihin asumaan! Istuttakaa puutarhoja ja nauttikaa niiden hedelmistä! Ottakaa itsellenne vaimot, syntyköön teille poikia ja tyttäriä! Ottakaa pojillennekin vaimot ja naittakaa tyttärenne, että he saisivat poikia ja tyttäriä. Lisääntykää, älkää vähentykö! Toimikaa sen kaupungin parhaaksi, johon

> minä olen teidät siirtänyt. Rukoilkaa sen puolesta Herraa, sillä sen menestys on teidänkin menestyksenne. Näin sanoo Herra Sebaot, Israelin Jumala: Älkää antako keskuudessanne olevien profeettojen ja ennustajien pettää itseänne! Älkää uskoko unia, joita he teille kertovat. Silkkaa valhetta he julistavat teille minun nimissäni, en minä ole heitä lähettänyt, sanoo Herra. (Jer. 29:5-9)

Jeremia sanoi, että pakkosiirtolaisuus kestäisi 70 vuotta. Pakkosiirtolaiset eivät pitäneet hänen sanomastaan, ja he kuuntelivat mieluummin vääriä profeettoja, jotka kertoivat heidän palaavan kotiin pian.

Samalla tavalla, seurakunnassa me tavallisesti uskomme "profeettoja", jotka lupaavat meille parhaan mahdollisen skenaarion, ja monet "profeetat" julistavat pikaista vapautumista, kun Jumala on ohjaamassa ihmistä läpi pitkän koettelemuksen.

Paavali kertoi korinttilaisille:

> Samoin profeetoista saa esiintyä vain kaksi tai kolme, ja toiset arvostelkoot. (1. Kor. 14:29)

Tarvitset profetian armolahjaa arvostellaksesi profetioita, silloin kun ne vaikuttavat teologisesti ja moraalisesti terveiltä. Koska kaikilla profeetoilla on sama profetian Henki, muut profeetat kykenevät arvioimaan, onko profetia Jumalasta.

Paavali kertoo galatalaisille:

> Hengen hedelmää taas ovat rakkaus, ilo, rauha, kärsivällisyys, ystävällisyys, hyvyys, uskollisuus, lempeys ja itsehillintä. (Gal. 5:22-23)

En ole koskaan tavannut väärää profeettaa, jonka elämässä näkyvät kaikki yhdeksän Hengen hedelmää. En ota tosissani profetioita niiltä, joiden elämässä ei näy todisteita ainakin muutamasta näistä hedelmästä.

Hengen hedelmät, eivätkä Hengen lahjat, ovat ne aito todiste sisimmän muutoksesta.

MITÄ TEHDÄÄN VÄÄRILLE PROFEETOILLE?

Monesti seurakunnan johtajat seuraavat väärää profetiaa tai jonkun kiertelevän profeetan huonosti sovellettua profetiaa, ja polttavat seurakuntalaiset loppuun tässä prosessissa, menettäen jäseniä ja monien luottamuksen.

Monet uskovat tuottavat "profetioita" huolimattomasti, tarjoten omia ideoitaan profetioina. Tämä on yksi väärän profetian muoto.

Jeremia sanoi:

> "Eikö minun sanani ole kuin tuli, kuin moukari, joka murskaa kallion?" Herra sanoo: "Totisesti, minä käyn näiden profeettojen kimppuun, näiden, jotka sieppaavat sanoja toisiltaan ja julistavat niitä minun sanoinani! Minä käyn näiden profeettojen kimppuun, jotka puhuvat omiaan mutta väittävät: 'Tämä on Herran sana.' Minä käyn niiden kimppuun, jotka julistavat valheuniaan ja kertovat niistä. He valehtelevat ja kerskuvat ja eksyttävät näin minun kansani. Minä en ole heitä lähettänyt enkä antanut heille tehtävää. Ei heistä ole tälle kansalle mitään hyötyä", sanoo Herra. (Jer. 23:29-32)

Meidän tulee käsittää profeetallinen palvelutyö samalla vakavuudella kuin Jeremia, sillä harmittomiltakin näyttävillä lipsahduksilla voi olla vakavia seuraamuksia.

Joitakin vuosia sitten eräs tunnettu profeetallinen julistaja vieraili Kensington Templessä.

"Sinä siellä parvekkeen kolmannella rivillä. Sinulla on päällä sininen paita. Tuhoa ne pornovideot, jotka ovat ylälaatikossa", hän huusi saarnan puolivälissä, osoittaen sormella nuorta miestä, joka näytti vaivaantuneelta. Sitten hän jatkoi saarnaamista, ikään kuin mitään ei olisi tapahtunut. Mutta hän oli juuri tuhonnut nuoren miehen maineen.

Monet projisoivat pelkojaan ja frustraatioitaan profetioina, ja heistä tulee vääriä profeettoja. Tunnen pastoreita, joilla on ollut valtava näky seurakunnalle ja kaupungilleen, mutta joista on tullut hävityksen profeettoja kun ne tulokset, joita he odottivat eivät materialisoituneet. Jos heidän näkynsä epäonnistuu, vian täytyy olla toisissa. Jos kaupunki ei vastaa heidän julistukseensa, vian täytyy olla kaupungissa!

Ikävä kyllä frustraation purkaminen "profetiaksi" on yllättävän yleistä, ja kypsiltäkin vaikuttavat hengelliset johtajat voivat erehtyä tekemään näin.

Nykytilanteen projisoiminen tulevaisuuteen eksponentiaalisesti on eräs väärän profetian muoto. Monet väärät profetiat San Franciscon ja New Yorkin tuhosta kuuluvat tähän kategoriaan.

Monet amerikkalaiset näkevät San Franciscon nykypäivän Sodomana ja Gomorrana sen tähden, että kaupungissa on paljon homoseksuaaleja, ja että kaupunki hyväksyy avoimesti homoseksuaalisen elämäntyylin. He näkevät unia sen tuhosta. San Francisco tuhoutuikin osittain maanjäristyksessä – vuonna 1906 –, mutta tämä oli kauan ennen kuin homoliike teki siitä pääkaupunkinsa.

Uskon, että Jumala tulee lähettämään väkevän herätyksen San Franciscoon ja Kaliforniaan, ja se tulee tuomaan muutokseen koko seurakuntaan Amerikassa. Tänään San Francisco saattaa olla kirkkojen ja kristillisten liikkeiden hautausmaa, mutta pian se tulee olemaan toivon majakka. Ikävä kyllä väärät profetiat tuhosta kehottavat uskovia pakenemaan San Franciscosta ja samanlaisista kaupungeista Jeesuksen puolesta taistelemisen sijasta. Mutta on hyvä muistaa, että se ainoa tuomio, joka on lopullinen, on viimeinen tuomio, eikä Jumala halua, että yksikään hukkuisi. Luukas kirjoittaa:

> Juuri siihen aikaan Jeesuksen luo tuli ihmisiä, jotka kertoivat Pilatuksen surmauttaneen uhraamaan tulleita galilealaisia, niin että heidän verensä oli sekoittunut uhrieläinten vereen. Jeesus sanoi siihen: "Luuletteko, että he olivat suurempia syntisiä kuin kaikki muut galilealaiset, koska saivat tuollaisen lopun? Eivät suinkaan – samalla tavoin te kaikki olette tuhon omia, ellette käänny. Entä ne kahdeksantoista, jotka saivat surmansa, kun Siloan torni sortui heidän päälleen? Luuletteko, että he olivat syyllistyneet johonkin pahempaan kuin muut jerusalemilaiset? Eivät suinkaan – yhtä lailla te kaikki olette tuhon omia, ellette käänny." (Luuk. 13:1-5)

Joskus tuho lyö kristittyjä, eikä uskosta osattomia, sen tähden, että me olemme valmiita kohtaamaan ikuisuuden. Tuho ohittaa jumalattoman, sillä hän ei ole vielä valmis kuolemaan.

Pelon pukeminen profetian muotoon on myös yleistä. Suomalaiset kristityt ovat jo vuosikymmeniä nähneet unia venäläisten tulevasta hyökkäyksestä Suomeen. Uskon, että nämä unet ovat "kollektiivisen alitajunnan" tuotetta, sillä venäläisten ja suomalaisten välisen konfliktin historia on pitkä.

Jos jollakulla on aito profetian armolahja, mutta hänen pitää oppia profeetallisen palvelutyön käytössäännöt, auta heitä. Mutta älä koskaan anna susien toimia seurakunnassa lammasten vaatteissa. Jos pelkäät, että menetät lampaan kun sovellat seurakuntakuria käytäntöön, muista, että et ole menettämässä lammasta vaan susihukan!

13

PROFEETALLINEN EVANKELIOINTI

Ylösnousemuksensa jälkeen Jeesus tapasi opetuslapsensa. Hän sanoi:

> Mutta te saatte voiman, kun Pyhä Henki tulee teihin, ja te olette minun todistajani Jerusalemissa, koko Juudeassa ja Samariassa ja maan ääriin saakka. (Ap. t. 1:8)

On tärkeää ymmärtää, että et voi olla tehokas todistaja ilman Pyhän Hengen voimaa.

Usein, kun seurakunta haluaa parantaa evankeliointiaan, se kutsuu evankelistan auttamaan. Joskus se pyytää evankelistan tekemään kaiken työn, mutta usein kutsuun sisältyy jonkinlainen opetussessio.

Olet ehkä osallistunut tällaiseen evankelioinnin koulutustapahtumaan, jossa evankelista on valmentaja ja motivoija. Olettamuksena on se, että seurakuntalaisilta puuttuu joko rohkeutta tai taitoa lähestyä ihmisiä, ja että evankelista voi jotenkin antaa ne heille. Koulutuksen jälkeen seurakunnan jäsenet yrittävät laittaa opetuksen käytäntöön.

Useimmat heistä epäonnistuvat.

Tämän takia seurakunnan jäsenistä tulee kyynisempiä

ja vähemmän taipuvaisia evankelioimaan kuin ennen koulutusta. Se kylmä tosiasia on, että monet evankelioinnin koulutussessiot ovat evankelioinnin kannalta haitallisia.

Miksi on näin?

Evankelistalla on armolahja, mutta ilman Jumalaa hän ei pysty antamaan tätä armolahjaa sinulle.

Hän kertoo sinulle tarinoita siitä, mikä on hänelle helppoa, ja hän on todennäköisesti aidosti innoissaan. Niin hänen tuleekin olla, sillä hän on evankeliumin myyntimies.

Aikoinaan myin työkseni konferensseja pankeille. Tein tätä työtä puhelimella. Työhön kuului jatkuva soittelu ihmisille, joita en tuntenut. Se on ainoa työ, josta olen saanut potkut! Etkä voi syyttää minua siitä, etten yrittänyt riittävästi.

Kutsumukseni ei ollut tulla puhelinmyyjäksi. Mutta minutkin on kutsuttu todistamaan Jeesuksesta.

Mutta jos minulla ei ole evankelistan armolahjaa, miten voin koskaan olla tehokas todistaja? En voi tehdä muuta kuin luottaa omaan lahjaani – kykyyni kuulla Pyhän Hengen ääni. Kaikille evankelistoilla ei ole tätä lahjaa, ja voinkin tehdä jotain, mitä kaikki evankelistat eivät voi koskaan tehdä.

Jos sinulla on profeetallinen armolahja, mutta ei evankelioinnin, voit silti tuoda ihmisiä Jeesuksen luo tavalla, josta voit nauttia.

Jos Saulin asevarustus tuntui Daavidista esteeltä Goljatin lyömisessä, ei ole ihme, että ammattilaisevankelistan kengät eivät sovi kaikille. Mutta jos sinulla on profetian armolahja, sinulla on evankelioinnin työkalu monilla evankelistoilla ei ole. Tarkkuus.

Ajattelemme usein vertauksen kylväjästä (Mark. 4:1-20, Matt. 13:1-23, Luuk. 8:1-15) kuvaavan esimerkillistä evankeliointiprosessia. Se kertoo tarinan maanviljelijästä, joka kylvää siemenet neljään eri maaperään, joista vain yksi kantaa hedelmää. Vertauksen takia monet ajattelevat evankelioinnin olevan jonkinlainen yrityksen ja erehdyksen kautta toimiva prosessi, jossa menestys tulee sille, joka kylvää eniten.

Profeetan tapa evankelioida on täysin erilainen. Profeetta, joka kuuntelee Pyhän Hengen ääntä, kykenee toimittamaan yksittäisen Jumalan valtakunnan siemenen sydämelle, jonka Jumala on jo pehmittänyt, tai aloittaa sen prosessin, joka tekee myöhemmästä evankelioinnista hedelmällisen.

YHDEN SIEMENEN KYLVÄMINEN

Profeetallinen evankeliointi ei ole nykyajan keksintö. Ensimmäinen esimerkki siitä löytyy Apostolien tekojen 8. luvussa. Filippos, luvun sankari, ilmestyy tarinaan 6. luvussa yhtenä niistä diakoneista, jotka apostolit valitsivat takaamaan ruoan jakamisen tasapuolisuuden Jerusalemin seurakunnassa. Kun vaino nousee seurakuntaa vastaan Stefanuksen kivittämisen jälkeen, ja opetuslapset hajaantuvat kaikkiin ilmansuuntiin, Filippos suuntaa Samariaan.

Voimme vain arvailla, oliko Filippos paikalla kun Jeesus kertoi ennen taivaaseenastumistaan, että hänen opetuslapsensa tulisivat todistamaan hänestä Samariassa. Ehkä ei, mutta selvästi hän oli kuullut siitä!

Koska juutalaiset halveksivat samarialaisia, juutalaisten ja pakanoiden sekakansaa, vielä enemmän kuin he vihasivat pakanoita, ja yleensä ottaen välttivät koko paikkaa, Samaria näytti varmasti hyvältä piilopaikalta. Mutta Filippos ei ollut siellä piilossa, sillä Apostolien tekojen 8. luvussa hän julistaa samarialaisille Jeesuksesta, ajaa ulos demoneita, ja parantaa sairaita.

Apostolien teot 8:26 kertoo, kuinka enkeli ilmestyy Filippokselle, ja pyytää häntä menemään erämaatielle, joka johtaa Jerusalemista Gazaan.

Käveleminen Samariasta Jerusalemiin ja tälle tielle kesti päiviä, ja riskinä oli vainoojien käsiin joutuminen, mutta Filippos seurasi enkelin ohjeita.

Kun hän viimeinkin saapuu erämaatielle, hän näkee vaunut. Pyhä Henki neuvoo häntä pysymään lähellä vaunuja. Eikö tämä ole ihmeellistä! Filippokselta on kulunut päiviä kävellä tänne, mutta Jumala on ottanut huomioon hänen askeltensa vauhdin niin tarkasti, että hän saapuu tielle juuri oikeaan aikaan nähdäkseen vaunut.

Filippos on lakannut laskemasta askeleitaan jo pitkän aikaa sitten, mutta Jumala tietää niiden nopeuden ja pituuden tarkasti. Etiopialainen mies, eunukki, joka hoitaa Etiopian kuningattaren koko omaisuutta, istuu vaunuissa, ja lukee Jesajan kirjaa. Filippos kävelee vaunujen vieressä, ja kysyy mieheltä, ymmärtääkö hän, mitä lukee. Hän ei ymmärrä, ja pyytää Filipposta istumaan vierelleen ja selittämään tekstin. Se on Jesajan kirjan 53. luku, joka ennustaa Jeesuksen kärsimyskuoleman.

Ei olisi varmaan löytynyt parempaa hetkeä kertoa Jeesuksesta.

Etiopialainen uskoi ja kastettiin. On epäselvyyttä siitä, oliko hän juutalainen vai pakana. Jos hän oli pakana, hän oli ensimmäinen pakanakristitty. Jos hän oli juutalainen, hän oli harhaantunut kauas uskostaan, olihan hän eunukki.

Mooseksen laki sanoo:

> Ketään, jonka kivekset on murskattu tai jonka elin on leikattu, ei saa lukea Herran kansaan kuuluvaksi. (5. Moos. 23:1)

Etiopialainen oli matkustamassa takaisin Jerusalemista, jossa hänellä ei ollut pääsyä temppeliin. Varmasti hän oli tuntenut olonsa ulkopuoliseksi, sillä hän oli lukemassa sitä ainoaa kirjaa, joka antoi hänelle toivon tulevasta. Hän oli tulossa kohtaan, josta hän piti eniten. Jesaja lupaa:

> Älköön murehtiko muukalaisen poika, joka on liittynyt Herran palvelijoiden joukkoon: "Näinkö Herra

> sulkee minut kansansa yhteydestä?" Älköön eunukki huokailko: "Minähän olen kuivettunut puu." Sillä Herra sanoo näin: "Myös eunukit, jotka pyhittävät minun sapattini, jotka tahtovat noudattaa minun mieltäni ja pysyvät minun liitossani, saavat kunniakkaan nimen pyhäkössä, muurieni sisäpuolella. Heillekin minä luon muistomerkin, poikia ja tyttäriä kestävämmän, annan nimen, joka ei koskaan katoa. Samalla tavoin myös muukalaiset, jotka ovat liittyneet Herran palvelijoiden joukkoon, jotka rakastavat hänen nimeään ja kunnioittavat häntä, kaikki jotka varovat loukkaamasta sapatin pyhyyttä ja pysyvät minun liitossani, he kaikki saavat tulla pyhälle vuorelleni. Minä täytän heidät riemulla, kun he rukoilevat siellä. Minä hyväksyn polttouhrit ja teurasuhrit, jotka he tuovat alttarilleni. Ja minun temppelistäni tulee huone, jossa kaikki kansat saavat rukoilla." (Jes. 56:3-7)

Tämän profetian kautta näemme suoraan etiopialaisen eunukin sydämeen. Hänen sisimmässään oli kaipuu nähdä Jesajan profetian tulevan todeksi.

Jumala vastasi tähän kaipuuseen, ja lähetti Filippoksen kertomaan hänelle, että hänen sisimpänsä itku oltiin kuultu. Hänelle luotaisiin muistomerkki, joka olisi poikia ja tyttäriä pysyvämpi.

Eikö muutaman päivän kävely ole pieni hinta tämän riemullisen uutisen kertomisesta jollekulle?

Profetian armolahjan avulla voit tehdä juuri niin. Enkeli ei ole koskaan ilmestynyt minulle tällä tavalla, mutta ei minun ole myöskään tarvinnut kävellä tällaista matkaa. Useimmiten, Pyhän Hengen antama sisäinen kehotus riittää valmistamaan meitä Jumalan järjestämään tapaamiseen.

MIES JA NAINEN TEETUPABUSSISSA

Koin tällaisen sisäisen kehotuksen ensimmäistä kertaa, kun olin 19-vuotias. Siihen aikaan asuin Porissa. Perjantaisin evankelioimistiimi kerääntyi seurakunnalle, ennen kuin tiimin johtaja Tomi Ikonen ajoi teetupabussin, joka oli entinen kirjastobussi, kaupungin keskustaan.

Usein, se ensimmäinen asia, minkä puolesta rukoiltiin, oli moottorin käynnistyminen.

Olin siellä usein perjantaisin, eihän tarvinnut tehdä muuta kuin antaa painovoiman kuljettaa alakertaan. Asuin yläkerrassa. Kun rukoilimme yön evankelioinnin puolesta, minulle tuli varma tunne siitä, että sinä iltana Jumala johdattaisi minut tapaamaan jonkun henkilön, jolle hän halusi puhua.

Pian sen jälkeen ajoimme kaupungin keskustaan ja pysäköimme teetupabussin torille. Olimme torilla iltakymmenestä aamukahteen, tarjoten kuumia juomia ja keksejä kaikille, jotka uskalsivat tulla sisään. Toiset menivät kadulle jakamaan kutsuja ja traktaatteja, mutta minua ei huvittanut puhua kenellekään. Jäin teetupabussiin ja odotin.

Kello oli noin 1.45 aamulla. Istuin bussin ohjauspenkillä, huonosti valaistun alueen varjoissa. Sitten nuori mies ja nainen tulivat sisään. He kävelivät suoraan eteeni ja istuivat. Sain pian selville, että tyttö oli entinen uskovainen.

"Voiko Jeesus hyväksyä minut takaisin?" hän kysyi. "Voiko hän vielä rakastaa minua?"

"Tietenkin hän rakastaa sinua", vastasin. "Tiedän, että hän rakastaa jokaista syntistä, sillä hän rakastaa minua, enkä minä ole mikään pyhimys."

Nuoripari lähti pian sen jälkeen.

Meni yli vuosi ennen kuin kuulin, mitä oli tapahtunut.

Jumalalla ei ole aina kiire paljastaa meille kuuliaisuuden seurauksia. Miksi hänen edes pitäisi? Noin vuotta myöhemmin istuin jälleen teetupabussin penkillä. Nuori mies astui sisään.

"Tulin tänne noin vuosi sitten tyttöystäväni kanssa", hän sanoi. Vasta sitten tunnistimme toisemme. "Se olit sinä!" hän huudahti.

Kuulin, että hänen tyttöystävänsä oli antanut elämänsä takaisin Jeesukselle. Hän oli tehnyt saman kuusi kuukautta myöhemmin.

Usein ensimmäinen askel profeetallisen evankelioinnin oppimisessa on kehittää herkkyys tunnistaa Jumalan antamat sisäiset kehotukset. Ei ole muuta keinoa tehdä tätä kuin elämäntapa, johon kuuluu rukous. Ei ole oikoteitä, ei nopeita seitsemän askeleen kehitysohjelmia.

Kun olet oppinut tunnistamaan nämä sisäiset kehotukset, Jumala voi johdattaa sinut vähemmän kuljetuille poluille.

Jos luulet jotakin ajatusta Jumalan antamaksi sisäiseksi kehotukseksi, ja ilmenee, että se ei ollut Jumalalta, älä masennu. Kun analysoit sen kokemuksen tarkasti, huomaat, että sillä oli pieniä eroavaisuuksia aidon kehotuksen saamiseen verrattuna.

LIFTAAJA RANNALLA

Seuraavalla kerralla, kun tunsin sisäisen kehotuksen, Pyhä Henki pyysi minua matkustamaan, kuten Filipposta. Onneksi omistin auton! Ja mikäli oikein käytät mielikuvitustasi, Yyterin sannat näyttävät hieman samanlaiselta kuin hiekka matkalla Gazaan. Oli kesä, ja ystäväni oli käymässä Tukholmasta. Heräsin aamukuudelta rukoilemaan.

"Mene rannalle tänään!"

Se ei ollut kuuluva ääni, mutta selvästi ymmärrettävä ajatus, joka soi päässäni. Jatkoin rukoilua, mutta ajatus ei poistunut. Päätin, että mikäli ystäväni suostuisi lähtemään mukaani, tämä olisi merkki, että Jumala oli puhunut minulle. Se merkki, jota pyysin, ei ollut mahdoton, sillä ei ole vaikeaa suostutella nuorta miestä lähtemään yhdelle Pohjois-Euroopan parhaista rannoista kuumana kesäpäivänä. Sen piti riittää.

Ajoimme sinne autollani. Kun saavuimme rannalle, ystäväni, joka oli kristitty muusikko, alkoi soittaa kitaraa ja laulaa hengellisiä lauluja. Ajattelin, että jotkut ohikulkijoista pysähtyisivät, mutta kukaan ei pysähtynyt kuuntelemaan. Kun lähdimme takaisin kotiin, olin masentunut. Olin ollut varma siitä, että olin kuullut Jumalalta, mutta mitään ei ollut tapahtunut.

Noin kilometrin päässä rannalta liftari heilutti kättään meille. Jarrutin automaattisesti. Selvisi, että hän opiskeli toimittajaksi. Olin juuri ollut pääsykokeissa päästäkseni samalle kurssille, mutta odotin vielä tuloksia. Ja joka vuosi vain 35 oppilasta sai opiskelupaikan.

Hän jäi pois kaupungin keskustassa. En kertonut hänelle pelastuksesta, mutta ystäväni mainitsi muutamalla sanalla, että olimme uskovaisia, joten kun kuulin, että minut oli hyväksytty opiskelemaan, odotin kovasti tapaavani hänet uudestaan. Mutta tapaamiseemme meni vielä vuosi, sillä hänen piti lähteä armeijaan.

Kun tapasin hänet uudestaan, hän oli jo tullut uskoon. Aikaisemmalla tapaamisellamme oli ollut häneen suuri vaikutus, sillä hän oli ollut paossa Jumalalta. Tapaamisemme oli osoittanut hänelle, että hän voi juosta karkuun, mutta että hän ei koskaan löytäisi piilopaikkaa.

Unohdamme liian usein sen, että Jumala on pelastussuunnitelman arkkitehti. Ajattelemme, että meidän pitää kehittää joku valtava evankeliointistrategia, kun hän vain haluaa meidän seuraavan hänen suunnitelmaansa. Jumala ei etsi evankelioinnin sankareita, jotka voivat pelastaa maailman yksin. Me emme voi pelastaa ketään.

Vain Jeesus voi.

Sen sijaan Jeesus etsii sotilaita, jotka kuuntelevat häntä

ja tottelevat hänen käskyjään. Joskus hänen ohjeensa eivät vaikuta heti järkeviltä, mutta ne ovat aina järkeviä – ikuisuudessa.

Minun ei enää tarvitse nähdä evankelioinnin hedelmää. Minun tarvitsee vain tietää, että olen totellut Komentajaa. Jos hän ei kehota minua ampumaan "evankeliumin luoteja", en avaa tulta. Komentaja tietää aina parhaiten.

NARKOMAANI KAHVILASSA

Vuonna 2002 olin töissä Kensington Templessä, kun vierailijoista huolehtiva osasto pyysi minua ottamaan yhteyttä nuoreen mieheen. Hänen tyttöystävänsä oli täyttänyt vierailijoille tarkoitetun kortin. Tapasin heidät kahvilassa Notting Hillillä.

Oli heti selvää, että tällä nuorella miehellä oli vakava huumeongelma. Hän värisi vieroitusoireiden takia. Jatkoin kuitenkin puhumista, kun tunsin, miten Pyhän Hengen läsnäolo virtasi lävitseni. Tunsin, kuinka jokainen sana kantoi Jumalan rakkautta tämän miehen suuntaan. Tunsin, miten Jumala halusi pitää hänet lähellään niin pitkään kuin mahdollista.

Pian sen jälkeen tämä nuori mies lakkasi vastaamasta soittoihini. Noin kuukauden päästä luovutin. Lopulta unohdin hänet.

Kahden vuoden päästä sain kirjeen. Se oli häneltä.

Ensin hän ei ollut vastannut soittoihini, sillä hän ei ollut halunnut. Sitten hän ei voinut vastata soittoihini, olihan hän vankilassa. Mutta hän kertoi, kuinka vankilassa ollessaan hän oli tuntenut rukouksieni voiman, ja ne olivat pakottaneet hänet Jeesuksen luo. Kun hän pääsi vankilasta, hän löysi seurakunnan, joka työskenteli narkomaanien kanssa. Hän oli jo johtanut viisi narkomaania Jeesuksen luo. Mutta se ainoa asia, minkä hän muisti keskusteluistamme, oli ylpeys, jonka hän kuuli äänessäni, kun puhuin pojastani.

Kaikki ne vuodet, jotka olemme kuluttaneet täydellisen evankelioivan lauseen muotoilemiseen, voivat olla hukkaan heitettyä aikaa! Jumalan valtakunnan voima ei ole vain sanoissa vaan Jumalan läsnäolossa.

LUKEMATTOMIEN SIEMENTEN KYLVÄMINEN

Profeetallinen evankeliointi ei aina ole pelkästään yhden siemenen kylvämistä. Se voi myös olla lukemattomien siementen kylvämistä. Jumala on valmis antamaan evankeliointistrategioita ja kypsiä viljapeltoja meille, jos vain pyydämme häntä. Tämä oli selvää Paavalin elämässä. Hänet lähetettiin työhön profetian perustella Apostolien teoissa 13:1-3. Tästä profeetallisesta johdatuksesta on monia esimerkkejä Apostolien teoissa.

> He jatkoivat sitten matkaa Frygian ja Galatian halki, sillä Pyhä Henki esti heitä julistamasta sanaa Aasian maakunnassa. Mysian puolelle tultuaan he yrittivät lähteä Bityniaan, mutta Jeesuksen Henki ei sallinut sitä, ja niin he kulkivat Mysian kautta ja tulivat Troakseen. Yöllä Paavali näki näyn. Makedonialainen mies seisoi hänen edessään ja pyysi: "Tule meren yli tänne Makedoniaan ja auta meitä." Kun Paavali oli nähnyt tämän näyn, me hankkiuduimme heti lähtemään Makedoniaan, sillä ymmärsimme, että Jumala oli kutsunut meidät julistamaan evankeliumia siellä. (Ap. t. 16:6-10)

Pyhä Henki esti Paavalia matkustamasta Bityniaan. Ainakin muutama lähetysjärjestö olisi kritisoinut tätä päätöstä. Voiko Pyhä Henki koskaan estää ketään evankelioimasta? Mutta Pyhä Henki halusi Paavalin menevän Makedoniaan.

Tämän takia meidän ei koskaan pidä aloittaa yhtään evankelioimiskampanjaa ilman Pyhän Hengen johdatuksen etsimistä. Et voi olla kahdessa paikassa yhtä aikaa, etkä voi käyttää samaa resurssia kahteen työhön.

Mutta tätä me olemme yrittäneet länsimaisessa seurakunnissa vuosikymmenten ajan. Aloitamme uusia evankeliointiohjelmia hyvillä motiiveilla. Mutta nämä ohjelmat kuluttavat kaikki jäsenemme ja resurssimme. Ajattelemme, että siitä ei ole mitään haittaa, niin kauan kuin motivoimme ihmisiä tekemään oikein, mutta lopputuloksena on tie Bityniaan, silloin kun Jumala haluaa rakentaa sillan Makedoniaan.

Mikä on tämän tien lopullinen hinta?

Apostolien tekojen 18. luvussa Paavali matkustaa Korinttiin. Juutalaiset vastustavat hänen julistustaan. Todennäköisesti hän mietti Korintista lähtöä, sillä Apostolien teot 18:9-11 kertoo:

> Eräänä yönä Herra sanoi näyssä Paavalille: "Älä pelkää, vaan puhu edelleen, älä vaikene. Minä olen sinun kanssasi. Kukaan ei käy sinun kimppuusi eikä tee sinulle pahaa. Tässä kaupungissa on paljon minun kansaani." Niin Paavali viipyi puolitoista vuotta korinttilaisten keskuudessa ja opetti heille Jumalan sanaa.

Kun Paavali pidätettiin Jerusalemissa, Herra puhui hänelle uudestaan.

> Seuraavana yönä Herra seisoi Paavalin edessä ja sanoi: "Pysy rohkeana. Sinä olet todistanut minusta täällä Jerusalemissa, ja samalla tavoin sinun on todistettava myös Roomassa." (Ap. t. 23:11)

Koska Herra ilmestyi Paavalille, hän laittoi elämänsä likoon ja vetosi keisariin.

Jumala ei ole lakannut ohjaamasta meitä, kun kyseessä on evankelioinnin strategia. Liian monet seurakunnan johtajista luottavat pelkästään koulutukseen, toisten kokemuksiin ja akateemisiin loppututkintoihin. Etsimme malleja, jotka näyttävät toimivan ja sovellamme niitä omaan tilanteeseemme. Tämä voi olla hyväkin juttu, mutta entä jos Jumala on kutsunut sinut luomaan jotain uutta?

Jos emme anna Pyhän Hengen ohjata toimintaamme, vaan luotamme valmismalleihin, jotka tulevat hienoilta kuulostavien suositusten ja menestystakuiden kera, voi olla, että emme koskaan tule vapauttamaan Jumalan valtakunnan valtavaa voimaa.

SATELLIITTI LÄHI-IDÄSSÄ

Kun olin 22-vuotias, osallistuin lähetyskonferenssiin Tampereen helluntaiseurakunnassa. Elimme 90-luvun alkupuolta. Konferenssi keskittyi muslimien evankeliointiin. Nousin pystyyn ja rukoilin. Sitten näin jotain, joka hämmästytti minua suuresti. Se oli yksittäinen kuva, joka valtasi koko näkökenttäni.

Näin Jeesuksen pukeutuneena valkoiseen asuun. Hän nojasi valtavaan miekkaan, ja seisoi Kaaban kiven päällä, joka on islamilaisten pyhässä kaupungissa Mekassa.

En ollut tullut konferenssiin etsimään näkyä. Mutta tämän näyn takia en ole koskaan uskonut pelottelijoihin, jotka "profetoivat" Euroopan ja Amerikan tuhoa radikaalien muslimien toimesta.

Näin tämän näyn paljon ennen kuin länsimaissa alettiin edes puhua ääri-islamilaisista liikkeistä, mutta Jumalan voima oli jo näyssä kukistanut islamin. Kuinka voisin olla eri mieltä Jeesuksen kanssa? Näky palasi mieleeni 11.09. 2001, kun monet profeetallisessa liikkeessä alkoivat puhua islamista suurimpana uhkana kristinuskolle. Totuus on toisinpäin. Seurakunta on islamin suurin uhka!

Monet meistä ovat tietoisia Johanneksen ilmestyskirjan voittavasta Jeesuksesta, mutta hän on taistellut kansansa puolesta jo paljon ennen tätä, jopa ennen ristinkuolemaansa. Joosuan kirjan 5. luku antaa hänestä mielenkiintoisen kuvauksen. Luku kattaa ajan israelilaisten Jordan-joen ylittämisestä Jerikon tuhoon. Se antaa kuvan siitä, mitä tapahtuu hengellisessä ulottuvuudessa juuri ennen yhtä Israelin suurinta voittoa.

Joosuan kirja 5:13-15 kertoo:

> Jerikon lähellä ollessaan Joosua näki eräänä päivänä edessään miehen, jolla oli paljastettu miekka kädessään. Joosua meni miehen luo ja kysyi häneltä: "Oletko meikäläisiä vai vihollisiamme?" Mies vastasi: "En kumpaakaan. Olen Herran sotajoukon päällikkö ja olen juuri saapunut tänne." Silloin Joosua lankesi polvilleen, kumartui maahan saakka ja sanoi: "Herrani, mitä tahdot minun tekevän?" Herran sotajoukon päällikkö sanoi Joosualle: "Riisu kengät jalastasi, sillä paikka, jossa seisot, on pyhä." Ja Joosua teki niin.

Herran sotajoukkojen päällikkö on Jeesus. Tämä oli Joosuan oma kokemus palavasta pensaasta. Häntä käskettiin ottamaan sandaalit pois jalasta, sillä paikka jossa hän seisoi, oli pyhä. Jumala käski Moosesta tekemään samalla tavalla, kun hän puhui Moosekselle palavasta pensaasta.

Mutta mikä on erityisen merkillepantavaa on se, että kun Joosua kysyi, oliko päällikkö siellä israelilaisia vastaan vai heidän puolestaan, hän vastasi negatiivisesti.

Hän oli siellä paljon suuremman suunnitelman kuin Jerikon tuhon takia, vaikka se tuho olikin osa tätä suurempaa suunnitelmaa. Hän oli siellä sen tähden, että Jumalan suunnitelma kaikkien kansojen pelastuksesta etenisi turvallisesti.

Tämä on tärkeä läksy – meidän ei koskaan tule sekoittaa omaa taisteluamme hänen taisteluunsa. Hänen taistelunsa on paljon suurempi!

Monet visionäärit ja profeetalliset johtajat erehtyvät tällä alueella. Koska Jumala on antanut heille niin valtavan ilmestyksen siitä, mitä heidät on kutsuttu tekemään, he eivät enää muista, että heidän taistelunsa ei ole se koko sota. He alkavat rakentaa seurakuntia ja organisaatioita juuri niin kuin Jumala on heitä ohjannut tekemään, mutta he unohtavat, että heidän näkynsä ei ole koko Jumalan valtakunta.

Ei ole väliä miten paljon kuulet Jumalalta; hän ei kerro sinulle kaikkea. Ehkä hän ei tee mitään kertomatta profeetoilleen, mutta hänellä on monia profeettoja.

Jonkin aikaa sen jälkeen kun olin nähnyt näyn Kaaban kivestä, lueskelin akateemista journaalia yliopiston mediaosaston kirjastossa. Olin laittamassa journaalia takaisin hyllyyn, kun selvä, sisäinen ääni puhui minulle.

"Viiden vuoden päästä on olemassa satelliitti, joka tulee kattamaan koko Lähi-idän."

Kuulosti siltä, että Pyhä Henki puhui minulle, mutta minulla ei ollut aavistustakaan miksi. Oli vuosi 1992, ja lyhyen tutkimisen jälkeen – olin mediakirjastossa, mikä auttoi paljon – totesin, että sillä hetkellä yhdenkään satelliitin lähetysalue ei kattanut koko Lähi-itää. Mutta meni yli kaksitoista vuotta, ennen kuin Jumala jatkoi tätä keskustelua.

Vuonna 2004 olin jo melkein unohtanut tämän profetian. Sitten näin näyn. Se oli näky suuresta pellosta, joka oli kypsynyt leikkuuseen. Mutta vain muutama mies oli leikkaamassa satoa, ja he käyttivät sirppejä. Ymmärsin, että menisi ikuisuus, ennen kuin he korjaisivat sadon talteen tällä tavalla. Yhtäkkiä neljä suurta leikkuupuimuria ilmestyivät, ja ne alkoivat korjaamaan satoa nopeasti.

Näky loppui. Sitten Pyhä Henki selitti sen. Pelto on Lähi-itä, ja ne neljä jättimäistä leikkuupuimuria ovat satelliittitelevisio, netti, pienryhmät ja suuret evankelioivat tilaisuudet. Pyhä Henki sanoi selvästi, että yksittäinen seurakunta tai organisaatio ei voisi saada tätä aikaan, mutta monia tarvittaisiin. Rukoilin näyn puolesta noin kuukauden ajan, ja sitten kerroin sen Colin Dyelle, Kensington Templen johtavalle pastorille.

Noin vuoden kuluttua minulle annettiin tilaisuus suunnitella työkuvani uudelleen. Rukoilin, ja pistin Lähi-idän mediatutkimuksen listan kärkeen. Minulla oli selvä varmuus siitä, että seurakuntamme pitäisi tehdä jotain satelliittitelevision alueella. Kului muutama vuosi ennen kuin aloitimme työn. Vasta sitten kun Michael Youssefin KingdomSat, aluksi pienehkö, arabiankielinen, kristillinen kanava, alkoi toimintansa, Colin tunsi löytäneensä oikean kanavan, ja antoi luvan yli 250 puoli tuntia kestävän ohjelman editoimiseen. Nämä ohjelmat tekstitettiin arabiaksi.

Vuonna 2009, ohjelmat alkoivat pyöriä KingdomSatilla, joka käytti Hot Bird -satelliittia lähettimenään. Tämä satelliitti peittää Euroopan ja suuren osan Lähi-itää. Olin kiitollinen, mutta tunsin tämän olevan vain osittainen vastaus. Mutta Jumala ei tee töitä meille. Me teemme töitä Jumalalle. Hän ei aina kerro meille kaikista suunnitelmansa yksityiskohdista, mutta kertoo meille niistä osasista, jotka tarvitsemme tekemään oman työmme.

Seuraavana vuonna KingdomSat alkoi lähettää myös Nilesatilla. Se oli ensimmäinen kristillinen kanava, joka alkoi lähettää tällä satelliitilla, joka on osittain Egyptin valtion omistuksessa. Nilesat laukaistiin kiertoradalle vuonna 1997, noin viisi vuotta sen jälkeen, kun Pyhä Henki oli puhunut minulle satelliitista, jonka lähetykset voisi nähdä koko Lähi-idässä, ja se on alueen johtava satelliitti. Nyt meillä oli lähetyksiä Nilesatilla neljä kertaa päivässä, viitenä päivänä viikossa. Tämä on ihme! Tämä on maa, jossa koptilaisia kristittyjä vainotaan, kirkkoja poltetaan, ja islam on valtionuskonto.

Mutta Jumala voi tehdä vielä enemmän. Lokakuussa 2010, Nilesat peruutti kahdentoista islamilaisen kanavan lisenssit niiden ääri-islamilaisten ohjelmien takia. Samaan aikaan kristillisten kanavien lukumäärä nousi yhdestä kymmeneen. Egyptiläinen satelliitti, jonka pääomistajat ovat Egyptin valtio ja islamilaiset pankit, hankkiutui eroon kahdestatoista islamilaisesta kanavasta, ja korvasi ne kymmenellä kristityllä kanavalla.

Tämä on se todellinen ihme.

Tätä ei voi ostaa rahalla, sillä maailmassa ei ole riittävästi rahaa tähän. Vain Jumala voi saada tämän aikaan. Tämä merkitsee sitä, että Herran armeijan ylipäällikkö on liikekannalla Lähi-idässä.

Ja nyt näitä ohjelmia näytetään myös satelliitin kautta, joka lähettää ohjelmia suoraan Persianlahdelle ja islamin sydänmaahan. Ja ne ovat alkaneet näkyä myös Indonesiassa, jossa asuu eniten muslimeja maailmassa.

Nämä ohjelmat ovat vain pieni osa Jumalan suunnitelmaa. Merkittävä muutos on tapahtumassa hengellisessä todellisuudessa, ja se heijastuu myös näkyvään ja nopeasti muuttuvaan poliittiseen todellisuuteen. Mutta meidän ei tule tuijottaa uutisotsikoihin, jotka ovat usein pelottavia, vaan mennä eteenpäin ja voittaa Lähi-itä Jeesukselle.

Kaikki näyn leikkuupuimurit ovat jo töissä, ja ne ovat keräämässä satoa talteen. Suuret kokoukset keräävät satoa pellon laitamilla, mutta netti, satelliittitelevisio ja pienet ryhmät kykenevät keräämään satoa pellon keskeltä. Sadat seurakunnat ja lähetysorganisaatiot ovat töissä.

On jo selvää, että pienryhmät ja kotikirkot ovat vallitseva seurakunnan malli Lähi-idässä. Kotikirkot ovat leviämässä kaikkialle, tunkeutuen jopa läpipääsemättömimpiin paikkoihin. Esimerkiksi syksyllä 2010, Iranin turvallisuusministeri kertoi medialle, että Iranin tiedustelupalvelu tietää sadoista iranilaisista kotikirkoista. Tiedustelupalvelun mukaan niitä on yli 200 jopa Mashdadissa, joka on yksi siiamuslimien pyhimmistä kaupungeista. Kotikirkkoja on jopa modernissa Mekassa.

Lähi-idässä on meneillään nettivallankumous, ja miljoonat muslimit käyvät kristityillä nettisivuilla. Monet tulevat uskoon.

Monet näistä kääntyneistä muslimeista tulevat maksamaan kovan hinnan uskostaan, mutta tämä ei tule pysäyttämään Jeesus-vallankumousta.

Sadoista tulee tuhansia, tuhansista satojatuhansia, ja pian sadoistatuhansista tulee miljoonia. Uskon, että vielä elinaikanamme Lähi-idästä tulee hengellisestä näkökulmasta hyvin erinäköinen kuin nyt.

Arabikevään alkamisen jälkeen Egyptissä, 11. 11. 2011, yli 70 000 egyptiläistä uskovaa kerääntyi yön yli kestävään rukouskokoukseen Kairon ulkopuolella. Se oli ehkä suurin kristillinen kokous Egyptin historiassa.

On vaikea saada viisisataa uskovaa tunnin kestävään rukouskokoukseen länsimaissa, mutta egyptiläiset keräsivät 70 000 uskovaa rukoilemaan läpi yön.

Minulla ei ole aavistustakaan siitä, minkälaisen muodon profeetallinen evankeliointi tulee ottamaan elämässäsi, ja juuri tämä tekee siitä suuren seikkailun. Yksi asia on varma – jos sinulla on profetian armolahja, ja olet avoin sille mahdollisuudelle, että Jumala haluaa käyttää sitä tavoittamaan niitä, jotka eivät vielä tunne häntä, sinulla on pian valtavia kertomuksia kerrottavana.

14

KANSAKUNTIEN PROFEETAT

Kesällä 1995, kun olin Lontoossa, profeetta nimeltään Roland Harding tuli tapaamaan minua Daniellan asunnolle. Hän oli se, joka oli kertonut Daniellalle siitä, miltä hänen tuleva miehensä näyttää.

En tiedä, tiesikö hän minun olevan siellä, mutta hän tuli profetoimaan minulle. Noin viidentoista minuutin ajan makasin lattialla, kun hän kertoi tulevaisuudestani. Hänen mukaansa Jumala oli kutsunut minut olemaan "kansakuntien profeetta", mutta monet "ystävistäni" tulisivat pilkkaamaan minua.

Jumala tekisi otsastani yhtä lujan kuin teräs, jotta voisin kestää vastustuksen, hän sanoi. Tunsin, että kuluisi ainakin viisitoista vuotta, ennen kuin profetia alkaisi toteutumaan. Silloin tämä profetia vaikutti täysin epärealistiselta, mutta sitä ympäröi vahva Jumalan läsnäolo, joka toi mukanaan uskon. Tämän takia en ole koskaan epäillyt sitä.

Ilmaisu "kansakuntien profeetta" löytyy Jeremian kirjasta 1:5, jossa Jumala kutsuu Jeremiaa profetoimaan Juudalle ja sitä ympäröiville kansoille. Se tarkoittaa yksinkertaisesti sitä, että profeetallisella palvelutyölläsi on kansainvälinen merkitys ja toiminta-alue.

LONTOO, KRISTITTY KAUPUNKI

Annoin profetian Kensington Templen johtajille vuonna 1998. Osa profetiasta kosketti paikallisseurakuntaa, osa koko Lontoon tulevaisuutta.

En heti ymmärtänyt sitä osaa, joka profetoi Lontoosta. Pyhä Henki sanoi, että Lontoota kutsuttaisiin kristityksi kaupungiksi, ja että kristityt matkustaisivat Lontooseen kaikkialta maailmassa sen tähden, mitä Jumala tulisi tekemään siellä. Sitten 11.9. 2001 terrori-isku New Yorkissa ja toinen terrori-isku Lontoossa 7.7. 2005 toivat islamin yleiseen länsimaiseen keskusteluun, ja yhtäkkiä monet sanoivat, että Lontoo ja koko Iso-Britannia tulisivat islamilaisiksi ja menettäisivät kristillisen perintönsä.

En epäile näiden äänien vilpittömyyttä, mutta mielestäni ne ovat aina perustuneet tulevaisuuteen projisoituun vähenevään kirkossakäyntiin ja väestötilastoihin, eivätkä Jumalan kuulemiseen. En usko, että se paljonpuhuttu islamilainen Britannian valtaaminen tulee tapahtumaan. Päinvastainen asia tulee tapahtumaan.

Uusi Jumalan liike alkaa Lontoossa!

30 VUODEN USKONPUHDISTUS EUROOPASSA

Sain tämän profetian Eurooppaan tulevasta uskonpuhdistuksesta elokuussa 2009. Olin ollut Prahassa ja Venetsiassa kaksi viikkoa. Sain aavistuksen tästä profetiasta, kun kävin Prahassa Betlehem-kappelissa. Se on rakennettu paikalle, jossa Jan Hus, yksi ensimmäisistä protestanttista uskonpuhdistajista, saarnasi 1400-luvun alkupuolella. Kun seisoin tyhjässä kirkossa, minulle tuli tunne, että tässä paikassa oli jonkinlainen "jäännös" uskonpuhdistajien voitelusta.

Kun astuin ulos kirkosta, kuulin sanat: "Uskonpuhdistajat ovat jo keskellänne."

Tämä aloitti kaksiviikkoisen Jumalan etsimisen, ja sain profetian heti, kun palasin Lontooseen. Uskon, että sillä paikalla, jossa profetia alkoi avautua, on symbolinen merkitys.

Alkuperäinen Betlehem-kappeli oli ensimmäinen pelkästään saarnaamista varten rakennettu tila Euroopassa. Jan Hus sai voimakkaita vaikutteita englantilaisen uskonpuhdistaja John Wycliffen opetuksesta, ja hän saarnasi kappelissa tsekin kielellä monien vuosien ajan, ennen kuin hänet poltettiin elävältä roviolla.

Kappeliin mahtui kaksituhatta ihmistä, ja se oli usein täynnä, mukaan lukien kuningas ja kuningatar, jotka tulivat kuuntelemaan Jan Husia. Hänen marttyyrikuolemansa aloitti Tsekin kansallisen herätyksen.

Moravialainen kirkko, joka antoi voimaa lähetystyölle 24-tuntisella rukouksella 1700-luvulla – kirkko rukoili keskeytyksettä sadan vuoden ajan, ja se kipinöi muita uudistusliikkeitä kuten metodismin – oli Jan Husin seuraajien aloittama.

Profetia alkoi muutamalla sanalla Kensington Templelle, osoittaen, että tämä seurakunta tulisi ainakin jossain vaiheessa olemaan osa tätä Jumalan liikettä:

> Kosketukseni Kensington Templessä tulee olemaan niin vahva, että ihmiset tulevat itkemään kansakunnan syntien tähden kokouksissa, ja itku tulee sydämestä. He tulevat rukoilemaan lakkaamatta, ja heidän rukouselämänsä tulee muuttumaan, sillä minun Pyhä Henkeni tulee ohjaamaan heidän rukoustaan. Pyhä Henki tulee liikuttamaan ja ravistamaan heidän sydämiään, ja he tulevat kulkemaan minun voimassani. Ei tule olemaan mitään suuria ilotulituksia, vaan ainoastaan jatkuvaa rukousta. Ovet tulevat olemaan

auki rukoukselle, ja ihmiset tulevat seisomaan yhdessä tässä huoneessa. Ovet tulevat olemaan auki kaikille, kirkkokunnasta riippumatta. Huoneeni tullaan rakentamaan rukouksen varaan.

Eurooppaan tulee voimakas rukousherätys. Ihmiset tulevat rukoilemaan kansakunnissaan, kodeissaan, kirkoissaan. He tulevat paastoamaan ja rukoilemaan, ja he tulevat itkemään ja rukoilemaan, että elävä Jumala muuttaisi asioita ja toimisi heidän kansakunnassaan. Eri kirkkokuntien jäsenet tulevat rukoilemaan yhdessä. Monet vanhat kirkot, jotka ovat keränneet paljon traditioita, kerros kerroksen päälle, tulevat vaihtamaan traditionsa elävään kokemukseen elävästä Jumalasta.

Maailma ei odota tämän tapahtuvan. Seurakunta ei odota tämän tapahtuvan. Minä saan tämän aikaan.

Tuleni palaa huoneideni ylle. Sellainen valtava asia tulee tapahtumaan, että minun kansani, heidän kaupungeissaan, tulevat rukoilemaan yhdessä! He tulevat yhteen – eivät kaikista kirkkokunnista, mutta monista kirkkokunnista – ja he liittävät kätensä, ja rukoilevat kaupunkinsa puolesta. He tulevat rukoilemaan lakkaamatta. He tulevat jatkamaan rukousta, ja minä tulen koskettamaan heidän sydäntään.

Päivä tulee, jolloin nämä ihmiset sanovat: "Liika on liikaa. Seison Jeesuksen puolesta tässä kaupungissa. Valtaan tämän kaupungin Jeesukselle! Valtaan tämän kaupungin Jeesukselle!" He tulevat nousemaan ylös ja julistamaan Sanaani. He eivät tule käyttämään viihdetilaisuuksia tai ilotulituksia, vaan he tulevat pysymään rukouskammiossaan ja sanomaan: "Herra, haluan valloittaa tämän kaupungin. Haluan seisoa kanssasi, Jeesus! Enkä tule julistamaan mitään muuta Sanaa kuin sinun Sanaasi. Sinun Sanasi on kuin tuli huulillani ja tulen julistamaan Sanaasi. En tee kompromisseja Sanasi kanssa, ja julistan Sanaasi, kuuntelevat he tai eivät."

Tulen antamaan heille voitelun, joka tulee murtamaan ikeen heidän kaupunkinsa yllä. Ihmiset tulevat kerääntymään heidän ympärilleen, sillä minä tulen käyttämään ihmisiä – käytän aina ihmisiä – tulen ihmisiä! Ihmiset tulevat kerääntymään näiden ihmisten, yksilöiden ja joukkojen ympärille. He tulevat sanomaan: "Tuli on täällä, ja haluan pysyä tässä tulessa lopun elämääni. Tämä on Jumalan tuli."

He alkavat kerääntymään, mutta joukkoja ei ole vielä muodostettu. Tuhannet ja tuhannet tulevat kerääntymään kaikkialla Euroopassa, kun ihmiset tulevat palvomaan minua. Eurooppaan tulee vahva ylistysliike, ja ihmiset tulevat palvomaan minua tavalla, jolla he eivät ole koskaan palvoneet minua aikaisemmin.

Tämä tulee olemaan Euroopan viimeinen uskonpuhdistus, ennen kuin pimeys alkaa nousta. Kun pimeys tulee, se tulee olemaan pimeää, pimeämpää kuin pimeä, eikä se tule katoamaan ennen kuin palaan.

Eurooppa ei ole vielä yhtenäinen. Se on rikki. Se on yksi manner, jakautunut, ja ihmiset yrittävät yhdistää sitä. Tämä ei ole vielä Euroopan uudistumisen päivä. Tämä on Euroopan seurakunnan uudistumisen päivä.

Nämä ovat herätyksen päiviä, jotka tulevat ennen vainon päiviä. Monet tulevat murehduttamaan Henkeäni kovilla sanoillaan minun ihmisiäni, pastoreitani ja työntekijöitäni vastaan. He eivät tunne minua, vaikka he ajattelevat tuntevansa minut.

Kun hän näkevät minun liikkeeni nousun, he tulevat sanomaan: "Tämä ei ole Herra. Tämä on traditioidemme vastaista. Tämä on meidän teidemme vastaista. Murskatkaamme se, pysäyttäkäämme se, sillä tämä häiritsee meitä."

Nuoret tulevat tuntemaan minut, ja sydämeltään nuoret tulevat tuntemaan minut, mutta pääasiassa nuoret tulevat tuntemaan minut. Tulen tuomaan nuoret luokseni tavalla, jota ei ole ennen tapahtunut Euroopassa. Ei ole ollut, eikä tule olemaan sellaista päivää, jolloin nuoret kokevat samanlaisen herätyksen. Ette näe tarinoita lehdissä tai sanomalehdissä, mutta katsotte vain Raamattuun ja sanotte: "Nämä ovat kuin Raamatun päivät ja enemmän."

Tämä valtava Jumalan liike Euroopassa on vain sitä, että minä kuljen kansojen läpi etsien lampaitani. Seuraavat kolmekymmentä vuotta tulevat olemaan Euroopan aika nousta seurakuntana ja tuoda muutos Eurooppaan.

Sitten pimeät päivät alkavat tulla hiljalleen. Pimeys laskeutuu Eurooppaan, vahva pimeys. Valot tulevat pimenemään, ja monet vahvat seurakunnat tulevat kuolemaan.

Aika ei tule loppumaan, mutta pimeys tulee. Se tulee saapumaan hitaasti, ja monet ihmiset eivät tule välittämään siitä. Se tulee kuin pieni asia siellä, pieni asia täällä, ja sitten ihmiset tulevat heräämään ja sanomaan: "Kansakuntamme on otettu pois meiltä. He olivat meidän kanssamme, mutta he eivät enää ole meidän kanssamme. He tekevät

> omia asioitaan, eivätkä he enää välitä Jumalasta." Herätykset tulevat pyyhkimään muiden mannerten yli, mutta tämä tulee olemaan se viimeinen suuri herätys ja uskonpuhdistus Euroopassa.

Kun rukoilin tämän profetian puolesta, ymmärsin, että se liittyy profeetalliseen uneen, jonka näin yli kymmenen vuotta sitten Kensington Templestä yhtenä erityisistä majakkaseurakunnista maailmassa.

Uskon, että Jumala tulee rakentamaan suuria majakkakirkkoja ympäri Eurooppaa, seurakuntia, jotka ovat riittävän suuria nousemaan kansalliseen tietoisuuteen. Näiden seurakuntien koko tarkoitus ei tule paljastumaan, ennen kuin tämä suuri pimeys tulee laskeutumaan ja majakkojen valot laitetaan päälle. Kun suuri pimeys laskeutuu, nämä majakat voi nähdä kaikkialta maailmassa.

Uskon, että tämä uusi uskonpuhdistus tulee myös näkemään armolahjojen, ja veljesrakkauden ja sisarten välisen rakkauden paluun eurooppalaiseen seurakuntaan.

Annoin tämän profetian seurakunnan johtajille, ja se julkaistiin kokonaisuudessaan tammikuun 2010 *Revival Times* -lehden numerossa.

Muutama vuosi sitten Jumala alkoi puhua minulle siitä, kuinka hän tulee koskettamaan erityisesti "ristin kansakuntia" Euroopassa – niitä kansakuntia, jotka ovat pitäneet ristin lipussaan. Uskon, että tämä kosketus tulee alkamaan Suomesta ja leviämään sieltä Skandinaviaan, Englantiin ja Sveitsiin. Tämä tulee olemaan näkyvän uskonpuhdistuksen alku, ja sen aika on pian.

Kun puhutaan muutoksesta makrotasolla, on joskus vaikea arvioida, onko profeetallinen sana toteutumassa vai ei, varsinkin silloin kun puhutaan pitkistä ajanjaksoista. Tämän takia Jumala antaa usein pieniä merkkejä sen toteutumisesta, ikään kuin se miehen käden kokoinen pilvi, jonka Elian palvelija näki kolmen vuoden kuivuuden jälkeen (1. Kun. 18:44).

Samana viikonloppuna kun lehti julkaistiin, vieraanani oli delegaatio luterilaisia pappeja Suomesta. He olivat tulleet oppimaan uusia ylistyksen tapoja Lontooseen.

Olemme jo nähneet joitakin merkkejä profetian toteutumisesta, kuten National Day of Prayer & Worship syyskuussa 2012 Wembleyn stadionilla, jossa kristityt kaikista kirkkokunnista kerääntyivät rukoilemaan ja ylistämään Jumalaa. Mutta tällaiset tapahtumat ovat vain alkua.

Uusia kirkkoja ja seurakuntia tulee syntymään Euroopassa, kun Jumala tulee luomaan uusia leilejä uuteen työhön. Tämä ei mitätöi vanhojen seurakuntien ja kirkkokuntien työtä, mutta uudet seurakunnat voivat viedä reformaation pidemmälle.

15

PROFETIAN PERIAATTEITA

Jumalan tiet eivät ole meidän teitämme. Jesajan kirja 55:8 sanoo:

> Minun ajatukseni eivät ole teidän ajatuksianne eivätkä teidän tienne ole minun teitäni, sanoo Herra.

Voi joskus näyttää siltä, että aito profetia ei ole toteutunut tai että se on toteutunut vain osittain.

Joskus se, mikä "tekee" profetiasta toteutuneen, on tähystyspaikan vaihdos, kun alamme ymmärtää Jumalan ilmoitusta hänen näkökulmastaan.

Jos sinulla ei ole rakkautta, tulet pettymään palvelutyöhösi, samalla tavalla kuin Joona. Jumala lähetti Joonan profetoimaan tuhoa, sillä hän halusi pelastaa Niiniven kaupungin, mutta Joonasta tuli katkera sen tähden, että hänen profetiansa ei toteutunut. Loppujen lopuksi profeetallinen palvelutyö on Jumalan sydämen paljastamista muille ihmisille. On tärkeää ymmärtää, että jokaisella profetialla, unella ja näyllä on konteksti, ja se on usein osa pidempää keskustelua. Kontekstin huomiotta jättäminen voi olla tuhoisaa. Minkä kysymyksen kysyit Jumalalta, ennen kuin hän vastasi? Mitä muuta hän on sanonut?

Sananlaskujen kirja 26:4-5 sanoo:

> Älä vastaa tyhmälle hänen tyhmyytensä mukaan, ettet itsekin saisi tyhmän nimeä. Vastaa tyhmälle hänen tyhmyytensä mukaan, ettei hän kuvittelisi olevansa viisas.

Typerät kysymykset vaativat erilaisia vastauksia kuin viisaat, ja usein kysymyksemme ovat typeriä. Älä koskaan odota Jumalan vastaavan epäuskosi kysymyksiin.

OVATKO PROFETIAT EHDOLLISIA?

Monet opettavat, että kaikki nykypäivän profetia on ehdollista, sillä he tahtovat tehdä selväksi sen, että Raamattu on se lopullinen auktoriteetti. Mutta tämä johtaa toisenlaisiin ongelmiin. Jos kaikki nykypäivän profetiat ovat ehdollisia, mitä arvoa niillä on?

Täyttävätkö profetiat itsensä – toteutuvatko ne riippuen meistä vai meistä riippumatta?

Paavali neuvoo Timoteusta:

> Tämän käskyn jätän täytettäväksesi, poikani Timoteus, niiden profeetallisten sanojen mukaisesti, jotka sinulle kerran on lausuttu. Niitä muistaen taistele jalo taistelu ja säilytä usko ja hyvä omatunto! (1.Tim. 1:18-19)

Timoteukselle lausutut profetiat näyttävät olleen ehdollisia siinä mielessä, että hänen piti luottaa niihin. Jos hän luotti niihin riittävästi, taistellen jalon taistelun niiden avulla, ne tulisivat toteutumaan.

Mutta tämän perusteella profetiat ovat hyvin samanlaisia kuin Raamatun lupaukset.

Ja kuitenkin Raamatun profetiat tulevat toteutumaan meistä riippumatta. On myös ehdottomia nykypäivän profetioita, jotka tulevat toteutumaan täysin meistä riippumatta. Esimerkiksi, jos Pyhä Henki lupaa tuoda herätyksen kansakunnalle – se tulee, mutta ei välttämättä siihen seurakuntaan, jossa siitä oli profetoitu!

On tärkeää kuunnella tarkkaan.

Jos profetia tulee ehtojen kera, meidän tulee tarkastella näitä ehtoja huolellisesti. Mutta ehtojen ei tulisi olla vastuunvälttämisyritys siinä tapauksessa, että profetia ei toteudukaan.

Monta vuotta sitten tunnettu amerikkalainen julistaja vieraili Kensington Templessä.

"Tulette näkemään kuinka satatuhatta ihmistä tulee uskoon ensi vuonna", hän lupasi. "Minulla on riittävästi uskoa tähän", hän sanoi. "Mutta en tiedä, onko teillä riittävästi uskoa tähän", hän lisäsi.

Tämä ei ole profetia vaan ammattijulistajan standardi vastuunvälttämislause. Jos kaikki aina riippuu kuulijan uskosta, niin profeetta ei ole koskaan väärässä.

Usko, jota tarvitaan ehdollisen profetian toteutumiseen, ei ole määrällistä vaan kuuliaista Jumalan tahdon tottelemista.

Jumalan tänään antamat lupaukset ovat varmoja. Jumala ei koskaan valehtele. Jos hän lupaa sinulle jotain, se tulee tapahtumaan.

Minulle on annettu monia ehdottomia profetioita, ja niiden kutsuminen ehdolliseksi olisi epärehellistä.

Mutta profetian ja kutsumuksen välillä on selvä ero.

Ehdoton profetia tulee toteutumaan, mutta jos joku ilmoittaa kutsumuksesi, tämä kutsumus toteutuu, jos vastaat kutsuun.

Kutsumuksessa on kysymys *potentiaalista*.

Sinun vastauksesi kutsuun tulee päättämään, tuleeko tästä potentiaalista todellista.

Ja kuitenkin sinun kutsumuksesi toteutuminen riippuu jumalasuhteestasi, eikä se ole ehdollinen.

Jos seuraat Jeesusta, kutsumuksesi toteutuminen on

100% varmaa. Pidät kiinni kutsustasi jumalasuhteesi kautta, seuraamalla Jeesusta.

Kerroin eräälle nuorelle miehelle, että hänen kutsumuksensa oli evankelistan. Pian sen jälkeen hän teki aviorikoksen ja kaksi lasta toisen naisen kanssa. Uskon, että tunnistin hänen kutsumuksensa oikein, mutta hän hylkäsi sen.

Mutta jos hän eräänä päivänä palaa Jeesuksen luo, ainakin osa hänen kutsumuksestaan tulee toteutumaan.

Väärät ja väärin sovelletut profetiat tulevat pettämään sinut, mutta oikeat profetiat ovat luotettavia.

PROFETIOIDEN VÄÄRINYMMÄRTÄMINEN

Viimeisen kahdenkymmenen vuoden aikana Pyhä Henki on antanut minulle tuhansia viestejä. Monet niistä ovat koskeneet aika arkisia asioita, sillä Pyhän Hengen tarkoituksena on ollut parantaa kuuloani. Yksikään sana ei ole pettänyt minua, mutta olen tulkinnut ja soveltanut monia väärin.

Olen oppinut, että Jumala haluaa meidän kuuntelevan tarkkaan, ja kysyvän kysymyksiä.

Tulet olemaan täällä monta kertaa

Olin opiskellut journalismia kolme vuotta Tampereen yliopistossa, kun vierailin Afrikan ja Lähi-idän tutkimuksen laitoskirjastossa Helsingissä. Kun olin astumassa sisään kirjastoon, kuulin Pyhän Hengen lujan ja selvän äänen.

"Tulet käymään täällä monta kertaa!"

Innostuin kovasti. Minulla oli monia arabiystäviä, ja tulin vakuuttuneeksi siitä, että Jumala halusi minun opiskelevan arabiaa ja valmistuvan lähetystyöhön. Päätin, että alkaisin toisen tutkinnon – muinaiset Lähi-idän kulttuurit – ennen kuin päättäisin mediatutkinnon, niin valmis olin astumaan Jumalan tahtoon.

Luin pääsykoekirjoja kolme kuukautta.

Pääsykoe meni todella huonosti, mutta sain voimaa profetiasta. Jollain tavalla Jumala auttaisi minut tälle kurssille.

En läpäissyt pääsykoetta.

Olin todella hämmentynyt. Olin kuullut Jumalan äänen niin selvästi. Kysyin Jumalalta vastausta, mutta hän ei sanonut minulle mitään.

Noin vuoden päästä aloin valmistella loppututkielmaani, jonka käsitteli Palestiinaa ja Israelin mediaa. Menin käymään samassa kirjastossa. Kun astuin ovesta sisään, Pyhä Henki puhui uudestaan.

"Sanoin, että tulet käymään täällä monta kertaa. En sanonut, että tulet asumaan täällä."

Kun Jumala kertoi minulle, että kävisin siellä monta kertaa, hän tarkoitti, mitä hän sanoi. Se oli minä, joka oli jotenkin lisännyt muinaisten Lähi-idän kulttuurien tutkinnon siihen. Olin hukannut kolme kuukautta opiskellen pääsykokeita varten, mutta ainakin olin oppinut tärkeän läksyn.

Yritän välttää profetian tulkitsemista järjelläni. Sen sijaan rukoilen, että Jumala antaisi tulkinnan. Kysyn Jumalalta: "Onko tämä se mitä tarkoitat?" Jos hän ei vastaa, tulkitsen vastauksen olevan useimmiten ei.

Tulet olemaan pääpastorin avustaja

Olin ollut vapaaehtoistöissä Kensington Templessä jonkin aikaa, kun Pyhä Henki puhui minulle.

"Tulet olemaan pääpastorin avustaja", hän sanoi. Olin juuri nähnyt mainoksen seurakunnan lehdessä pääpastorin avustajan vapaasta työpaikasta, ja vaikka en mielestäni ollut työhön sopiva, lähetin kuitenkin työpaikkahakemuksen. Kahden viikon päästä sain henkilöstöpuolelta kirjeen, joka ilmoitti kohteliaasti, että paikka oli jo täytetty.

Noin vuoden päästä Pyhä Henki puhui minulle uudestaan.

"Ensimmäinen työpaikkasi Kensington Templessä tulee

olemaan myynninjohto", hän sanoi. Siihen aikaan olin töissä myynninjohdossa erään brittiläisen vaatetusketjun miestenosastolla Marble Archissa, Lontoossa.

Jonkin aikaa sen jälkeen seurakunnan lehti alkoi mainostaa myynti- ja markkinointipäällikön työpaikkaa. Tällä kertaa odotin kuusi kuukautta. Mainos uusittiin joka kuukausi. Lopulta hain työpaikkaa. Sain sen. Kolmen kuukauden päästä johdin koko julkaisu- ja vähittäismyyntipuolta, jonka johtaja lopetti yhtäkkiä.

Ensimmäinen työroolini kesti kolme kuukautta. Olin tässä toisessa roolissa viisi vuotta, ja sitten aloitin Kensington Templen mediasuunnittelijana.

Aina silloin tällöin mietin sitä profetiaa, jonka sain pääpastorin avustajana toimimisesta. Se näytti vain osittain toteutuneelta.

Vuoden 2009 huhtikuussa minut siirrettiin yhtäkkiä pääpastorin toimistoon auttamaan häntä media- ja julkaisuprojekteissa. Lopulta kaksi profetiaa minun työstäni Kensington Templessä olivat toteutuneet, mutta ei siinä järjestyksessä kuin ne oli ilmoitettu minulle.

Älä koskaan oleta tapahtumien aikajärjestystä, kun kyseessä on profetia. Esimerkiksi Jeesuksen profetiat Jerusalemin temppelin tuhosta ja lopunajoista Evankeliumin Markuksen mukaan 13. luvussa ymmärtää helposti väärin, jos ajattelee niiden seuraavan aikajärjestystä.

Älä koskaan oleta kahden profetian viittaavan samaan asiaan, ellei Jumala kerro siitä selvästi.

Annan sinulle tyttären

Joitakin vuosia sitten olin rukoilemassa, kun Jumalan läsnäolo ympäröi minut. Sitten hän sanoi: "Annan sinulle tyttären. Hänen nimensä tulee olemaan Abigail."

Meillä on vain yksi lapsi, Joshua, ja silloin halusimme toisen lapsen, ja mieluiten tyttären. Innostuneena kerroin profetiasta vaimolleni, ja se sai aikaan paljon hämmennystä.

Kului seitsemän vuotta. Yhtenä päivänä, kun olin rukoilemassa, Pyhä Henki muistutti minua tästä profetiasta. Mielestäni se oli ainoa henkilökohtainen profetiani, joka ei ehkä koskaan voisi toteutua.

Noin kolme viikkoa myöhemmin vaimoni soitti sunnuntaikokouksen jälkeen. "Sinua on pyydetty kummisedäksi. Sen tytön nimi on Abigail."

Seitsemän vuotta olin odotellut ja rukoillut Jumalalta biologista tytärtä. Nyt Jumala oli antanut minulle tyttärensä – englannin kielen *goddaughter*, kummityttö, merkitsee kirjaimellisesti Jumalan tytärtä.

Vaikka profetian tulkitseminen väärin toi elämääni monia ongelmia, en voi kuitenkaan syyttää Jumalaa siitä, onhan hänellä oikeus kutsua tytärtään Jumalan tyttäreksi.

Uskon, että hän ei ole antanut minulle biologista tytärtä vaan Jumalan tyttären sen tähden, että hän on kutsunut minua rakastamaan seurakuntaansa kuin omaa tytärtäni.

Jumalan aikakäsitys

On tärkeää ymmärtää, että Jumalalla on aivan erilainen aikakäsitys kuin meillä. Pietari kirjoittaa:

> Mutta älkää te, rakkaat ystävät, unohtako tätä: Herralle yksi päivä on kuin tuhat vuotta ja tuhat vuotta kuin yksi päivä. (1. Piet. 3:8)

Aika on luodun maailmankaikkeuden neljäs ulottuvuus. Fyysikot kutsuvat matemaattista mallia, joka yhdistää ajan ja avaruuden yhdeksi jatkumoksi, *aika-avaruudeksi*.

Jumala on aika-avaruuden ulkopuolella, mutta hän myös ylläpitää sitä.

Ajattele pitäväsi kuutiota kädessäsi. Voit pyörittää sitä ja tutkia joka puolta.

Koko maailmankaikkeus, mukaan lukien aika, on kuin

neliulotteinen objekti Jumalan kädessä. Hän voi nähdä neliulotteisen objektin, aika-avaruuden, jokaisen osan, mukaan lukien koko luodun ajan, *samanaikaisesti*.

Aivan kuin sinä, joka voi nähdä kuution koko yhden puolen samanaikaisesti, Jumala voi nähdä, alun, nykyhetken ja ajan lopun – ja jokaisen aikapisteen välillä – samanaikaisesti.

Fyysikot sanovat, että ei ole mitään estettä sille, ettei aika voisi kulua taaksepäin. Aika on vain maailmankaikkeuden neljäs ulottuvuus, ja aivan kuten leveys, pituus ja syvyys, ajan pitäisi pystyä kulkemaan molempiin suuntiin.

Luomisen alkuhetkessä luotiin kaikki aika – ei ainoastaan yksi hetki, vaan kaikki aika. Me koemme ajan hetki hetkeltä, mutta Jumala loin kaiken ajan yhdessä hetkessä.

Kun Jumala kertoo tulevaisuuden, hän vain lukee ajan ulottuvuutta siinä neliulotteisessa objektissa, jota hän pitää kädessään. Ei ole alkua, keskipistettä ja loppua.

Tämä tieteellinen fakta ajan luonteesta tekee ratkaisemattomasta teologisesta kiistasta ihmisen vapaan tahdon ja ennaltamääräämisopin kannattajien välillä turhan. Se ei ole enää se olennainen kysymys. Kun Jumala kertoo tulevaisuudesta, hän kertoo, miten asiat ovat hänen näkökulmastaan.

Mutta vain Jumala, eivät enkelit, demonit tai edes Saatana itse, voi nähdä aika-avaruuden tällä tavalla. Jumala on se ainoa, joka on täysin ajan ulkopuolella.

Kun Mooses kysyi Jumalalta hänen nimeään, hän pyysi Moosesta kertomaan israelilaisille: "Minä olen."

Aika ei muuta Jumalaa, sillä Jumala ei ole ajassa.

Hän on.

Ikuisuus ei ole loputon aika. Se on vapaus ajasta.

Paavali sanoi Jeesuksesta:

> Hän on näkymättömän Jumalan kuva, esikoinen, ennen koko luomakuntaa syntynyt. (Kol. 1:15)

Hän lisää:

> Meillä on vain yksi Jumala, Isä. Hänestä on kaikki lähtöisin, ja hänen luokseen olemme matkalla. Meillä on vain yksi Herra, Jeesus Kristus. Hänen välityksellään on kaikki luotu, niin myös meidät. (1 Kor. 8:6)

Johannes kirjoittaa:

> Alussa oli Sana. Sana oli Jumalan luona, ja Sana oli Jumala. Jo alussa Sana oli Jumalan luona. Kaikki syntyi Sanan voimalla. Mikään, mikä on syntynyt, ei ole syntynyt ilman häntä. (Joh. 1:1-2)

Jeesus on aina ollut Poika. Hän ei tullut Pojaksi, kun hän syntyi maailmaan. Jumala ei yhtäkkiä päättänyt monistaa itseään pelastaakseen maailman! Jeesus on aina ollut esikoinen, mutta kun hän tuli lihaksi, hän alistui väliaikaisesti kronologisen ajan alle, jotta voittamalla kuoleman hän ostaisi meille vapauden ajan vallasta.

Vanhassa Testamentissa on paljon tarinoita Jumalan ilmestymisestä ihmisille fyysisessä muodossa. Hän vierailee Aabrahamin ja Saaran luona kahden enkelin kanssa, ja lupaa heille pojan, ennen kuin he poistuvat.

> Sitten miehet nousivat ja lähtivät Sodomaan päin, ja Abraham saattoi heitä kappaleen matkaa. Herra ajatteli: "Miksi salaisin Abrahamilta, mitä aion tehdä? Onhan Abrahamista polveutuva suuri ja mahtava kansa, ja hänen saamansa siunaus tulee siunaukseksi kaikille maailman kansoille. Minähän olen valinnut hänet, että hän käskisi poikiaan ja jälkeentulevaa sukuaan pysymään Herran tiellä ja noudattamaan oikeutta ja vanhurskautta, jotta minä voisin täyttää sen lupauksen, jonka olen Abrahamille antanut." (1. Moos. 18:16-19)

Tämä oli ikuinen Poika, ilmestyen kronologisessa ajassa, pitäen huolta suunnitelmastaan pelastaa maailma. Hän ei ollut aikamatkustaja, vaan vieraili Aabrahamin luona ajan ulkopuolelta.

Jaakob paini jonkun kanssa läpi yön. Hän ei antanut tämän olennon lähteä ennen kuin hän oli siunannut Jaakobin. Jaakob kutsui paikkaa Penueliksi (Jumalan kasvot), ja sanoi:

> Jaakob antoi paikalle nimeksi Penuel. Hän sanoi: "Minä olen nähnyt Jumalan kasvoista kasvoihin, ja silti olen elossa." (1. Moos. 32:31)

Jaakob ei paininut enkelin, Jumalan palvelijan kanssa, vaan Jumalan kanssa. Hän sanoi nähneensä Jumalan kasvoista kasvoihin.

Koska me elämme aika-avaruuden vankeudessa, perspektiivimme värittyy aina sen takia, että koemme ajan lineaarisena ja osana materiaalista maailmankaikkeutta.

Jumala näkee ajan tavoitteidensa näkökulmasta.

Tämän takia hän päättää alun sen mukaan, minkälaisen lopun hän haluaa. Kun hän puhuu meille, hän usein rakentaa puheensa järjestyksen tavoitteidensa eikä ajan lineaarisen etenemisen järjestyksen mukaan.

Maailmankaikkeuden tarkoituksena on synnyttää ja kasvattaa poikia ja tyttäriä Jumalalle. Voi vaikuttaa turhalta luoda sitä varten maailmankaikkeus, jonka säde on ainakin 14,6 miljardia valovuotta, mutta Jumala ilmaisee rakkautensa tuhlaavalla tavalla.

Maailmankaikkeudessa ei ole ketään muita kuin mies, nainen ja enkelit, jotka on luotu ikuisuutta varten. Lopussa koko maailmankaikkeus tullaan käärimään pois, kun se on saavuttanut päämääränsä.

Ateistit uskovat, että me katoamme ja maailmankaikkeus pysyy, mutta totuus on päinvastainen.

Me olemme ne ainoat ikuisuuden kipinät

maailmankaikkeudessa, joka tulee eräänä päivänä loppumaan.

NÄYN VIISI VAIHETTA

Usein yliluonnollisen näyn toteutumisessa on viisi vaihetta – näyn saaminen, takaisku, pidättäminen, läpimurto ja täyttyminen. Nämä viisi vaihetta ovat selvästi näkyvillä Joosefin elämässä.

Ensin Joosef näki unen. Takaisku tuli, kun hänet heitettiin kaivoon. Sitten hän oli orja Egyptissä pitkän aikaa. Pidättämisen aika vei hänet vankilaan; läpimurto tuli kun hänet vietiin faaraon eteen selittämään hänen unensa.

Mutta läpimurto ei ollut täyttyminen, joka tuli kun Joosefin perhe pakeni Egyptiin nälkäkuolemaa, ja Joosef pelasti perheensä.

Sama järjestys on selvästi näkyvissä Daavidin elämässä. Samuel voiteli Daavidin kuninkaaksi, mutta alkumenestyksen jälkeen takaisku tuli, kun Saul alkoi vainoamaan Daavidia, joka joutui pakenemaan Juudan erämaahan. Tämä oli hänen pidättämisensä aika. Läpimurto tuli kun Saul kuoli, mutta täyttyminen paljon myöhemmin.

Jokainen näyn vaihe tulee elää eri tavalla. Mikä on oikein pidättämisen aikana, ei ole enää oikein läpimurron aikaan. Vaarat ja kiusaukset tulevat olemaan erilaiset.

Näyn saamisen aika on täynnä intoa. Se, mikä tulee tapahtumaan kymmenen vuoden päästä tuntuu siltä, että se tulisi tapahtumaan huomenna. Mutta sitä seuraavat usein takaiskut, ja voi näyttää siltä, että koko maailmankaikkeus on salaliitossa profetian täyttymistä vastaan.

Pidättämisen aika tuntuu useimmiten kestävän ikuisesti, mutta se on välttämätön, sillä se rakentaa luonnettamme ja valmistaa meitä matkalla läpimurrosta täyttymiseen.

Mikä on helppoa täyttymisen aikaan, on mahdotonta pidättämisen aikana. Läpimurron aikana kaikki usein nopeutuu, ja monet profeetalliset lupaukset lunastetaan samanaikaisesti.

Usein kaikkein menestyneimmät ihmiset seurakunnassa ovat ne, jotka ovat kokeneet läpimurron mutta ei täyttymistä. Epäonnistumisprosentti matkalla läpimurrosta täyttymiseen on korkea. Useimmat kristityistä eivät kykene siirtymään läpimurrosta täyttymiseen, sillä he eivät ole antaneet takaiskujen ja pidättämisen prosessien puhdistaa sisintään.

On mahdotonta siirtyä läpimurrosta täyttymiseen, ellet rakasta lähimmäisiäsi, sillä Jumalan antamat näyt toteutuivat ainoastaan rakkauden avulla.

Kun opiskelin yliopistossa, yritin aina saada kesätyön pääkaupungissa. Epäonnistuin joka kesä, ja päädyin tekemään kesätöitä kotikaupungissani, eivätkä nämä kesätyöt aina edistäneet uraani.

Olin turhautunut. Jos Jumala oli kutsunut minut mediauralle, hänelle olisi ollut helppoa järjestää minut työpaikkaan, jossa oppisin parhaiten, järkeilin. Sen sijaan vietin neljä kesää kotikaupungissani vanhempieni luona. Jumala ei koskaan kertonut minulle miksi, mutta syy oli helppo ymmärtää, kun muutin Lontooseen.

Halusin päästä uraputkeen. Jumala halusi minun viettävän aikaa isän ja äidin kanssa. Hän tiesi, että muuttaisin pian Lontooseen, ja että minulla ei olisi koskaan mahdollisuutta viettää yhtä paljon aikaa heidän kanssaan.

Älä kysy enää: "Miksi minä?" Sen sijaan kysy: "Missä vaiheessa olen? Mitä Jumala tahtoo saada aikaan tässä elämänvaiheessa?"

TEMPPELIN RAKENTAMINEN

Eräs uni vaikutti minuun syvästi, mutta tulkitsin sen väärin vuosikausia. Sen näki Kensington Templen pääpastori Colin Dye.

Vuonna 1997, kun kävin jo säännöllisesti Kensington Templessä, mutta en ollut siellä vielä töissä, Pyhä Henki sanoi minulle: "Colin tulee näkemään sinut unessa. Tulet istumaan parvekkeella, ja hän tulee näkemään sinut siellä. Hän tulee pyytämään sinua lavalle, ja halaamaan sinua. Rentoudu, sillä tämä on minusta."

Seuraavan muutaman kuukauden ajan odotin tämän tapahtuvan joka kerta, kun kävin seurakunnassa ja Colin saarnasi. Kului noin kuusi kuukautta, ja olin jo melkein unohtanut koko asian, kun menin aamujumalanpalvelukseen. Colin oli juuri palannut Sveitsistä. Istuin parvekkeella. Hän katsoi ylös ja kiinnitti silmänsä minuun.

"Näin sinut unessa!" hän huudahti.

Colin oli rukoillut profeetallisesti puolestani vuonna 1994, mutta tämä oli se viimeinen kerta kun hän oli puhunut minulle. Kensington Temple on suuri seurakunta, ja olin yksi niistä tuhansista, jotka tulivat sinne sunnuntaina. En usko, että hän edes muisti minua.

Colin pyysi minua lavalle. "Unessa halasin sinua näin", hän sanoi, ja halasi minua. Aloin itkeä, ja Pyhän Hengen rakkaus täytti sisimpäni. Mutta kului yli vuosi ennen kuin Colin kertoi minulle enemmän unen sisällöstä.

Unessa hän oli nähnyt joukon ihmisiä. Olin yksi heistä, ja istuin valkoisella hevosella. Numero viisitoista viittasi viiteentoista vuoteen. Colinin mielestä unella oli yhteys siihen, kun Jumala kertoi Daavidille, että hänen poikansa, eikä Daavid itse oli se, joka tulisi rakentamaan Jumalalle temppelin.

Uni häiritsi minua syvästi kahdesta syystä. Pyhä Henki oli jo kertonut minulle, että viettäisin Lontoossa vain rajoitetun ajan. Nyt hän näytti kertovan, että olisin Kensington Templessä pitkän aikaa. Tämä vaikutti ristiriitaiselta.

Tiesin myös, mitä Joosefille tapahtui hänen kirjavan viittansa takia 1. Mooseksen kirjan 37. luvussa.

Hänen veljensä myivät hänet orjuuteen.

Suurilla seurakunnilla voi olla usein epäterve dynamiikka. En liittynyt seurakuntaan seuratakseni johtajia, mutta Jumala johdatti minut sinne. Mutta ympärillä on aina niitä, jotka haluavat "periä siunauksen".

Kului melkein viisitoista vuotta ennen kuin ymmärsin, että tällä unella ei ollut mitään tekemistä Kensington Templen kanssa. Kensington Templen rimmaaminen temppelin kanssa johti minua harhaan. Mutta läpi tämän ajan Jumala ei ollut huolissaan hämmennyksestäni.

Jumala ei ollut koskaan tarkoittanut Kensington Templeä, mutta hän oli tarkoittanut sydämeni temppeliä. Hän oli kuvannut elämäni tarkoituksen, joka on rakentaa ensin Pyhän Hengen temppeli omaan sisimpääni, ja opettaa sen jälkeen muita tekemään se sama.

Mutta miksi Jumala oli niin huoleton siitä, että tulkitsin näin tärkeän unen niin väärin?

Ensiksi, hän tahtoi minun palvelevan Kensington Templessä. Toiseksi, emme kykene auttamaan häntä, silloin kun hän tekee syvää työtä sisimmässämme. Monesti, Jumalan työ sisimmässämme tulee esille hitaasti sen jälkeen kun se on valmis, emmekä edes me kykene tuhoamaan sitä.

Raamatussa luku viisitoista viittaa lepoon, joka tulee vapaussodan jälkeen, ja olen viimeinkin tässä levossa, joka on tullut pitkän sodan jälkeen.

KOLMAS ASKEL

Anna meille tänä päivänä meidän jokapäiväinen leipämme.

Kolmas askel Henkeen tuo meidät Jumalan huolenpitoon.

16

PROFEETAT JA RAHA

Kolmas askel Henkeen on askel riippumattomuuden etsimisestä luottamaan Jumalan huolenpitoon. Se on kaikkea sitä vastaan, jota maailma ja jopa seurakunta ovat usein opettaneet. Jeesus sanoi:

> Kukaan ei voi palvella kahta herraa. Jos hän toista rakastaa, hän vihaa toista; jos hän toista pitää arvossa, hän halveksii toista. Te ette voi palvella sekä Jumalaa että mammonaa. Sen tähden minä sanon teille: älkää huolehtiko hengestänne, siitä mitä söisitte tai joisitte, älkää ruumiistanne, siitä millä sen vaatettaisitte. Eikö henki ole enemmän kuin ruoka ja ruumis enemmän kuin vaatteet? Katsokaa taivaan lintuja: eivät ne kylvä, eivät ne leikkaa eivätkä kokoa varastoon, ja silti teidän taivaallinen Isänne ruokkii ne. Ja olettehan te paljon enemmän arvoisia kuin linnut! Kuka teistä voi murehtimalla lisätä elämänsä pituutta kyynäränkään vertaa?
>
> Mitä te vaatetuksesta huolehditte! Katsokaa kedon kukkia, kuinka ne nousevat maasta: eivät ne näe vaivaa eivätkä kehrää. Minä sanon teille: edes Salomo kaikessa loistossaan ei ollut niin vaatetettu kuin mikä tahansa niistä. Kun Jumala näin pukee kedon ruohon, joka

> tänään kasvaa ja huomenna joutuu uuniin, niin tottahan hän teistä huolehtii, te vähäuskoiset!
> Älkää siis murehtiko: "Mitä me nyt syömme?" tai "Mitä me juomme?" tai "Mistä me saamme vaatteet?" Tätä kaikkea pakanat tavoittelevat. Teidän taivaallinen Isänne tietää kyllä, että te tarvitsette kaikkea tätä. Etsikää ennen kaikkea Jumalan valtakuntaa ja hänen vanhurskasta tahtoaan, niin teille annetaan kaikki tämäkin. Älkää siis huolehtiko huomispäivästä, se pitää kyllä itsestään huolen. Kullekin päivälle riittävät sen omat murheet. (Matt. 6:24-34)

Meidän pitää hylätä raha turvallisuutemme peruspilarina, jos haluamme kokea Jumalan valtakunnan koko voiman.

Monet uskovat etsivät taloudellista siunausta, jotta heidän ei tarvitsisi huolehtia rahasta. Mitä he eivät ymmärrä on se, että ainoa tapa olla huolehtimatta rahasta on lakata luottamasta pankkitilin saldoon, ja luottaa sen sijaan Jumalan kykyyn pitää meistä huolta olosuhteista riippumatta.

Jos rauhasi ja turvallisuudentunteesi perustuvat omaisuuteesi, luotat yhä mammonaan, ja pelko taloudellisen turvallisuutesi menettämisestä pitää sinua yhä kahleissaan.

Tämän takia Jumala usein johdattaa meitä taloudellisten vaikeuksien ja ongelmien läpi, jotta kykymme luottaa Jumalan huolenpitoon kasvaisi.

Psalmien kirja 23:4 lupaa:

> Vaikka minä kulkisin pimeässä laaksossa, en pelkäisi mitään pahaa, sillä sinä olet minun kanssani. Sinä suojelet minua kädelläsi, johdatat paimensauvallasi.

Vaikka kulkisit velan ja taloudellisen katastrofin pelon laakson läpi, sinun ei tarvitse pelätä puutetta, sillä koko Maailmankaikkeuden Omistaja kulkee kanssasi.

Yksi tärkeimmistä oppitunneista, jonka olen oppinut

rahasta, on tapahtunut, kun Jumala on pistänyt minut taloudellisten huolieni "leijonien luolaan" ja jättänyt minut sinne osoittaakseen, että näillä pedoilla ei ole lupaa satuttaa minua. Kuin Daniel, voit nukkua pelkojesi päällä ja käyttää niitä tyynynäsi!

Taloudelliset huolemme ovat kovin suhteellisia. Suuri osa maailman väestöstä ei tiedä, mistä heidän seuraava ateriansa tulee, kun he heräävät aamulla. Isä meidän -rukouksella on täysin erilainen syvyys heidän elämässään.

Länsimainen seurakunta on heikko, sillä olemme oppineet luottamaan mammonaan. Jos nykypäivän taloudellisesta kriisistä on mitään hyötyä, se on se, että se pakottaa meidät siirtämään luottamuksen mammonasta Jumalaan.

Lopulta luottamuksemme mammonaan tulee pettämään meidät. Yksi häiritsevimmistä kuvista, jonka olen nähnyt viime vuosina, oli Applen pääjohtajasta otettu kuva pian sen jälkeen kun hän julkisti eronsa tehtävästään vain muutamaa kuukautta ennen hänen kuolemaansa. Oli raitistuttavaa tajuta, ettei edes yksi maailman rikkaimmista miehistä ja progressiivisen teknologiayrityksen johtajista pystynyt voittamaan sairautta.

Maailmassa ei ole riittävästi rahaa voittamaan kuolema.

Mammonaan luottaminen on eräs epäuskon muodoista. Seurakunnan palvelutyössä sillä voi olla tuhoisia seurauksia. Jos et luota Jumalan huolehtivan taloudestasi, taloudelliset olosuhteet tulevat aina rajoittamaan palvelutyötäsi.

Ja jos olet seurakunnan johtaja, seurakuntalaisten näkeminen tulonlähteenä voi johtaa manipulaatioon.

Ikävä kyllä suurella osalla karismaattisen seurakunnan opetuksella rahasta ei ole mitään tekemistä Jumalan valtakunnan kanssa. Meidän pitää oppia Eelin poikien varoittavasta esimerkistä.

> Eelin pojat olivat kelvottomia miehiä eivätkä välittäneet Herrasta. Pappeina heillä oli kansaan nähden tällainen

> oikeus: Aina kun joku oli teurastanut uhrinsa ja oli keittämässä uhrilihaa, saapui paikalle papin palvelija mukanaan kolmipiikkinen haarukka. Hän pisti sillä keittoastiaan, pataan, kattilaan tai ruukkuun, ja kaiken, mikä nousi haarukan mukana, pappi sai ottaa itselleen. Näin oli tehty kaikille israelilaisille, jotka tulivat Siloon. Mutta nyt papin palvelija saapui jo ennen kuin rasva oli poltettu ja sanoi sille, joka oli uhraamassa: "Anna papille lihaa paistiksi. Hän ei halua keitettyä lihaa, vaan raakaa." Jos mies vastasi: "Ensin täytyy polttaa rasva, ota sitten mitä mielesi tekee", palvelija sanoi hänelle: "Ei, sinun on annettava heti, tai minä otan väkisin." Eelin poikien rikkomus oli Herran silmissä hyvin paha, sillä he häpäisivät Herralle kuuluvan uhrin. (1. Sam. 2:12-17)

Jakeessa 22 Eelin pojat, jotka olivat pappeja, harrastivat jo seksiä naisten kanssa, jotka tulivat tabernaakkeliin. Heidän ahneutensa johti seksuaaliseen syntiin.

Paavali neuvoi Timoteusta:

> Se, joka opettaa toisin eikä seuraa Herramme Jeesuksen Kristuksen terveellisiä sanoja ja uskomme mukaista oppia, on pöyhkeä eikä ymmärrä mitään. Hänellä vain on kiihkeä halu väitellä ja kiistellä. Sellaisesta syntyy kateutta, riitaa, herjauksia, ilkeitä epäluuloja ja alituista kinastelua sellaisten ihmisten kesken, jotka ovat menettäneet järkensä ja kadottaneet totuuden ja pitävät uskontoa vain tulolähteenä. Suuri rikkauden lähde usko kyllä onkin, kun tyydymme siihen mitä meillä on. Emme me ole tuoneet mitään mukanamme maailmaan emmekä voi viedä mitään täältä pois. Kun meillä on ruoka ja vaatteet, saamme olla tyytyväisiä. Ne, jotka tahtovat rikastua, joutuvat kiusaukseen ja lankeavat ansaan, monenlaisten järjettömien ja vahingollisten halujen valtaan, jotka syöksevät ihmiset tuhoon ja

> perikatoon. Rahanhimo on kaiken pahan alkujuuri. Rahaa havitellessaan monet ovat eksyneet pois uskosta ja tuottaneet itselleen monenlaista kärsimystä. (1. Tim. 6:3-10)

Olen nähnyt monia tilanteita, joissa seurakunnan johtaja on langennut seksuaaliseen syntiin. Useimmat näistä tarinoista eivät päädy otsikoihin, mutta menevät hautaan kirkkovaltuuskuntien ja kirkkokuntien johtajien mukana, sillä ne seuraavat vaikenemisen lakia ja ovat skandaalien peittämisen mestareita. Mutta vain harvoin seksuaalinen synti tulee ensin.

Mikä tulee ensin, on huoli ja ahdistus taloudesta ja menestyksestä.

Elisa parantaa Naamanin, Aramin kuninkaan armeijan kenraalin, spitaalista Toisen kuninkaiden kirjan 5. luvussa. Naaman haluaa palkita Elisan, mutta hän kieltäytyy lahjasta.

Gehasi, Elisan palvelija, juoksee Naamanin perään, ja hän antaa Gehasille kaksi talenttia hopeaa. Elisa näkee tämän näyssä, ja 27. jae kertoo, että Gehasi ja hänen jälkeläisensä kärsivät rangaistuksena spitaalista.

Kun Jeesus lähetti kaksitoista opetuslasta saarnaamaan, hän sanoi:

> Sen sijaan menkää Israelin kansan eksyneiden lampaiden luo ja julistakaa: "Taivasten valtakunta on tullut lähelle." Parantakaa sairaita, herättäkää kuolleita, puhdistakaa spitaalisia ja ajakaa pois pahoja henkiä. Lahjaksi olette saaneet, lahjaksi antakaa. Älkää varatko vyöhönne kultaa, hopeaa tai kuparia älkääkä ottako mukaanne laukkua, älkää ylimääräistä paitaa, älkää jalkineita tai sauvaa. Työmies on ruokansa ansainnut. (Matt. 10:6-10)

Jumala on antanut hengelliset lahjat ilmaiseksi. Meidän pitää myös antaa ne ilmaiseksi, sillä ne eivät ole meidän.

Ne kuuluvat Pyhälle Hengelle.

Meidän kaikkien tulee elää taloudellisten realiteettien kanssa, ja jopa Paavali, joka usein tienasi elantonsa tekemällä telttoja, sanoi, että hengellisen työn tekijä voi saada elantonsa ammatistaan, mutta me emme saa koskaan profetoida rahasta.

Olosi voi olla kuin supertähdellä, kun profetoit, mutta tämä ei anna sinulle oikeutta lypsää supertähden elantoa uskovaisista.

Miksi jonkun vanhan tädin pitää olla nälkäinen, jotta sinä voisit elää kuin rokkitähti?

Armolahjat houkuttelevat rahaa, sillä ne tuovat usein mukanaan maallista menestystä. Apostolien tekojen 8. luvussa Simon, joka oli noita, näkee kuinka Pietari rukoilee kristittyjen puolesta, ja he täyttyvät Pyhällä Hengellä. Hän tarjoaa apostoleille rahaa ostaakseen kyvyn antaa ihmisille Pyhän Hengen lahja. Pietari vastasi Simonille:

> Kadotukseen joudut rahoinesi, kun luulet, että Jumalan lahja on rahalla ostettavissa! Sinulla ei ole tässä osaa eikä arpaa, sillä sinä et ole vilpitön Jumalan edessä. (Ap. t. 8:20-21)

Monet ihmiset uskovat Simonin tavoin, että he voivat saada osan siunaustasi antamalla sinulle rahaa. Sinun pitää vastustaa tätä, mikä ei kuitenkaan tarkoita sitä, ettet voi ottaa vastaan aitoa anteliaisuutta.

Jumalan huolenpitoon luottaminen vapauttaa sinut murehtimisesta, jotta voit keskittyä Jumalan valtakunnan eteenpäinviemiseen. Se suojelee sinua ahneutta vastaan ja rahaan liittyvästä kiusauksista.

Kun olit lapsi, et koskaan murehtinut elannosta. Tiesit, että äiti tai isä eivät koskaan antaisi sinun kuolla nälkään. Kuitenkin vanhempasi olivat hyvin epätäydellisiä ja heiltä puuttui resursseja.

Taivaallinen Isämme on täydellinen ja hänellä ei ole puutetta. Ja hän on pyytänyt meitä rukoilemaan Isä meidän -rukouksen mukaan leipää päivittäin.

NELJÄS ASKEL

Ja anna meille meidän syntimme anteeksi, niin kuin mekin anteeksi annamme niille, jotka ovat meitä vastaan rikkoneet.

Neljäs askel Henkeen täyttää sinut Jumalan luonnolla.

17

VARJELE SYDÄNTÄSI

Neljäs askel Henkeen on askel Jumalan luontoon. Hän on kaikkein anteeksiantavin olento koko maailmankaikkeudessa. Häntä vastaan rikotaan myös eniten, mutta hänen luontonsa on antaa aina anteeksi.

Luukas kertoo Jeesuksen vierailusta fariseuksen luona.

> Eräs fariseus kutsui Jeesuksen kotiinsa aterialle, ja hän meni sinne ja asettui ruokapöytään. Kaupungissa asui nainen, joka vietti syntistä elämää. Kun hän sai tietää, että Jeesus oli aterialla fariseuksen luona, hän tuli sinne mukanaan alabasteripullo, jossa oli tuoksuöljyä. Hän asettui Jeesuksen taakse tämän jalkojen luo ja itki. Kun Jeesuksen jalat kastuivat hänen kyynelistään, hän kuivasi ne hiuksillaan, suuteli niitä ja voiteli ne tuoksuöljyllä.
>
> Fariseus, joka oli kutsunut Jeesuksen, näki sen ja ajatteli: "Jos tämä mies olisi profeetta, hän kyllä tietäisi, millainen nainen häneen koskee. Nainenhan on syntinen." Silloin Jeesus sanoi hänelle: "Simon, minulla on sinulle puhuttavaa." "Puhu vain, opettaja", fariseus vastasi.
>
> "Oli kaksi miestä", sanoi Jeesus. "He olivat velkaa rahanlainaajalle, toinen viisisataa, toinen viisikymmentä denaaria. Kun heillä ei ollut millä maksaa, rahanlainaaja

> antoi molemmille velan anteeksi. Miten on, kumpi heistä nyt rakastaa häntä enemmän?" Simon vastasi: "Eiköhän se, joka sai enemmän anteeksi." "Aivan oikein", sanoi Jeesus. Hän kääntyi naiseen päin ja puhui Simonille: "Katso tätä naista. Kun tulin kotiisi, sinä et antanut vettä jalkojeni pesuun, mutta hän kasteli jalkani kyynelillään ja kuivasi ne hiuksillaan. Sinä et tervehtinyt minua suudelmalla, mutta hän on suudellut jalkojani siitä saakka kun tänne tulin. Sinä et voidellut päätäni öljyllä, mutta hän voiteli jalkani tuoksuöljyllä. Niinpä sanonkin sinulle: hän sai paljot syntinsä anteeksi, sen vuoksi hän rakasti paljon. Mutta joka saa anteeksi vähän, se myös rakastaa vähän." Ja hän sanoi naiselle: "Kaikki sinun syntisi on annettu anteeksi." (Luuk. 7:36-48)

Me olemme kaikki syntisiä, mutta me unohdamme sen usein. Anteeksiantamattomuus ja katkeruus ovat omavanhurskauden oireita – sen valheen uskomista, että olet itsessäsi vanhurskaampi kuin muut.

Minun oli helppoa antaa anteeksi uskosta osattomille, mutta vaikeampaa, kun kyseessä oli toiset uskovat. Halveksin pastoreita, jotka olivat langenneet julkisesti. Olin kuin Pietari, joka kysyi Jeesukselta:

> "Herra, jos veljeni yhä uudestaan tekee väärin minua kohtaan, niin kuinka monta kertaa minun on annettava hänelle anteeksi? Peräti seitsemän kertaako?"
>
> "Ei seitsemän, vaan seitsemänkymmentäseitsemän kertaa", vastasi Jeesus. (Matt. 18:21-22)

Pietari ajatteli luultavasti, että hän oli antelias arviossaan – olihan hän valmis antamaan anteeksi veljelleen seitsemän kertaa. Mutta meidän ei pitäisi pitää ollenkaan tiliä veljiemme ja sisartemme synneistä.

Luonnollinen ihminen voi antaa anteeksi Pietarin

tavoin – rajallisesti. Olen nähnyt, miten hyväluontoisinkin ihminen voi katkeroitua, kun heidän veljensä ja siskonsa jatkavat heitä vastaan rikkomista. Tosi anteeksiantaminen on yliluonnollista, sillä se riippuu sisimpämme jatkuvasta pehmittämisestä Pyhän Hengen kautta.

Jos et halua antaa jollekulle toista mahdollisuutta, mieti sitä, että joka päivä Jumala antaa sinulle lähes loputtoman määrän uusia mahdollisuuksia. Tosiasia on se, että kukaan meistä ei kykene rakastamaan lähimmäistä kuin itseämme sekunninkaan verran, ja kuitenkin Jumala antaa meille anteeksi joka päivä.

Katkeruus on tappaja numero yksi, kun kyseessä ovat hengelliset johtajat.

Se on visionäärisen johtajuuden pimeä puoli.

Kuinka voit nähdä niin selvästi, mutta kukaan muu ei voi?

Profeetat ovat erityisen taipuvaisia katkeruuteen ja sydämen kovuuteen niiden ilmestysten tähden, joita he ovat saaneet. He voivat myös tuntea, että he ovat parempia kuin muut.

Paavali kirjoittaa:

> Jotta nämä valtavat ilmestykset eivät tekisi minua ylpeäksi, olen saanut pistävän piikin ruumiiseeni, Saatanan enkelin kurittamaan itseäni, etten ylpistyisi. (2. Kor. 12:7)

Jollei sisimpäsi ole särkynyt ja nöyrä Jumalan edessä, ilmestykset voivat turmella sen.

Raamatun mukaan Mooses oli nöyrin ihminen, joka koskaan on elänyt. Kun israelilaiset tekivät kultaisen vasikan palvoakseen sitä, Jumala sanoi, että hän tuhoaa Israelin. Hän lupasi tehdä Mooseksesta suuren kansakunnan Israelin sijasta.

> Sitten Mooses palasi Herran luo ja sanoi: "Voi, Herra! Tämä kansa on tehnyt suuren synnin! He ovat tehneet itselleen jumalan kullasta. Anna anteeksi heidän syntinsä. Mutta jos et anna, niin pyyhi minun nimeni kirjastasi." (2. Moos. 32:31-32)

Monet johtajat olisivat olleet valmiit tuhoamaan Israelin itse. Eikö olisi ollut valtavaa aloittaa uudestaan, tällä kertaa niiden ihmisten kanssa, jotka itse asiassa seuraisivat meitä?

Mutta Mooses ei ajatellut tällä tavalla. Hänellä ei ollut katkeruutta sisimmässään. Hän tiesi, että israelilaiset eivät olleet nähneet Jumalaa kasvoista kasvoihin, mutta että heillä vain oli johtaja, joka väitti nähneensä hänet.

Mooses oli itse tehnyt ennen väärin. Hän oli murhannut egyptiläisen, ja maksanut siitä neljälläkymmenellä vuodella erämaassa. Moosekselle tämä oli toinen kerta, kun hän vietti neljäkymmentä vuotta erämaassa.

Ensin hän oli ollut siellä omien syntiensä takia, nyt hän oli siellä veljiensä syntien tähden.

Mooseksen tavoin opimme välittämään muista, kun ymmärrämme kuinka syntisiä olemme itse, ja Isä meidän -rukous muistuttaa meitä niistä – mutta positiivisella tavalla. Virheemme on jo annettu anteeksi.

Tämän takia meidän tulee olla täynnä Jumalan luontoa ja antaa anteeksi muille.

Isä meidän -rukouksen opettamisen jälkeen Jeesus sanoi:

> Jos te annatte toisille ihmisille anteeksi heidän rikkomuksensa, antaa myös taivaallinen Isänne teille anteeksi. Mutta jos te ette anna anteeksi toisille, ei Isännekään anna anteeksi teidän rikkomuksianne. (Matt. 6:14-15)

Tämä ei ole teologinen pointti siitä, oletko pelastunut vai et. Jeesus puhuu suoraan sydämeesi. Onko sinulla varaa estää

Pyhän Hengen virta sisimmässäsi vain sen tähden, että joku on rikkonut sinua vastaan?

Monet suuret Jumalan miehet ovat menettäneet voimansa katkeruuden takia. Sanalaskujen kirja 4:23 sanoo:

> Ennen muuta varjele sitä, mikä on sydämessäsi – siellä on koko elämäsi lähde.

Jos sydämesi ja mielesi ovat täynnä katkeruutta, vihaa ja anteeksiantamattomuutta, ne virtaavat sinusta ulos, myrkyttäen palvelutyösi, tehden sinusta massatuhoaseen. Jos sydämesi on täynnä anteeksiantoa, Jumalan luonto virtaa sinusta ulos. Joka kerta kun annat anteeksi, Jumalan luonto näkyy selvemmin elämässäsi.

Jumala haastaa meidät usein antamaan positiivisen profetian jollekulle, joka on rikkonut meitä vastaan, joko tahallaan tai tahattomasti. Tehtävästä kieltäytyminen tulee tuhoamaan profeetallisen palvelutyösi. Jeesus sanoi:

> Mutta minä sanon teille: rakastakaa vihamiehiänne ja rukoilkaa vainoojienne puolesta, jotta olisitte taivaallisen Isänne lapsia. (Matt. 5:44-45)

Jos rakastat vihamiehiäsi ja rukoilet heidän siunauksiensa puolesta, alat usein profetoimaan heidän puolestaan. Tämä miellyttää Herraa. Sananlasku sanoo:

> Joka elää Herran mielen mukaisesti, pääsee sovintoon vihamiestensäkin kanssa. (Sl. 16:7)

Loppujen lopuksi kukaan meistä ei ansaitse siunausta, ja kuitenkin Kristus on siunannut meitä ylenpalttisesti. Siunauksien profetoiminen vihamiehillesi ei aina tunnu aluksi helpolta, mutta se on helppoa kun olet täynnä Pyhää Henkeä ja Jumalan luontoa.

Anteeksiantaminen on hengellinen periaate, joka tuo Jumalan valtakunnan elämääsi kaikessa sen täyteydessä. Jos annat aina anteeksi, elät aina myös Jumalan läsnäolossa, sillä olet aina täynnä hänen luontoaan.

VIIDES ASKEL

Äläkä saata meitä kiusaukseen,
vaan päästä meidät pahasta.

Viides askel Henkeen tuo sinut Jumalan vapauteen.

18

MYRSKYISTÄ SELVIÄMINEN

Viides askel Henkeen on askel hänen vapauteensa. Tämä ei tarkoita täysin synnitöntä elämää, mutta vapautta synnin kahleista, ja voimaa kukistaa vihollinen. Kun Jeesus halusi pestä opetuslasten jalat, Pietari vastusti häntä. Jeesus vastasi hänelle:

> "Jos minä en pese sinua, ei sinulla ole sijaa minun luonani." Silloin Simon Pietari sanoi: "Herra, älä pese vain jalkojani, pese myös kädet ja pää." Tähän Jeesus vastasi: "Se, joka on kylpenyt, ei tarvitse pesua, hän on jo puhdas. Ja te olette puhtaita, ette kuitenkaan kaikki." Jeesus tiesi, kuka hänet kavaltaisi, ja siksi hän sanoi, etteivät he kaikki olleet puhtaita. (Joh. 13:8-11)

Jeesuksen sanat kuvaavat suhdettamme syntiin paljon tarkemmin kuin monimutkaiset teologiset argumentit. Hänen verensä on pessyt meidät puhtaaksi, mutta me elämme syntiä täynnä olevassa maailmassa.

Tämä yhteys syntiin, ja sen jäänteet mielessämme, ruumiissamme ja sielussamme pääsevät aina joskus selättämään meidät.

Mutta sinut on kutsuttu kulkemaan synnin yli ikään kuin

se olisi maan likaa. Se saattaa koskea meihin, mutta meidän ei enää tarvitse elää synnin orjuudessa.

Jeesus sanoi:

> Niin, minä olen antanut teille vallan: te voitte polkea käärmeitä ja skorpioneja ja kaikkea vihollisen voimaa, eikä se vahingoita teitä. (Luuk. 10:19)

Meidät on kutsuttu tallaamaan syntiä ja vihollista! Sielunvihollinen antaa lisäenergiaa synnin voimalle, ja sen tähden on mahdotonta kukistaa syntiä ilman Pyhän Hengen voimaa.

Meillä on vähemmän hengellistä voimaa kuin sielunvihollisella, mutta Pyhällä Hengellä on rajaton voima. Jumalan valtakunnassa eläminen saattaa sinut aina törmäyskurssille sielunvihollisen kanssa. Ikävä kyllä sielunvihollinen ymmärtää synnin ja hengellisyyden dynamiikan paljon paremmin kuin me. Hän tietää että synnin alkusyy on epäusko. Ja epäuskon pohjalla on valhe, sillä se perustuu väärään ymmärrykseen Jumalan luonnosta ja voimasta.

Jeesus sanoi:

> Te opitte tuntemaan totuuden, ja totuus tekee teistä vapaita. (Joh. 8:32)

Me epäonnistumme usein sen tähden, että ymmärrämme taistelun luonteen väärin.

Sielunvihollinen haluaa meidän taistella syntiä vastaan kaikella voimallamme, sillä hän tietää, että taistelu syntiä vastaan ilman Pyhän Hengen voimaa tulee aina johtamaan uskomme heikentymiseen.

Sielunvihollinen haluaa tuoda epäuskon elämääsi. Hän tietää, että vain silloin kun sinulla on vahva usko Jumalaan, voit seistä vahvana häntä vastaan.

Sielunvihollinen lähettää demonisia myrskyjä meitä vastaan tuodakseen epäuskoa. Se pelko, jonka nämä myrskyt saavat aikaan meissä heikentää meitä, ja emme enää kykene torjumaan syntiä.

On vaikea sanoa, mikä on pahempi – myrsky vai myrskyn pelko. Herman Melville kirjoittaa *Moby Dickissä*:

> Se syvä tyyni, joka edeltää ja profetoi myrskystä on ehkä paljon kammottavampi kuin se itse myrsky, ja se tyyni käärii myrskyn sisäänsä, ja kantaa sitä, samalla tavalla kuin vaarattomalta näyttävä kivääri pitää sisällään ruutia, ja kuulan, ja räjähdyksen.

Opetuslapset tunsivat myrskyn kauhun kun Jeesus nukkui veneessä. Matteus kirjoittaa:

> Silloin opetuslapset herättivät hänet ja sanoivat: "Herra, pelasta meidät! Me hukumme." "Miksi te noin pelkäätte, vähäuskoiset?" Jeesus sanoi. Sitten hän nousi ja nuhteli tuulta ja aaltoja, ja tuli aivan tyven. Ihmiset hämmästyivät ja sanoivat: "Mikä tämä mies on? Häntähän tottelevat tuulet ja aallotkin." (Matt. 8:25-27)

Myrskyt koettelevat uskoamme, mutta Jeesus on suurempi kuin uskomme tai epäuskomme. Ja myrskyt eivät olleet aina pahoja asioita Raamatussa.

Kun Daavid kertoi, kuinka Jumala vapautti hänet vihollisistaan Psalmien kirjassa 18, hän kuvaa Jumalaa myrskyn Herrana.

> Hänen sieraimistaan nousi savu ja kaiken nielevä liekki hänen suustaan, se suitsusi hiilten hehkua. Hän kallisti taivaan ja laskeutui alas pimeä pilvi jalkojensa alla. Hän lensi kerubi ratsunaan ja kiiti tuulen siivin. Hän otti verhokseen pimeyden, majakseen synkät vedet, raskaat

pilvet. Hänen edellään kulki häikäisevä valo, siitä sinkosi rakeita ja tulisia hiiliä. (Ps. 18:9-13)

Ensimmäinen kuninkaiden kirja 17-19 kertoo siitä, kun Elia haastaa Baalin profeetat ja kuningatar Isebelin, joka oli Sidonin ja foinikialaisten kuninkaan tytär, ja naimisissa Ahabin, Israelin kuninkaan kanssa.

Elia, joka oli kotoisin Gileadin Tisbestä, ennusti Ahabille: "Niin totta kuin Herra, Israelin Jumala, elää, hän, jota minä palvelen: näinä vuosina ei tule kastetta eikä sadetta muutoin kuin minun sanani voimasta." (1. Kun. 17:1)

Kului yli kaksi vuotta ennen kuin Jumala kertoi Elialle, että sade tulisi.

Kului pitkä aika, yli kaksi vuotta. Sitten Elialle tuli tämä Herran sana: "Mene tapaamaan Ahabia. Sitten minä annan maalle sateen." (1. Kun. 18:1)

Kun Elia meni tapaamaan Ahabia, hän tunnusti Jumalan voiman, mutta syytti kuivuudesta Eliaa.

Profeetan nähdessään Ahab kysyi häneltä: "Siinäkö sinä nyt olet, sinä, joka olet saattanut Israelin kurjuuteen?" Elia vastasi hänelle: "En minä tuo kurjuutta Israeliin. Sitä tuotte sinä ja isäsi suku, kun olette lyöneet laimin Herran käskyt ja kun sinä olet kääntynyt Baalin palvelijaksi. Lähetä nyt koko Israelin kansalle käsky kokoontua minun luokseni Karmelinvuorelle, ja kutsu sinne myös Baalin neljäsataaviisikymmentä profeettaa ja Astarten neljäsataa profeettaa, joita Isebel ruokkii pöydässään."

Ahab lähetti sanan kaikille israelilaisille ja kokosi profeetat Karmelinvuorelle.

Karmelinvuorella Elia kääntyi kansan puoleen ja sanoi:

> "Kuinka kauan te horjutte puolelta toiselle? Jos Herra on Jumala, seuratkaa häntä, jos taas Baal, seuratkaa sitten häntä!" Kansa ei vastannut hänelle mitään. (1. Kun. 18:17-21)

Baalin profeetat kutsuivat Baalia vastaamaan aamusta puolipäivään asti, mutta Baal oli hiljaa. Puolenpäivän aikaan Elia alkoi pilkata heitä. Illalla Elia korjasi Herran alttarin. Hän otti neljä isoa ruukkua ja valutti veden uhrin ja puun päälle. Hän teki näin kolme kertaa. Kun Elia rukoili, liekki tuli alas taivaasta, ja poltti uhrin ja puut, jopa nuollen veden ojasta. Israelilaiset kumartuivat maahan ja tunnustivat, että Jahve oli Jumala.

Tarina on vielä kärkevämpi kun ymmärrämme, että jumala, jota Tyroksen ja Sidonin kuningatar Isebel palvoi, oli myrskyn jumala.

Arkeologien löytämien foinikialaisten kaiverrusten joukkoon kuuluu kirous, joka liittyy Esarhaddonin ja Tyroksen kuningas Baal II:n väliseen liittoon.

Kirous vetosi kolmeen baaliin – Baal Shamen, Baal Malaga ja Baal-Saphon – tuomaan pahan tuulen kuningas Baal II:n päälle, jos hän rikkoisi sopimusta. Kaiverrus sanoo:

> Nostakoon Baal Shamen, Baal Malaga ja Baal Saphon pahan tuulen laivojasi vastaan, tuhoten niiden laiturit, ja repien niiden pollarin, upottakoon voimakas aalto laivat mereen, ja nouskoon tuhoisa vuorovesi teitä vastaan.

Elia haastoi Tyroksen epäjumalan hänen omalla alueellaan, osoittaen, että vaikka Baalia kutsuttiin myrskyn jumalaksi, Jahve oli se, jolla oli viimeinen sana säästä.

Mooses sanoi:

> Ei ole, Jesurun, ketään sinun Jumalasi kaltaista! Yli taivaan hän ratsastaa avuksesi, saapuu pilvien päällä suuressa

> voimassaan. Sinun turvasi on ikiaikojen Jumala, sinua kantavat ikuiset käsivarret. (5. Moos. 33:26-27)

On aika ymmärtää myrskyt uudella tavalla. Voit ajatella, että sielunvihollinen on työntämässä sinua syvään kuiluun, mutta myrskyn takana on Jumala, joka käyttää paholaista antamaan sinulle nosteen, jotta voit kohota kotkan lailla. Hän pakottaa sinut kohtaamaan pelkosi, jotta voit voittaa ne, ja elää vapaana pelosta.

Jumalan valtakunnan ihmiset ovat aina voittoisia myrskyjen aikana. Länsimaisen seurakunnan kolmesataa ensimmäistä vuotta olivat kaikkein vaikeimmat, sillä Rooman imperiumi vainosi kristittyjä. Mutta nämä olivat yksi seurakunnan voittoisimmista ajoista.

Loppujen lopuksi Jumalan valtakunnan turvallisuus on tien, eikä linnakkeen tarjoamaa turvallisuutta. Jeesus on Tie, mikä viittaa matkaamiseen, muutokseen ja epäpysyvyyteen. Heprealaiskirjeen kirjoittaja sanoo:

> Eihän meillä täällä ole pysyvää kaupunkia, vaan me odotamme ikävöiden sitä kaupunkia, joka tulee. (Hepr. 13:14)

Sinulla on lepo ja rauha vain silloin kun kuljet Tietä pitkin. Voit yrittää rakentaa pysyvyyden linnoituksen, mutta joka kerta kun teet näin, Herra antaa vihollisen tuhota sen, ja pakottaa sinut liikkeelle. Ilman askeleita eteenpäin, Henkeen, ei ole olemassa hengellistä kasvua.

Meren myrskyt ovat usein tuhoisia, mutta joskus ne voivat viedä sinut päämäärääsi nopeammin. Jos laivasi on oikeassa asennossa ja oikealla paikalla, voit itse asiassa ratsastaa myrskyllä, ja myrsky työntää sinut oikeaan suuntaan.

Hajoamaton aalto, ei väliä miten korkea, ei voi kaataa tukevaa venettä, mutta hajoavia aaltoja pitää välttää kaikella hinnalla.

Yksi myrskystä selviämisen taktiikoista on pitää keula tai perä aaltoja vastaan ja suunnata suoraan myrskyn suuntaan tai ratsastaa aallolla. Kun sielunvihollinen lähettää demonisen myrskyn suuntaasi, hän yrittää saada sinut kääntämään venettäsi, jotta se kaatuisi. Sen sijaan sinun pitää joko kohdata myrsky keula edellä tai ratsastaa sillä.

Jumala käyttää myrskyjä tuodakseen meitä syvemmälle hänen läsnäoloonsa. Kun myrskyt tulivat, kysyin aina: "Miksi minä?" Nyt kysyn: "Mitä Jumala yrittää saada aikaan?"

Psalmien kirja 68:34-35 kertoo:

> Hän ajaa vaunuillaan taivaassa, ikiaikojen taivaassa. Kuulkaa, hän antaa äänensä kaikua, mahtavan äänen. Tunnustakaa Jumalan voima! Hänen kirkkautensa lepää Israelin yllä, hänen valtansa ulottuu yli pilvien.

Myrskyn kohtaaminen vaatii rohkeutta menettää kontrolli. Kontrollin menettäminen antaa Jumalalle mahdollisuuden ottaa kontrolli elämästäsi.

LENTOKONEET JA LUMIMYRSKYT

Joitakin vuosia sitten matkustin perheeni kanssa Suomeen jouluksi – tai ainakin yritin! Oli ilta ennen jouluaattoa, ja Heathrowin lentokenttä Lontoossa oli täynnä ihmisiä. Suomessa traditioon kuuluu käydä hautausmaalla jouluaattona sytyttämässä kynttilä. Traditio alkoi toisen maailmansodan jälkeen, jolloin suurin osa suomalaisista menetti perheenjäseniä sodassa. Jos hautausmaa on lumen peittämä, näky tuhansista pimeässä palavista kynttilöistä on valtava. Halusin olla Suomessa jouluaattona.

Kahden tunnin lentokoneessa odottamisen jälkeen kuulimme, että lento oli peruutettu Tukholman yllä riehuvan lumimyrskyn jälkeen. Meidän oli tarkoitus ottaa jatkolento Tukholmasta. Heathrowin lennonjohdon mukaan

Tukholmaan ei ollut turvallista lentää. Nyt näytti siltä, että missaisimme koko suomalaisen joulun, sillä joulupäivänä ei ollut lentoja, ja kaikki jouluaaton lennot olivat ylibuukattuja.

Lentäjä oli varmaan pohjoismaalainen, joka halusi jouluksi kotiin, sillä hän teki jotain käsittämätöntä. Koska matkatavarat olivat jo koneessa, hän sanoi, että hän lentäisi Kööpenhaminaan Tukholman sijasta.

Kun kone oli jo ilmassa, lentäjä selitti, että hän toivoi Kööpenhaminan lennonjohdon antavan hänelle luvan jatkaa Tukholmaan.

Kahden tunnin päästä olimme Kööpenhaminan lentokentällä, ja lyhyen odottamisen jälkeen jatkoimme matkaa Tukholmaan, jossa lumisade oli jo heltiämässä. Olimme kuitenkin missanneet jatkolennon, mutta muutaman tunnin hotellissa odottamisen jälkeen onnistuimme saamaan aamulennon Turkuun. Se ei ollut alkuperäinen määränpäämme, mutta lähempänä kotoa.

Näin käy usein elämässämme. Ajattelumaailmamme on kuin Heathrowin lennonjohto, joka kuulee Tukholman lumimyrskystä. Se kieltää meitä lähtemästä ilmaan. Mutta Pyhä Henki on kuin lennonjohto Kööpenhaminassa, ja tottunut lumimyrskyihin. Epäuskomme sanoo, että emme koskaan tule laskeutumaan turvallisesti, mutta Pyhä Henki on jo nähnyt lukemattomia turvallisia laskeutumisia.

Ilman riskiä ei ole uskoa – mutta riski on vain mielessämme. Jumalan mielessä ei ole riskiä, sillä hän on jo laskenut kaiken, prosessoinut jokaisen mahdollisen muuttujan, ja hän tietää, että kaikki päättyy hyvin.

LISÄÄ LENTOKONEITA JA LUMIMYRSKYJÄ

Koska olemme kokeneet kaikenlaisia ongelmia Lontoon ja Suomen välisillä lennoilla, erityisesti joulun aikaan, alan yleensä rukoilemaan jo pitkän aikaa ennen matkaa. Syksyllä 2010 rukoilin joululomamme puolesta.

"Sisällä tulee olemaan lämmin sekä Lontoossa että Suomessa joulun aikaan", Pyhä Henki sanoi. Olen oppinut sen, että kun Jumala sanoo jotakin näin arvoituksellista, on edessä vain vaikeuksia! Kysyin Jumalalta, tulisinko olemaan Suomessa jouluna, ja Pyhä Henki antoi myöntävän vastauksen. Mietin, mitä tulisi tapahtumaan, sillä lentomme Finnairin koneella oli jo buukattu lähtevän viikkoa ennen joulua.

Noin kuukausi ennen joulua Finnairin lentohenkilökunta aloitti avoimen lakon. Näin siinä tulee käymään, ajattelin. Finnairin lentoemännät lakkoilisivat jouluun asti, ja kaikki joululennot menisivät sekaisin.

Lakko päättyi kaksi viikkoa ennen joulua. Kaikki näytti normaalilta, kunnes noin viikko ennen jouluaattoa, lähihistorian pahimmat lumimyrskyt saapuivat Eurooppaan. British Airways peruutti kaikki lennot päiväksi, sillä he eivät kyenneet sulattamaan koneita riittävän nopeasti. Mutta kaikki pohjoismaalaiset lentoyhtiöt, Finnair mukaan lukien, jatkoivat lentämistä. Lähtöpäivänämme, viisi päivää ennen jouluaattoa, Heathrowin lentokenttä ilmoitti, että se olisi suljettuna neljään asti iltapäivällä kiitoratojen puhdistamisen takia. Ajattelin, että ei sillä väliä, olihan lentomme vasta iltakuuden aikaan. Lähdimme lentokentälle.

Neljältä iltapäivällä kiitoradan avaamisaikaa muutettiin. Odotimme iltaseitsemään asti, kunnes kuulimme, että Finnairin lento oli peruttu, eikä yksikään lento lähtisi sinä iltana.

Oli lauantai-ilta, ja kuulimme, että lentokenttä olisi suljettuna koko sunnuntain. Kaikki kiirehtivät varaamaan lentonsa uudelleen. Se ainut lento, joka oli jäljellä, oli maanantaiaamun lento Göteborgin kautta Helsinkiin. Varasin siihen liput.

Lento peruttiin aikaisin maanantaiaamuna, sillä Heathrow ei ollut kerinnyt raivata lunta molemmilta kiitoradoilta. Nyt vaihtoehdot olivat vähissä. Varasimme lennon Helsinkiin Brysselin kautta tiistaina. Tämäkin lento peruttiin. Nyt ainoat jäljellä olevat liput olivat päivää ennen jouluaattoa lennolle Brysselin kautta Helsinkiin. Tilanne ei vaikuttanut hyvältä, sillä lumi oli häirinnyt Brysseliä erityisen pahasti. Varasin liput, vaikka tiistai-iltana halusin luovuttaa. Tämä oli toivoton taistelu. Mitä väliä sillä oli? Voisimme jäädä Lontooseen, sillä lentoyhtiö olisi suostunut siirtämään lennot helmikuun koululoman ajalle. Kysyin pojaltani, mitä hän ajattelisi tästä vaihtoehdosta, mutta suru hänen naamallaan oli selvästi luettavissa.

"Rukoile, että pääsemme Suomeen jouluksi", sanoin. "Jumala ei tunnu kuulevan minun rukoustani. Hän saattaa kuulla lapsen rukouksen." Seuraavana päivänä kysyin häneltä, haluaisiko hän jäädä Lontooseen jouluksi.

"Mutta minä olen rukoillut!" hän protestoi.

Keskiviikkoiltana olin masentunut, sillä ajattelin, että Brysseliin juuttuminen jouluksi oli aika todennäköistä, jos kone myöhästyisi, ja suuri osa lennoista Brysseliin oli joko myöhässä tai peruttu. Harkitsin vakavasti lennon siirtämistä helmikuulle.

"Haluatko toimia poikasi rukouksia vastaan?" Pyhä Henki kysyi. "Haluatko toimia isän ja äidin rukouksia vastaan?"

"Tämä menee sinun piikkiisi", kerroin Jumalalle. "Jos jäämme jumiin Brysseliin, et ainakaan voin sanoa minulle, että en totellut ohjeitasi."

Torstaina lennot olivat palaamassa normaaleiksi Heathrowissa, mutta ei Brysselissä, ja kun pääsimme koneeseen, lento oli jo lähes tunnin myöhässä. Oli kuitenkin vielä pieni mahdollisuus ehtiä lennolle Helsinkiin, sillä lentojen välillä oli tunti ja kaksikymmentä minuuttia.

Kone oli jo irronnut terminaalista, kun kapteeni kertoi, että lähtöön kuluisi ylimääräinen tunti, sillä Brysselissä satoi lunta.

Masennuin. Tiesin jo, että emme ehtisi jatkolennollemme ennen kuin olimme edes lähteneet. Ja nyt olimme jumissa koneessa, emmekä edes voineet palata kotiin. Olimme tuomittu viettämään joulun jossain Brysselin lentokenttähotellissa.

Lopulta pääsimme Brysseliin. Olimme juuri poistumassa koneesta, kun kuulimme, että lento Helsinkiin oli vielä odottamassa matkustajia. Jos juoksisimme lujaa, voisimme vielä ehtiä koneeseen! Tämä oli Herran mielisuosiota, ajattelin, ja iloitsin sisimmässäni, vaikka minulla ei ollut aikaa hymyyn. Kun pääsimme lopulta transfer-turvallisuustarkastuksen läpi, kuulimme, että Helsinkiin menevä kone ei ollut Finnairin vaan SAS:n.

Lentomme oli lähtenyt jo tunti sitten.

Emme voineet tehdä muuta kuin mennä asiakaspalveluun. Kello oli jo yli puoliyön. Se ainoa lento, joka ehtisi vielä Helsinkiin jouluaatoksi, oli Lufthansan lento Frankfurtin kautta.

Se olisi yksi aamun ensimmäisistä lennoista. Varasin liput lennolle, vaikka myöhästymiset ja peruutukset olivat olleet vielä pahempia Frankfurtissa kuin Brysselissä. Jäimme lentokentälle, sillä ei ollut mitään mieltä mennä nukkumaan hotelliin kahdeksi tunniksi.

Aamulla satoi lunta, mutta koska se oli aamun ensimmäisiä lentoja, ajattelin, että emme viivästyisi paljon.

Mutta kun olimme lähdössä, kapteeni kuulutti, että jään takia he eivät olleet pystyneet lastaamaan matkatavaroita. Niiden matkustajista, jotka eivät halunneet matkustaa ilman matkatavaroita, piti lähteä koneesta välittömästi. Meni puoli tuntia ennen kuin ne matkustajat, jotka halusivat lähteä, yrittivät lähteä, kunnes kapteeni kuulutti ja sanoi, että ellei kone lähtisi heti, menettäisimme jäänsulattamisvuoron.

Kukaan ei ollut pystynyt lähtemään koneesta, mutta olimme kuluttaneet taas puoli tuntia, ja jono jäänsulattamiseen kesti kaksi tuntia. Tiesin jo ennen lähtöä, että emme ennättäisi jatkolennollemme Frankfurtista Helsinkiin, ja tilanne oli nyt vielä pahempi kuin ennen. Olimme menettäneet matkatavaramme, ja nyt joulu kuluisi Frankfurtissa eikä Brysselissä. Kaikella kunnioituksella Frankfurtia kohtaan, Brysselissä oli ainakin tunnetut joulumarkkinat, kun taas Frankfurt, jonka tunsin kirjamessuilta oli joukko pilvenpiirtäjiä, narkkareita ja seksiklubeja. Ei se ollut ollenkaan ihanteellinen paikka perhelomalle.

"Olen pahoillani", kerroin vaimolleni ja pojalleni. "Näyttää siltä, että vietämme joulun Frankfurtissa."

Sitten kuulin Pyhän Hengen äänen. Hän oli ollut hiljaa pitkän aikaa.

"Vien teidät Helsinkiin tänä iltana", hän sanoi.

Juuri sillä hetkellä en uskonut Pyhään Henkeen. Ei olisi mitenkään mahdollista, että meillä olisi edes aikaa varata lento ajoissa.

Noin kymmenen minuutin päästä Lufthansan lennon kapteeni teki kuulutuksen. Lentoyhtiö oli tietoinen siitä, että suuri osa matkustajista oli myöhästynyt jatkolennoltaan, ja he olivat jo varanneet meille paikan seuraavaan koneeseen. Se olisi toiseksi viimeinen lento Frankfurtista Helsinkiin ennen joulua.

Tähän asti lentoyhtiöt olivat auttaneet meitä niin vähän kuin mahdollista.

Laskeuduimme Frankfurtiin ja olimme siellä muutaman tunnin. Tällä kertaa lento oli myöhässä vain puoli tuntia. Kun saavuimme Helsinkiin, matkatavaramme olivat vielä kadoksissa Brysselin lentokentän mustassa aukossa. Pyhä Henki ei ollut luvannut, että matkatavaramme olisivat mukana, ajattelin.

Olin helpottunut, kun saavuimme vanhempieni kotiin yhdentoista aikaan illalla kolmen ja puolen tunnin lumimyrskyssä ajamisen jälkeen.

Meillä oli vielä aikaa nauttia jouluaaton illallisesta ennen nukkumaanmenoa.

Kaikki, mitä Pyhä Henki oli kertonut ennalta, oli tapahtunut. Myrsky oli riepotellut meitä ympäri Eurooppaa monien päivien ajan, mutta olimme kuitenkin saapuneet Suomeen.

Mutta nyt jo puoli lomaani oli kulutettu. Olin lopen uupunut ja tarvitsin uuden loman! Olimme Suomessa, mutta olimme jotenkin onnistuneet valitsemaan pahimman mahdollisen lentojen yhdistelmän. Hieman paremmalla onnella olisimme olleet Suomessa jo kolme päivää aikaisemmin. Mikä oli tämän kaiken tarkoitus?

Olimme jo varanneet lentomme, kun setäni kuoli joulukuun alussa. Hautajaiset olivat 29. joulukuuta. Alun perin tarkoituksenamme oli lentää takaisin joulukuun 28. päivän aamuna. Se oli isän syntymäpäivä, mutta en edes ajatellut lentojen siirtämistä, niin kallista se on jouluaikaan. Mutta myöhästymisten ja peruutusten takia saimme siirrettyä lentomme ilmaiseksi. Juhlimme isän syntymäpäiviä, hautajaisia ja uutta vuotta. Olin Suomessa täsmälleen yhtä pitkään kun olin alun perin suunnitellut.

Poikani mukaan koko loman kohokohta oli ollut yön viettäminen Brysselin lentokentän kahvilassa ilmaisesta kaakaosta, kakuista ja langattomasta verkosta nauttien.

Se myrsky, joka näytti ensin ryöstävän siunaukseni, oli antanut minulle enemmän. Jos olisin kuunnellut pelkojani, enkä suunnannut suoraan myrskyn keskukseen, Frankfurtiin ja Brysseliin, olisin menettänyt siunaukseni.

Jos Jumala antaa sinulle lupauksen, ei ole myrskyä, joka voisi pysäyttää sen täyttymisen. Jos se on tarpeellista, Jumala tulee käyttämään jopa myrskyä täyttääkseen lupauksensa.

Myrskyt ovat arvaamattomia meille, mutta ei Jumalalle. Kun ostin lentoliput, hän tiesi jo, että lumimyrskyt tulisivat Eurooppaan, mutta hän tiesi myös, että pääsisin silti jouluksi kotiin. Hän tiesi myös, että hän kutsuisi setäni jouluksi kotiin.

Jumala on myrskyn Herra. On tärkeää ymmärtää tämä, sillä muuten sielunvihollinen voi pysäyttää etenemisesi myrskyn avulla.

Elämän myrskyt pakottavat meidät luottamaan Jumalaan täysin. Koko maa voi järistä, mutta Jumalaan se ei vaikuta.

19

VAPAUTA MEIDÄT!

"Mistä tiesit, että valehtelin?", hän kysyi. Vilkaisin nuorta naista, joka käveli vieressäni. Oli kesäaamu, ja taivas oli jo kirkas.

"En tiennytkään", vastasin. "Pyhä Henki tiesi."

Olimme juuri päättäneet evankelioimisillan Porin kaupungin keskustassa. Tyttö asui minua lähellä, ja teetupabussimme jätti meidät samalle pysäkille. Vain muutamaa tuntia aikaisemmin demonit olivat kiduttaneet häntä. Nyt hän näytti levolliselta.

Jeesus sanoi Saatanasta:

> Saatana on ollut murhaaja alusta asti. Hän on kaukana totuudesta, se on hänelle vieras. Kun hän valehtelee, hän todella puhuu omiaan, sillä hän on valehtelija ja valheen isä. (Joh. 8:44)

Demonit olivat puhunet hänen kauttaan ja kertoneet meille valheita, mutta Pyhä Henki minussa oli reagoinut näihin valheisiin voimakkaasti. Hän oli yllättynyt, sillä hän oli tottunut pystyvänsä pettämään kaikkia.

Tyttö oli istunut bussin kulmapenkillä. Hänen kasvonsa olivat alkaneet väännellä epänormaalisti.

Yhtäkkiä ne olivat kuin villipedon kasvot.

Olin nähnyt hänen silmiensä kautta likaiseen demonien alamaailmaan.

Hän näytti niin erilaiselta nyt, kuin pieneltä tytöltä. Tiedän, että Jumala halusi minun muistavan, kuinka kaunis ja viaton hän oli ollut pienenä tyttönä.

Jeesus lähetti 72 opetuslasta julistamaan Jumalan valtakunnan tuloa.

> Ne seitsemänkymmentäkaksi opetuslasta palasivat iloisina ja sanoivat: "Herra, pahat hengetkin tottelevat meitä, kun käskemme niitä sinun nimessäsi." Jeesus sanoi heille: "Minä näin, kuinka Saatana sinkoutui taivaasta kuin salama. Niin, minä olen antanut teille vallan: te voitte polkea käärmeitä ja skorpioneja ja kaikkea vihollisen voimaa, eikä se vahingoita teitä. Mutta älkää siitä iloitko, että henget teitä tottelevat. Iloitkaa siitä, että teidän nimenne on merkitty taivaan kirjaan." (Luuk. 10:17-20)

Meidät on kutsuttu voittamaan vihollisen valta ja tuomaan muita samaan vapauteen, jossa itse elämme, mutta vihollinen ei häviä ilman taistelua.

MAAGIKKO JA PEILI

Yhtenä päivänä kun olin rukoilemassa Lontoossa, näin näyssä huoneen. Siinä huoneessa oli punaiset seinät ja marmorinen takka. Takan yläpuolella oli peili. Takan päällä oli kaksi kynttilää, yksi peilin molemmilla puolilla. Kynttilät olivat sammuneet, mutta musta demoninen sumu heijastui peilistä.

"Tässä huoneessa on harjoitettu noituutta", Pyhä Henki sanoi. "Tämä huone on sinua lähellä."

Mietin, missä tämä huone oli ja miksi Pyhä Henki oli näyttänyt sen minulle.

Aloin rukoilla huoneen puolesta ja ajamaan ulos noituuden voimaa.

Noin kuusi kuukautta myöhemmin näin näyn, joka vei minut samaan huoneeseen. Tällä kertaa huoneessa oli mies, joka oli pukeutunut purppuranväriseen viittaan. Hän seisoi peilin edessä. Näin peilissä heijastuksen hänen kasvoistaan. Hän oli vanha mies, jolla oli valkoinen parta ja hiukset, ja arvokkaat kasvonpiirteet. Mutta, mikä häiritsi minua eniten, oli se, että hänellä oli hyvyyttä kasvoillaan.

Purppuranvärinen viitta merkitsee maagikkoa.

Muutamaa viikkoa myöhemmin menin tapaamaan ystävääni. Hän oli myöhässä, joten juttelin hänen vaimonsa kanssa. Hän kertoi, että he olivat kokeneet demonisia vierailuja talossa, ja heidän poikansa näkivät kamalia painajaisia joka yö. Kysyin häneltä, oliko talossa harjoitettu spiritistisiä istuntoja. Ystäväni vaimon mukaan hänen isoisänsä oli järjestänyt niitä, mutta toisessa osoitteessa.

Ystäväni saapui ja nyt halusin rukoilla heidän kanssaan. Tunsin, että meidän tulisi rukoilla isossa ruokailusalissa. En ollut koskaan ollut siinä huoneessa, olinhan talossa vasta toista kertaa.

Menimme huoneeseen. Huoneessa oli punaiset seinät ja iso takka. Takan päällä oli iso peili. Ymmärsin heti, että tämä oli se huone, jonka olin nähnyt näyssä.

Peiliin nojasi yksittäinen valokuva juuri sillä kohdalla, jossa olin nähnyt miehen heijastuksen.

Se oli sen vanhan miehen kuva, jonka olin nähnyt näyssä.

Näyssä peilin ympärillä oli ollut kaksi kynttilää. Kuulin, että ne oli hiljalleen poistettu.

Vanha mies oli ystäväni vaimon isä. Hän oli harrastanut magiikkaa, mutta ollut myös tunnettu hyvyydestään ja anteliaisuudestaan. Kuulin, että ystäväni vaimon molemmat vanhemmista olivat väärän uskon perustajan jälkeläisiä. Tämä väärä uskonto perustettiin yli tuhat vuotta sitten.

Ystäväni vaimo oli perheen ensimmäinen kristitty.

Rukoilimme ja puhdistimme talon pahoista hengistä. Ymmärsin nyt, että olin taistellut talossa olevaa demonista läsnäoloa vastaan seitsemän kuukauden ajan ennen kuin Herra antoi minun haastaa sen.

Noin vuotta myöhemmin ystäväni vaimon sisko antoi elämänsä Jeesukselle. Nyt perheessä on kaksi uskovaa. Yksi heidän lastenhoitajistaan antoi myös elämänsä Jeesukselle. Kirouksen särkeminen on tuonut uuden siunauksen perheeseen.

Jeesus sanoi demonista, jonka hän ajoi ulos pienestä pojasta:

> Tämä laji ei lähde muulla kuin rukouksella ja paastolla. (Matt. 17:21)

Jotkut voitot vievät aikaa, mutta jos jatkat rukoilemista kärsivällisesti, eräänä päivänä tulee läpimurto.

NÄKY VALTAISTUINSALISTA

Olin rukouksessa eräänä syyskuun 2009 yönä, kun Pyhä Henki puhui minulle.

"Näytän sinulle valtaistuinsalin, ja ymmärrät miksi me tulemme voittamaan sodan. Pelissä on tietyt säännöt. Mikä on tärkeintä on se, kuka voittaa."

Halusin nähdä tämän Herran valtaistuinsalin. "Herra, näytä minulle valtaistuinsali", rukoilin. Sitten nukahdin. Kun heräsin, näin näyn valtaistuinsalista, mutta se ei ollutkaan se taivaallinen valtaistuinsali, jonka odotin näkeväni.

"Tämä on näky vuoren huipulta, jotta ymmärrät, mitä tulee tapahtumaan", Herra sanoi.

Näin gladiaattorien areenan. Yhtään taistelijaa ei ollut hengissä. Areena oli ympyränmuotoinen, eikä sieltä ollut ulospääsyteitä. Areenaa ympäröi parvi.

Seisoin areenalla, ja tunsin kuinka verellä kyllästetty hiekka kosketti jalkojani. Areenan keskellä oli suuri, kelluva miekka, joka oli tehty tuhoamattomasta materiaalista. Se oli kaikista miekoista raskain, mutta myös kevein. Ymmärsi, että jos joku käyttäisi tätä miekkaa, mikään ei pystyisi vastustamaan sen voimaa. Se tuhoaisi kaiken tiellään.

Se oli koko maailmankaikkeuden voimallisin ase.

Katselin ympärilleni. Joka puolella areenaa oli pieniä valtaistuimia, joilla istui kaikenlaisia iljettäviä olentoja. Nämä olivat demoneita ja henkivaltoja, jotka hyökkäsivät ihmisiä vastaan pedofilian, seksuaalisen synnin ja kaikkein pimeimmän pimeyden voimalla. Hieman kauempana, parvella, istuivat kultaiset faaraolta näyttävät hahmot isommilla valtaistuimilla. He tarkkailivat minua intensiivisesti. Ne kontrolloivat demoneja, jotka istuivat pienemmillä valtaistuimilla. Nämä hahmot olivat kullalla peitettyjä ja heillä oli kasvoillaan faaraoiden kuolinnaamio.

“Kaksi asiaa yhdistää näitä henkivaltoja”, Herra sanoi. “Ne kaikki levittävät saastaa. Ne kaikki levittävät pelkoa.”

Tunsin kuinka ne henkivät saastaa ja pelkoa.

“Pelko, jota ne levittävät, halvaannuttaa taistelijat, ja estää heitä liikkumasta. He joutuvat ansaan, joka on rakennettu heitä vastaan. Pelko säteilee heidän johtajaltaan, Saatanalta, ja se leviää joukkojen läpi, kaikista alimmalle tasolle.”

Näky päättyi. Seuraavien kuukausien ajan taistelin kovinta demonista vastustusta vastaan, mitä olin koskaan kokenut. Aloin väsyä, mutta kaksi asiaa antoi minulle voimaa uskoa, että eräänä päivänä taistelu päättyisi.

Kävin usein hakemassa poikani koulun jälkeen erään hänen ystävänsä kodista. Yhtenä päivänä koin erityisen vahvaa hengellistä painostusta, kun menin hakemaan poikani.

Ystäväni kaverin nuorempi veli juoksi minua vastaan muovinen miekka kädessään. “Taistele!” hän sanoi, osoittaen minua miekallaan. Hän oli tehnyt näin jo kolmen viikon ajan, joka kerta kun kävin hakemassa poikani.

"Tämä on outoa", hänen äitinsä sanoi. "Hän ei tee näin kenenkään muun kanssa. Jotain syystä hän yhdistää sinut miekkataisteluun."

Jumala kehotti minua jatkamaan taistelua pienen pojan avulla! Psalmien kirja 8:2 kertoo:

> Lasten ja imeväisten huudot todistavat sinun voimastasi. Ne ovat kilpenä jumalattomia vastaan, ne vaientavat vihamiehen ja kostoa janoavan.

Toisella kerralla olin metrojunassa ja koin lähes sietämätöntä demonista painostusta, pelkoa ja ahdistusta. Tunsin kuinka demoniset voimat pyrkivät läpäisemään puolustusrintamani. Sitten Pyhän Hengen valtava voitelu tuli ylleni, voimakkaampi kuin olin koskaan kokenut elämässäni. Tuntui siltä, että olisi ollut täysin luonnollista mennä jokaisen vaunussa olevan matkustajan luo, ja rukoilla ihmeitä ja parantumisia heidän elämässään.

Uskon, että Jumala tulee antamaan Lontoon uskoville tämänkaltaisen voitelun, ja että Pyhä Henki antoi minulle siitä esimakua. Herätys tulee leviämään kaduille, kun "tavalliset" uskovat saavat valtavan parantumis- ja ihmeiden voitelun, joka tulee olemaan riittävän vahva murtamaan hengellisen vastustuksen Lontoossa.

Joitakin viikkoja myöhemmin minut vietiin samalle areenalle toisessa näyssä. Kaksi jättimäistä enkeliä, noin viisitoista metriä pitkiä, astuivat areenalle, ja alkoivat heiluttaa mahtavia miekkojaan. Vihollisen raskaat valtaistuimet murskattiin, ikään kuin ne olisi tehty paperista.

Mutta kukaan ei ollut koskenut siihen tuhoutumattomaan miekkaan. Enkelien miekat olivat pienempiä ja vähemmän kirkkaita kuin se tuhoutumaton miekka.

"Kuka tarttuu tähän miekkaan?" kysyin.

Yhtäkkiä valtava hahmo, pukeutuneena valkoiseen viittaan, laskeutui areenalle. Se oli Jeesus.

"Olen soturikuningas. Tartun tähän miekkaan", hän sanoi. "Taistelen tässä sodassa. Ja kun menen taisteluun, en koskaan häviä." Sitten Herra, Soturikuningas, tarttui miekkaan. Ymmärsin, että miekka oli ollut siellä odottamassa häntä vuosisatojen ajan.

Enkelien, demonien ja Jeesuksen kokoerot tässä näyssä eivät ole realistisia, vaan kuvaavat niiden voimaa suhteessa toisiinsa. Enkelit, jotka tulivat mukaan sotaan, olivat suurempia kuin mikään demoninen henkivalta, mutta Jeesus oli paljon suurempi kuin kukaan muu. Kukaan ei kykene vastustamaan häntä.

Tämä näky liittyy hengelliseen muutokseen, joka on alkanut Lähi-idässä. Jeesus on lähtenyt sotaan, ja hän tulee tuomaan miljoonia muslimeja luokseen. Olemme lähellä yhtä historian suurinta pelastuksen aaltoa.

Mutta tämä ei ole ainoastaan näky Lähi-idästä. Se on myös näky profeettojen noususta. He joutuvat loputtoman hyökkäyksen kohteeksi. Profeetallinen taistelutanner on profeettojen veren peittämä. Niin monet meistä ovat kaatuneet.

Näky on antanut minulle paljon ymmärrystä siitä, miten vihollinen toimii. Viime vuosina moni hengellinen johtaja on joutunut seksuaalisen synnin loukkuun. Jonkin aikaa sitten eräs hyvin tunnettu hengellinen johtaja erotettiin kirkkokunnasta, jonka hän oli perustanut, sillä hän oli tehnyt aviorikoksen toisen miehen kanssa.

Tämä mies ei syntynyt homoseksuaalina. Hän ei aloittanut palvelutyötään homoseksuaalina, mutta hiljalleen, vihollisen pommituksen alla, hän lankesi syntiin. Kahdenkymmenen vuoden ajan hän oli yksi kansakuntansa hengellisistä johtajista. Nyt hän on murtunut mies, vaikka Jumala onkin häntä uudistamassa.

Mikä merkitsee tässä taistelussa on raaka hengellinen voima, ja sielunvihollinen käyttää demonista pelkoa meitä vastaan heikentääkseen vastustuskykymme, jotta joutuisimme synnin ansaan.

Pelon ja petoksen kautta vihollinen pyrkii päästä käsiksi sisimpämme heikkouksiin ja kipuihin.

Usein hän muovaa aseita meidän olosuhteistamme, ja tähtää ne meitä päin kuin uhkaavan tuhon ohjukset.

Nämä ohjukset on muovattu faktoista, jotka on kastettu demoniseen pelkoon ja keitetty valheen myrkyssä.

Jumala on antanut meille uskon, joka on riittävän vahva kuoleman varjon laakson läpikulkemiseen. Kaikkialla ympärillä sinua vastaan valmistetaan aseita, ja niiden varjot uhkaavat sinua. Mutta sinun pitää jatkaa kulkua laakson läpi. Jos jatkat etenemistä, eräänä päivänä astut ulos laaksosta.

Ja se on Herra, joka on johdattanut sinut pelon laaksoon, poistaakseen pelon ja petoksen elämästäsi osoittamalla, että hän on voimakkaampi kuin suurin pelkosi.

Kaksi valtakuntaa eivät voi hallita samaa tilaa. Jos olet täynnä Jumalan Henkeä, niin demoninen pelko ei löydä tietään sydämeesi. Helvetti voi palaa ympärilläsi, mutta jos olet täynnä Jumalan Henkeä, sillä ei ole voimaa polttaa sinua. Itse asiassa Jumalan Henki sinussa tulee polttamaan vihollisen!

Yli kahden vuoden ajan vihollinen pommitti minua demonisella energialla ladatuilla "faktoilla", miten kaikki elämässäni menisi pieleen, mutta Pyhä Henki vakuutti minulle, että näin ei tulisi tapahtumaan. Usein sielunvihollisen "faktat" voivat kuulostaa todellisemmilta kuin Jumalan. En usko enää niin sanottuihin "faktoihin" – en silloin kun Jumala vakuuttaa todellisuuden olevan päinvastainen.

Ihme on Jumalan hyökkäys faktoja ja maailman väärää rationaalisuutta vastaan.

On tärkeä tuoda turhautumamme, ahdistuksemme ja pelkomme Jumalan luo, sillä ne virtaavat sisimmästä, joka ei ole täynnä Jumalan Henkeä. Ja sisin, joka ei ole täynnä Pyhää Henkeä, uskoo helposti sielunvihollisen valheisiin.

KOLMETOISTA ERÄÄ PAHOLAISEN KANSSA

Usein vapautus on sarja taisteluja sielunvihollisen kanssa, ja näitä taisteluja rytmittävät lyhyet levon intervallit. Tämä voi tuntua kuin nyrkkeilymatsilta raskaan sarjan maailmanmestaria vastaan, mutta siihen kuuluu odottamaton bonuserä. Paavali kirjoittaa:

> Jokainen kilpailija noudattaa lujaa itsekuria, juoksijat saavuttaakseen katoavan seppeleen, me saadaksemme katoamattoman. Minä en siis juokse päämäärättömästi enkä nyrkkeillessäni huido ilmaan. (1. Kor. 9:25-26)

Pitkän matkan juoksijan metafora viittaa kestävyyteen, jota tarvitaan, nyrkkeily viittaa siihen, että meidän pitää pystyä kestämään taistelussa silloin kun sielunvihollinen moukaroi meitä iskuillaan, jotka kohdistuvat usein vyön alle. Hän tähtää heikkoihin kohtiimme, iskien meitä niin lujaa, että tunnemme pian, että emme pysty enää pysymään kehässä.

Israelin vapautuminen Egyptin orjuudesta, josta kerrotaan Toisen Mooseksen kirjan luvuissa 1-14, on kolmentoista kohtaamisen sarja Mooseksen ja faaraon välillä.

Jumala löi Egyptiä kymmenellä vitsauksella, mutta aluksi mikään ei muuttunut. Itse asiassa tilanne vain tuntui pahenevan.

Mitä, jos Mooses olisi luopunut toivosta yhdeksännen vitsauksen jälkeen?

Jokainen vitsaus haastoi demonisen henkivallan, jota edusti egyptiläinen jumala. Aaronin sauva söi taikurien tuottamat käärmeet, mikä kukisti symbolisesti yhden Egyptin epäjumalista.

John J. Davisin kirja *Moses and the Gods of Egypt: Studies in Exodus* on kiehtova kirja Egyptin muinaisista epäjumalista. Kirjan mukaan on todennäköistä, että Raamatun kertomuksen juutalaisten Egyptin orjuudesta vapautumisen taustalla on se, että juutalaiset pakotettiin rakentamaan Pithomin ja Ra'amsesin varastokaupungit.

Kun Mooses meni tapaamaan faaraota ja pyytämään lupaa palvoa Herraa, hän meni tapaamaan Egyptin tärkeintä jumalaa. Egyptillä oli monta epäjumalaa, mutta faarao oli se suurin. Häntä kutsuttiin nimellä *neter nefer*, täydellinen jumala. Egyptiläisen mytologian mukaan faarao oli Amon-Ren poika. Hänen ajateltiin olevan myös Horus, Hathorin poika, yksi vanhimmista ja tärkeimmistä jumalista.

Mutta sen sijaan, että hän olisi antanut israelilaisten lähteä erämaahan palvomaan Jahvea, faarao määräsi heidät valmistamaan saman määrän tiiliä kuin aikaisemmin, mutta antamatta heille yhtään olkia. Israelilaiset rukoilivat Jumalaa tuomitsemaan Mooseksen, sillä hän oli tehnyt heistä "vastenmielisen" faaraolle.

Näin käy usein. Kun luotat profetiaan, helvetin vallat alkavat vastahyökkäyksen, ja kuuliaisuutesi hinta on lähimpiesi kärsimys. Tämä on raskas taakka.

Mutta Jumala ei kuunnellut Mooseksen itsesääliä vaan lähetti hänet takaisin faaraon hoviin, jossa Aaronin sauva nieli taikurien käärmeet.

Egyptissä oli monia jumalia, joita symboloi käärme – mm. Mehen, Meretseger, Amunet ja Wadjet. Kun Aaronin sauva söi käärmeet, se osoitti, että Herra oli voimallisempi kuin ne demonit, joita Egyptin epäjumalat edustivat. Mutta Egyptissä oli monia demonisia henkivaltoja, ja Mooseksen piti kukistaa ne kaikki.

Monet uskovat eivät ymmärrä tätä. Yhden henkivallan voittaminen ei tarkoita sitä, että taistelu olisi ohi. Sen on tuskin alkanut.

Sitten Mooses osoitti, että se oli Herra, joka oli antanut elämän egyptiläisille, eivätkä heidän epäjumalansa.

Hän iski Niili-jokeen, joka muuttui vereksi.

Kun Mooseksen äiti laittoi vauvansa koriin ja antoi sen kellua Niili-jokea pitkin välttääkseen hänen murhansa, hän laittoi pikku Mooseksen Egyptin turvallisimpaan paikkaan. Niiliä vartioi monta egyptiläistä jumalaa. *Hymni Niilille* Egyptin Uuden valtakunnan ajalta sanoo:

> Tervehdin sinua, oi Niili, joka alkaa maasta ja pitää koko Egyptin hengissä . . . Hän, joka kastelee niityt, jotta jokainen lapsi pysyisi elossa. Hän, joka saa erämaan juomaan ja vedestä kaukaisen paikan: tämä on hänen kasteensa, joka tulee taivaasta.

Khnum oli Niilin lähteiden vartija, Hapi oli Niilin henki, ja monet muut epäjumalat suojelivat jokea. Lapsi, joka kellui joessa, oli kuin lahja jumalilta.

Kun Mooses iski jokea, hän osoitti, että Herra oli voimakkaampi kuin Niilin jumalat. Joen ajateltiin olevan Osiriksen verivirta. Osiris oli tuonelan jumala. Kun Mooses muutti veden vereksi, hän osoitti, että ainoastaan Jumalalla oli valta antaa elämä, kun taas Osiriksen 'elämä' toi kuoleman.

Toinen vitsaus oli sammakkojen moninkertaistuminen. Ne edustivat hedelmällisyyttä, siunausta ja sadon varmaa tuloa. Monet jumalista yhdistettiin sammakkoihin, kuten Heqt-jumalatar.

Sammakot olivat pyhiä eläimiä, ja niiden tappamisesta jopa vahingossa seurasi usein kuolemanrangaistus.

Egyptiläiset eivät voineet tehdä mitään näitä miljoonia sammakkoja vastaan.

Kolmas ja neljäs vitsaus – täit ja kärpäset – iskivät suoraan egyptiläisen epäjumalanpalveluksen sydämeen. Egyptin papit tunnettiin puhtaudestaan, mutta hyönteisten ajateltiin tekevän heidän rukouksistaan tehottomia.

Viides vitsaus iski karjaan. Monet jumalista pitivät huolta

karjasta. Apis-härkä oli Ptah-jumalan pyhä eläin. Hathoria, rakkauden, kauneuden ja ilon jumalatarta, edusti lehmä, ja Mnevis oli pyhä härkä, joka liitettiin Ra-jumalaan. Monet muut jumalat suojelivat karjaa.

Kuudes vitsaus olivat paiseet, jotka löivät Sekhmet-jumalan, jonka piti suojella sairauksilta.

Miksi Jumala käski Moosesta ottamaan tuhkaa uunista ja levittämään sen tuuleen?

Tuhkaa käytettiin kalkin valmistamiseen. Kalkkia tarvittiin tiilien leipomiseen. Mooses kertoi faaraolle ja egyptiläisille symbolisesti, että vitsaukset olivat tulleet, koska egyptiläiset olivat pakottaneet israelilaiset orjatyöhön.

Seitsemäs vitsaus oli rakeet, jotka tuhosivat sadon. Se oli Herra, joka kontrolloi säätä, eikä Maahes. Se oli Herra, eikä Isis ja Seth, jolla oli valta antaa sato.

Kahdeksas vitsaus olivat heinäsirkat, jotka söivät sen, mitä rakeet eivät olleet tuhonneet. Isis-jumala, jonka piti suojella satoa heinäsirkkoja vastaan, osoittautui voimattomaksi.

Yhdeksäs vitsaus toi pimeyden, joka kesti kolme päivää. Se osoitti, että Herra, eikä aurinkojumala Ra, toi valon.

Viimeinen vitsaus tappoi jokaisen esikoisen Egyptissä, mutta mikä tärkeintä, myös faaraon esikoisen, seuraavan "täydellisen jumalan". Jos faarao, kaikkein suurin jumala, ei voinut suojella edes omaa poikaansa, mikä Egyptin jumalista siihen pystyisi?

Silti faaraon demonisella raivolla ei ollut loppua. Kun israelilaiset ajattelivat, että he olivat jo matkalla vapauteen, Egyptin armeija jahtasi heitä Punaisellemerelle, ja ainoastaan Jumalan ihmeellinen välintulo tuhosi armeijan ja faaraon.

Usein vihollinen rynnistää vielä kerran, ja tämä viimeinen hyökkäys näyttää usein pahemmalta kuin kaikki aikaisemmat.

Mooses kohtasi faaraon kolmetoista kertaa. Mutta vain Punaisenmeren voitto toi israelilaisille vapauden. Jos Israel ei olisi kastanut varpaitaan veteen Punaisellamerellä, vitsaukset eivät olisi saavuttaneet yhtään mitään. Älä luovuta liian aikaisin! Jeesus sanoi:

> Joka tarttuu auraan ja katsoo taakseen, ei ole sopiva Jumalan valtakuntaan. (Luuk. 9:62)

Onko sinulla riittävästi sinnikkyyttä tulla melkein tyrmätyksi kaksitoista kertaa ennen kuin voitat, sillä häviö ei kuulu vaihtoehtoihisi?

HENKIEN EROTTAMISEN LAHJA

Paavali kutsuu Saatanaa avaruuden henkivaltojen hallitsijaksi.

> Ennen te elitte niiden vallassa tämän maailman menon mukaan, totellen avaruuden henkivaltojen hallitsijaa, sitä henkeä, joka yhä vaikuttaa tottelemattomissa ihmisissä. Heidän joukossaan mekin kaikki ennen elimme noudattaen oman luontomme haluja ja tehden niin kuin ruumiimme ja mielemme tahtoivat, ja näin olimme luonnostamme vihan alaisia niin kuin kaikki muutkin. (Ef. 2:2-3)

Mitä Paavali tarkoitti, kun hän kirjoitti siitä hengestä, joka vaikuttaa tottelemattomissa ihmisissä? Hän viittasi demonien vaivaamaan ilmapiiriin Efesossa.

> Emmehän me taistele ihmisiä vastaan vaan henkivaltoja ja voimia vastaan, tämän pimeyden maailman hallitsijoita ja avaruuden pahoja henkiä vastaan. (Ef. 6:12)

Efeson kristityt elivät pimeyden henkivaltojen vaikutuksen alla. Useimmat meistä elävät samankaltaisissa paikoissa. Emme ehkä aina näe pakanatemppeleitä, mutta maailma ympärillä on täynnä synnin linnakkeita. Nämä linnakkeet antavat viholliselle oikeuden vallata ilmapiiri ympärillämme, ja tuoda demoninen painostus elämäämme. Johanneksen ilmestys antaa meille näyn siitä, mikä saa aikaan tämän pahan hengellisen ilmapiirin.

> Taivaassa syttyi sota. Mikael ja hänen enkelinsä kävivät taisteluun lohikäärmettä vastaan. Lohikäärme enkeleineen teki vastarintaa mutta kärsi tappion, eikä sille ja sen joukolle ollut enää sijaa taivaassa. Tuo suuri lohikäärme, tuo muinaisaikojen käärme, jota kutsutaan Paholaiseksi ja Saatanaksi, tuo koko ihmiskunnan eksyttäjä, syöstiin maan päälle, ja samoin syöstiin alas sen enkelit. (Ilm. 12:7-9)

Sitä ennen Johanneksen ilmestys kertoo:

> Toinenkin tunnusmerkki näkyi taivaalla: suuri tulipunainen lohikäärme, jolla oli seitsemän päätä ja kymmenen sarvea ja kruunu kaikissa seitsemässä päässä. Pyrstöllään se pyyhkäisi pois kolmanneksen taivaan tähdistä ja sinkosi ne maahan. (Ilm. 12:3-4)

Nämä tähdet, jota singottiin maahan, ovat enkeleitä, jotka menettivät taivaallisen loistonsa, mutta eivät kaikkea hengellistä voimaansa. Jesaja sai ilmestyksen heidän johtajastaan.

> Voi, sinä putosit taivaalta, sinä Kointähti, sarastuksen poika! Alas maahan sinut survaistiin, sinä kansojen kukistaja. Etkö juuri sinä sydämessäsi sanonut: "Minä tahdon nousta taivaisiin! Minä pystytän valtaistuimeni Jumalan tähtiä korkeammalle, minä tahdon istua jumalten vuorella kaukana pohjoisessa, minä nousen pilviä ylemmäksi, olen korottava itseni Korkeimman vertaiseksi." Mutta tuonelaan sinut on syösty, sen pohjimmaiseen kuiluun. (Jes. 14:12-15)

Näin vaarallinen synti on hengellinen ylpeys. Se on Saatanan synti, se alkuperäinen synti, joka toi muun synnin maailmaan. Jumalan läsnäolo ei riitä yksin varjelemaan meitä tätä syntiä vastaan. Saatana oli Jumalan läsnäolossa. Hän näki Jumalan kasvoista kasvoihin, ja kuitenkin hän kapinoi Jumalaa vastaan.

Jos sisimpäsi ei ole särkynyt, Pyhän Hengen voima, joka on sinussa, voi täyttää sinut ylpeydellä.

Hesekiel alkaa puhua Saatanasta keskellä profetiaa Tyrosta vastaan.

> Kerubiksi minä sinut tein, sädehtiväksi vartijaenkeliksi, sinä olit pyhällä vuorella, käyskentelit välkehtivien kivien keskellä. Moitteen sijaa ei sinussa ollut siitä päivästä, jona sinut loin, siihen päivään, jolloin lankesit pahaan. Kun kävit kauppaa kaikkialla, sinä tulit yhä röyhkeämmäksi ja sorruit syntiin. Niin minä suistin sinut pyhältä vuorelta, syöksin sinut, vartijakerubini, välkehtivien kivien keskeltä. Kauneutesi houkutti sinut korskeuteen, loistosi sokaisemana haaskasit viisautesi. Nyt olen syössyt sinut alas, jättänyt kuninkaiden katseltavaksi ja pilkattavaksi. (Hes. 28:14-17)

Sinun pitää varjella sisimpääsi ylpeyttä vastaan hinnalla millä hyvänsä.

Tottelemattomuuden henget ovat ylitöissä ympärillämme, mutta suuri osa ihmiskuntaa ei tiedosta niiden olemassaoloa. Nämä henget pettävät ihmisiä seuraamaan lihan himoja, ja usein tarvitset henkien erottamisen armolahjan ollaksesi tietoinen niiden operaatioista.

Henkien erottamisen armolahja hälyttää sinut vihollisen läheisyyteen. Se on ehkä raskain armolahja. Erotan usein pahojen henkien läsnäolon huoneessa, ja usein näen, kuinka uskovat ovat alttiita niiden vaikutukselle. On masentavaa tajuta, miten sokeita me olemme niiden operaatioille.

Henkien erottamisen lahja selittää Jeesuksen reaktion siihen, kun Pietari nuhtelee häntä sen jälkeen, kun hän on kertonut opetuslapsillensa, että hänet tapettaisiin, mutta että hän nousisi kolmantena päivänä.

> Mutta hän kääntyi pois ja sanoi Pietarille: "Väisty tieltäni, Saatana! Sinä tahdot saada minut lankeamaan. Sinun ajatuksesi eivät ole Jumalasta, vaan ihmisestä!" (Matt. 16:23)

Tässä tilanteessa Pietari oli petetty Saatanan itsensä toimesta. Tämä tapahtui sen tähden, että hän oli päästänyt pelon sisimpäänsä.

Kahden vuoden ajan ennen Lontoon mellakoita elokuussa 2011 tunsin vahvan demonisen painostuksen ja häiriötilan lähes minne tahansa menin Lontoossa. Kun mellakat alkoivat, en ollut yllättynyt, ja oli selvää, että laittomuuden henki oli tehnyt ylitöitä.

Tulin tietoiseksi henkien erottamisen armolahjasta ensi kertaa, kun olin 22-vuotias. Nuori arabi oli juuri liittynyt seurakuntaamme Suomessa, ja jokainen oli ihmeissään, kun hän kertoi pelastustarinansa.

Heti ensimmäisellä kerralla kun tapasin hänet, tunsin intuitiivisesti, että hän valehteli. Tukahdutin tämän tunteen, sillä ajattelin, että minulla ei ollut oikeutta hankaloittaa hänen kristillistä kasvuaan. Sitten hän alkoi seurustella uskovan tytön kanssa.

Yhtenä yönä näin unen puhjenneesta kondomista. Tiesin heti, että uni liittyi tähän tyttöön, ja uni oli siitä, että hän tulisi raskaaksi. Muutaman kuukauden päästä kuulin, että hän odotti vauvaa. He menivät pikaisesti naimisiin. Kun vauva oli syntynyt, tämä arabimies hylkäsi kristinuskon, ja alkoi kasvattaa pientä poikaansa muslimina. Hän oli valehdellut kaiken aikaa vain saadakseen tämä tytön.

Kun henkien erottamisen armolahja aktivoitui elämässäni,

elin noin kuusi kuukautta epätoivossa ja hämmennyksessä, ennen kuin ymmärsin, että kyseessä oli Jumalan eikä Saatanan työ.

Olin Kensington Templessä yhtenä iltana, kun aloin ymmärtää, mitä oli tapahtumassa. Vieraileva puhuja saarnasi. Se oli hyvä saarna, mutta yhtäkkiä tunsin vahva epätoivon ja masennuksen tunteen. Ajattelin, että jokin oli pahasti pielessä puhujan elämässä. Aloin rukoilla murtaakseni pimeyden vallan. Sitten puhuja siirtyi alttarikutsuun.

Viisi ihmistä, jotka istuivat suoraan edessäni, nousivat ylös ja antoivat elämänsä Jeesukselle. Ymmärsin, että demonihenget, joiden kanssa olin taistellut, olivat olleet paikalla pommittamassa näitä ihmisiä epätoivolla ja tarkoituksettomuudentunteella. Mitä olin tuntenut, oli hyvin todellista, mutta syy näiden pimeiden enkeleiden paikallaoloon oli aivan eri kuin olin ajatellut.

Hämähäkkimiehellä on "hämähäkkivaisto", joka hälyttää häntä vaaratilanteista. Henkien erottamisen lahja on hieman tämänkaltainen – se hälyttää meitä demonisten henkien läsnäoloon. Jos haluat ymmärtää, miksi nämä henget ovat paikalla, sinun pitää luottaa muihin armolahjoihin.

Jonkin aikaa sitten tapasin tunnetun kristityn julistajan. Kun istuin hänen vieressään, tunsin kuinka henkivallat hyökkäsivät minua kohtaan hyvin voimakkaalla tavalla. Tuntui siltä kuin minua olisi lyöty lujaa vatsaan, ja halusin oksentaa.

Näin selvästi kuinka henkivallat olivat tuhoamassa tämän miehen avioliittoa. Kuningas Saulille tapahtui samalla tavalla.

> Herran henki siirtyi pois Saulista, ja Herran lähettämä paha henki alkoi ahdistaa häntä. (1. Sam. 16:14)

Saulin tapauksessa Herra antoi demonisen hengen kiusata häntä epäkuuliaisuuden takia. Toisinaan hengellisiä johtajia vastaan hyökätään heidän kuuliaisuutensa takia.

Henkien erottamisen lahja auttaa sinua valmistautumaan vihollisen hyökkäyksiä vastaan. Sen näkyviä hyökkäyksiä edeltää aina näkymätön demoninen toiminta.

Tunnen usein sielunvihollisen läsnäolon, ikään kuin se olisi jonkinlainen näkymätön voimakenttä. Usein tiedän minkälainen hyökkäys on tulossa etukäteen, koska voin erottaa minkä tyyppinen demoninen operaatio on menossa ympärilleni. Voin valmistautua näihin hyökkäyksiin rukouksessa, jotta silloin kun se hyökkäys tulee, reagoin oikealla tavalla.

Jos haluat tämän armolahjan, sinun pitää olla valmis maksamaan valppaana olon hinta. Kuin soturi, et voi koskaan torkkua vahtivuorossa. Jos saat tämän lahjan, sinulla ei ole paluuta siviilielämään.

Paavali kirjoittaa:

> Kenelle te annatte anteeksi, hänelle annan minäkin, ja kun olen antanut anteeksi – jos nyt jotakin anteeksi annettavaa on – olen tehnyt sen teidän takianne Kristuksen edessä, jottei Saatana pääsisi meistä voitolle. Hänen juonensa me kyllä tiedämme. (2. Kor. 2:10-11)

Voimme vain kuvitella minkälaista hengellistä vastustusta Paavali oli kokenut ennen kuin hän kirjoitti tämän:

> Ottakaa siis yllenne Jumalan taisteluvarustus, niin että kykenette pahan päivän tullen tekemään vastarintaa ja selviytymään taistelusta pystyssä pysyen. Seiskää lujina! Kiinnittäkää vyöksenne totuus, pukeutukaa vanhurskauden haarniskaan ja sitokaa jalkineiksenne alttius julistaa rauhan evankeliumia. Ottakaa kaikessa suojaksenne uskon kilpi, jolla voitte sammuttaa pahan palavat nuolet. Ottakaa myös pelastuksen kypärä, ottakaa Hengen miekka, Jumalan sana. Tehkää tämä kaikki rukoillen ja anoen. Rukoilkaa joka hetki

> Hengen antamin voimin. Pysykää valveilla ja rukoilkaa hellittämättä kaikkien pyhien puolesta. (Ef. 6:13-18)

Vihollisen nuolet tulee pysäyttää uskolla, sillä ne on kastettu demoniseen myrkkyyn.

Jumalan sanat ovat hänen Henkensä ympäröimiä; vihollisen sanat ovat täynnä kuolemaa. Tämän takia on tärkeää, ettet anna niille sijaa sydämessäsi, silloinkin kun ne kuulostavat faktoilta.

Saatanan voimallisimmat aseet eivät ole saastaiset ajatukset, vaan puolitotuudet ja puolifaktat, jotka tuhoavat sinut, sillä ne ovat pelon ja epäuskon ympäröimiä.

Jos päästät ne sisimpääsi, ne tuovat mukaansa Saatanan valtakunnan pahansuovan sfäärin.

Sinun pitää vastustaa jokaista tuomitsevaa ja epäuskoista ajatusta säälittä.

Alussa hävisin usein taistelun. Annoin vihollisen petollisten ajatusten tunkeutua mieleeni, ja menetin voimani epäuskon haavojen takia.

Vähitellen opin, että pystyin vastustamaan epäuskon ja pelon pommitusta tunnustamalla niitä profeetallisia lupauksia, jotka Jumala oli antanut minulle. Eräänä päivänä tunsin muutoksen. Nämä ajatukset eivät enää lävistäneet uskon kilpeäni, joka pysäytti ne.

Sinun pitää käyttää uskon kilpeä aktiivisesti. Jos tulinen nuoli tulee sinua kohti, sinun pitää käyttää uskoa pysäyttääksesi sen. Hengen miekka, joka on hyökkäysaseesi, ei voi tehdä uskon kilven työtä.

Otsasi tulee olla terästä. Tunnen usein kuinka Pyhä Henki voitelee pääni melkein käsinkosketeltavalla läsnäolonsa "energiakypärällä". Vihollinen yrittää murskata tämän kypärän voimallaan, mutta kypärän sisällä voin tuntea Jumalan rauhan.

Tämä pelastuksen kypärä on elintärkeä. Monet uskovat taistelevat syntiä vastaan väärällä tavalla, yrittäen kukistaa sen tahdonvoimallaan. Kun he epäonnistuvat, he tietävät että heidän syntinsä on annettu anteeksi, mutta he päättävät yrittää kovemmin ensi kerralla. Mutta tämä on juuri se, mitä sielunvihollinen haluaa sinun tekevän. Hän haluaa sinun luottavaan omaan yrittämiseesi enemmän kuin Pyhään Henkeen.

Paavali kirjoittaa:

> Tarkoitan tätä: antakaa Hengen ohjata elämäänne, niin ette toteuta lihanne, oman itsekkään luontonne haluja. Liha haluaa toista kuin Henki, Henki toista kuin liha. Ne sotivat toisiaan vastaan, ja siksi te ette tee mitä tahtoisitte. (Gal. 5:16.17)

Et koskaan voita syntiä yrittämällä kovemmin. Ehkä voit kukistaa yksittäisen synnin. Eräs entinen kollegani teki juuri näin. Hän päätti lopettaa tupakoinnin, ja onnistui. Pelkästään tahdonvoimalla! Mutta hänen muu elämänsä oli täydellinen sekasotku.

Synnin ote elämässämme on paljon syvemmällä kuin yksittäinen paha tapa. Synti saa voimansa syntisestä luonnostamme ja sielunviholliselta.

Jaakob kirjoittaa "viisaudesta", joka on täynnä kateutta ja itsekkyyttä.

> Sellainen ei ole ylhäältä tulevaa viisautta, vaan maallista, ihmisistä tulevaa, pahojen henkien viisautta. (Jaak. 3:15)

Paavali kirjoittaa:

> Joka kylvää siemenen itsekkyyden peltoon, korjaa siitä satona tuhon, mutta se, joka kylvää Hengen peltoon, korjaa siitä satona ikuisen elämän. (Gal. 6:8)

Jos annamme itsekkään, syntisen luontomme juosta vapaasti, se tuo elämäämme tuhon, riippumatta siitä miten pitkään olemme olleet uskovia. Tämä itsekäs luonto on synnin jäänne elämässämme. Ja synti on se ainoa asia, jonka Saatana on koskaan luonut!

Jaakob kirjoittaa:

> Ja kielikin on tuli; meidän jäsentemme joukossa se on vääryyden maailma. Se saastuttaa koko ruumiin ja sytyttää tuleen elämän pyörän, itse liekehtien helvetin tulta. (Jaak. 3:6)

Sielunvihollinen yrittää käyttää syvällä sisimmässämme olevia tukahdettuja frustraatiota meitä vastaan, ja sytyttämään ne palamaan helvetin liekeillä. Profetian armolahjan omaavat ihmiset ovat erityisen herkkiä hengellisille voimille, ja olen huomannut, että jotkut hengellisistä johtajista voivat operoida armolahjoilla korkealla tasolla, mutta olla täynnä vihaa vain muutaman minuutin päästä. Heidän hengellinen herkkyytensä tekee heidät myös haavoittuvaiseksi vihollisen hyökkäyksille. Heistä on tullut kanavia kaikenaiselle hengelliselle voimalle, ja jos he eivät ole varovaisia, he voivat vapauttaa helvetin voiman aivan yhtä helposti kuin Pyhän Hengen voiman. Pitkällä aikavälillä tämä tulee tuhoamaan heidän elämänsä.

Tämä on mysteeri mutta tosiasia.

Käyttämällä henkien erottamisen armolahjaa voit tuoda vapauden demonisista hyökkäyksistä muiden ihmisten elämään. Koen esimerkiksi usein, että himon henki hyökkää jotain ihmistä vastaan, ja jos johdatan keskustelun tälle alueelle, kuulen, että heitä on kiusannut viimeaikoina lähes kontrolloimaton himo.

Usein se demoninen kahle, jolla vihollinen pyrkii sitomaan, katkeaa jo pelkästään sillä, että kerron heille hyökkäyksestä, sillä tähän asti nämä miehet ovat ajatelleet, että kaikki heidän himokkaat ajatuksensa ovat heidän oman mielensä tuotetta.

Olen alkanut ymmärtää, miten demoniset olennot ympärilläni yrittävät saada yhteyden syntiseen luontooni pahan voimallaan. Jos annat näiden henkiolentojen operoida elämässäsi, etkä anna Pyhän Hengen selättää syntistä luontoasi, tulet päätymään demoniseen siteeseen.

On tärkeä ymmärtää, että uskovat eivät voi koskaan olla riivattuja, mutta sielunvihollinen voi rakentaa synnin linnakkeita elämäämme, joista he voivat laajentaa operaatioitaan. Sinulla ei ole voimaa voittaa helvetin tulisia voimia ilman Pyhän Hengen voitelua. Ainut tapa selättää synti on elää Pyhän Hengen jatkuvassa voitelussa.

ALUEELLINEN HENGELLINEN ILMASTO

Olin aikaisemmin aika skeptinen karismaattisissa seurakunnissa suosittujen alueellisten henkivaltojen teorioiden suhteen. Mutta kun olen elänyt hengellisen sodan keskellä pitkän aikaa, ymmärrän, että maailma ei aina toimi rationaalisen maailmankuvan mukaan.

On todellisuus, jonka tiede voi kartoittaa, mutta on myös hengellinen todellisuus, jonka vain Pyhä Henki voi kartoittaa.

Näemme jotain siitä, miten sielunvihollinen organisoi joukkonsa Danielin kirjan 10. luvussa, kun enkeli ilmestyy Danielille, joka on rukoillut kaksikymmentäyksi päivää.

> Hän sanoi minulle: "Älä pelkää, Daniel. Sinun sanasi kuultiin ensimmäisestä päivästä alkaen, jolloin nöyrästi pyysit ymmärrystä Jumalalta. Minä olen tullut sinun sanojesi vuoksi. Persian enkeliruhtinas on vastustanut minua kaksikymmentäyksi päivää, mutta Mikael, yksi suurimmista enkeliruhtinaista, tuli auttamaan minua. Tästä syystä minä olen viipynyt siellä, Persian kuninkaiden luona." (Dan. 10:12-13)

Tähän aikaan Babylonia hallitsi Medo-Persia, ja Persian demoninen enkeliruhtinas esti enkeliä pääsemästä Danielin luo. Tämä enkeli tarvitsi arkkienkeli Mikaelin apua raivatakseen tien läpi, niin raivoisasti vihollinen vastusti häntä.

Ymmärrätkö, miten paljon sielunvihollinen vihaa Jumalan antamia ilmestyksiä?

Babylonin ja Persian alueen ihmiset palvoivat epäjumalia, ja tällä alueella oli hyvin vähän aitoa Jumalan palvontaa.

Mitä enemmän matkustat maailmalla, sitä enemmän alat erottamaan hengellisiä eroavaisuuksia kansojen, alueiden ja kaupunkien välillä.

Uskon, että erilaiset demoniset henkivallat tuovat hallitsevan väärän hengellisyyden eri alueille.

Lontoo on mammonan hallitsema, ja sen takia suuri osa Lontoon väestä, sekä köyhät että rikkaat, kuluttaa koko elämänsä murehtien joko rahanpuutetta tai sitä, miten rahaa saisi lisää.

Lopetan rahasta murehtimisen heti, kun lentokone nousee Heathrowin lentokentältä.

Jos tutkit Lontoon historiaa, opit miten sen loisto on rakennettu muilta kansoilta ryöstetyillä rikkauksilla. Tämän väärän perustan, ahneuden, takia mammonan hengellä on erityisen vahva ote.

Masennus on valtava ongelma Suomessa, ja kun olen siellä, taistelen usein tarkoituksettomuudentunnetta vastaan, mutta harvoin huolehdin rahasta. Ja tässä ei ole mitään järkeä, jos ajattelet sitä, miten korkeat elinkustannukset ovat Suomessa.

San Francisco vaikuttaa huolettomalta, mutta vallitseva henkivalta siellä on valheen henki.

Tunsin usein epätoivoa ja tarkoituksettomuutta, kun kävelin Lontoon Oxford Streetillä. Minun oli vaikea olla siellä pitempään kuin kaksikymmentä minuuttia. Ajattelin, että se johtui väkijoukoista ja mammonanpalvonnasta. Mutta jos tutkit alueen karttaa tarkemmin hengellisestä näkökulmasta, opit, että aluetta ympäröivät monet pakanatemppelit ja kaupat, jotka myyvät noituutta.

Mielestäni Jerusalem on hengellisesti kaikkein levottomin paikka maan päällä.

Jatkuvan rukouksen ja ylistyksen avulla me voimme alkaa murtaa henkivaltojen voimaa kaupungissa ja alueellamme.

Vietin kerran viikonlopun pienellä skottilaisella saarella, jossa aamurukous ja iltarukous ovat jatkuneet keskeytyksettä yli 150 vuoden ajan. Kun olin siellä kirkossa, tuntui siltä, että Jumalan ja minun välissä ei ollut mitään. Jumalan läsnäolossa oleminen oli helppoa.

HENGELLISEN ILMAPIIRIN PUHDISTAMINEN

Jonkin aikaa sen jälkeen, kun olin muuttanut Lontooseen, tapahtui jotakin outoa. Olin rukouksessa, kun Pyhä Henki kiinnitti huomioni ystävääni, jota en ollut nähnyt muutamaan vuoteen. Aloin ajaa itsemurhan ja masennuksen henkiä hänen elämästään – helvetin tuleen! Tämä vaikutti minusta hieman epäraamatulliselta, ja kuitenkin rukous tuntui olevan Pyhän Hengen täyttämää ja ohjaamaa.

Puhuin ystäväni kanssa noin puolen vuoden päästä, ja kysyin, mitä hänen elämässään oli tapahtunut tänä aikana. Kuulin, että hän oli miettinyt itsemurhaa, mutta lopulta päättänyt pitää kiinni elämästä. Ymmärsin, että olin nimennyt häntä ympäröivät demonit, ja ajanut ne helvettiin. Aloin opiskelemaan sitä, mitä Raamattu sanoo tästä asiasta.

Jeesus kutsui demonit nimeltä, ja ajoi ne ulos ainakin kerran.

> He laskivat maihin Gerasan alueella, joka on vastapäätä Galileaa. Kun Jeesus nousi rannalle, häntä vastaan tuli kaupungista mies, jota vaivasivat pahat henget. Mies oli jo kauan kulkenut vaatteitta, eikä hän asunut ihmisasumuksessa vaan oleskeli hautaluolissa. Jeesuksen

nähdessään hän parkaisi, heittäytyi hänen eteensä ja huusi kovalla äänellä: "Mitä sinä minusta tahdot, Jeesus, Korkeimman Jumalan poika? Minä pyydän: älä kiduta minua!" Jeesus näet oli käskenyt saastaisen hengen lähteä miehestä. Se oli jo pitkän aikaa pitänyt miestä otteessaan. Hänet oli köytetty ja kahlehdittu, että hän pysyisi aloillaan, mutta kerran toisensa jälkeen hän oli katkonut siteensä ja pahan hengen ajamana paennut ihmisten ilmoilta. "Mikä sinun nimesi on?" kysyi Jeesus. Mies vastasi: "Legioona", sillä häneen oli mennyt monta pahaa henkeä. Ne pyysivät, että Jeesus ei käskisi niiden syöksyä kadotuksen kuiluun.

Läheisellä vuorella oli iso sikalauma laitumella. Pahat henget pyysivät Jeesukselta lupaa mennä sikoihin, ja hän salli sen. Silloin henget lähtivät miehestä ja menivät sikoihin, ja lauma syöksyi jyrkännettä alas järveen ja hukkui.

Kun sikopaimenet näkivät tämän, he lähtivät pakoon ja kertoivat kaiken kaupungissa ja kylissä. Monet lähtivät katsomaan, mitä oli tapahtunut. He tulivat Jeesuksen luo ja tapasivat miehen, josta pahat henget olivat lähteneet. Mies istui Jeesuksen jalkojen juuressa vaatteet yllään ja täydessä järjessään. Tämä sai heidät pelon valtaan. (Luuk. 8:26-35)

Demonien nimeäminen ja niiden ajaminen ulos ei ole mieliharrastukseni, mutta se on usein tehokas tapa sekoittaa vihollisen suunnitelmat. Olen ollut monesti tappiolla, kun elämääni on hyökätty näkyvällä tavalla, ja tuho on näyttänyt väistämättömältä. Sitten Pyhä Henki on alkanut toimia minussa, ja olen alkanut ajaa demoneita helvettiin. Tämä on aina johtanut äkilliseen tilanteen muuttumiseen. On tärkeä kuitenkin muistaa, ettei tällaista hengellistä sodankäyntiä ei voi harjoittaa, jos se ei ole Pyhän Hengen aloittamaa.

Jos lue Raamattua huolellisesti, löydät monia viittauksia siitä, kuinka demoneita on ajettu syvyyteen. Saatana ja hänen pimeät enkelinsä heitettiin maahan taivaassa tapahtuneen Jumalan enkelien vastaisen taistelun jälkeen.

Johanneksen ilmestys kertoo:

> Silloin minä näin, että taivaasta oli pudonnut maahan tähti. Sille annettiin syvyyden kuilun avain, ja se avasi tuon syvyyteen vievän kuilun. Kuilusta nousi savua kuin suuresta uunista, ja savu pimensi auringon ja ilman. Savusta levisi maan päälle heinäsirkkoja, ja niille annettiin sama valta kuin on skorpioneilla maan päällä. (Ilm. 9:1-3)

Lopun aikoina Saatanan, maahan pudonneen tähden, johtama demoninen armeija vapautetaan. Hänelle annetaan syvyyden kaivon avain. Mutta tällä hetkellä Saatanalla ei edes ole helvetin avaimia hallussaan!

Raamattu opettaa, että kun Jumalan enkelit voittivat Saatanan ja hänen pimeät enkelinsä, heidät syöstiin maahan, eikä helvettiin. Mutta miten enkelit päätyivät helvettiin?

Johanneksen ilmestys 9:15 kertoo, kuinka Jumalan enkeli vapauttaa neljä demonista enkeliä, jotka on sidottu Eufrat-virran luona. He menevät tappamaan kolmanneksen ihmiskunnasta. Niiden täytyy olla aika voimakkaita enkeleitä. Mutta kuka sitoi heidät?

Johanneksen ilmestys 11:7 kertoo, kuinka kahden säkkipukuisen todistajan tulee tappamaan "syvyydestä nouseva peto". Tämä peto on joku toinen vahva demoninen henkiolento. Mutta kuka ajoi tämän pedon syvyyteen?

Uskon, että nämä demonit syöstiin syvyyteen ensin Jeesuksen ja apostolien, ja sitten meidän toimestamme.

Kukaan ei sano, että demonin voi lähettää syvyyteen ainoastaan silloin kun ne riivaavat ihmistä.

Paavali kirjoittaa:

> Ettekö tiedä, että me tulemme tuomitsemaan enkeleitäkin – kuinka emme sitten voisi ratkaista tämän elämän asioita? (1. Kor. 6:3)

Matteuksen versiossa siitä, kuinka Jeesus ajoi legioonan riivaajia ulos miehestä, ne huutavat:

> Mitä sinä meistä tahdot, Jumalan Poika? Oletko tullut tänne kiduttamaan meitä jo ennen määräaikaa? (Matt. 8:29)

Meidät on kutsuttu tuomitsemaan langenneita enkeleitä ja "kiduttamaan" heitä ennen määräaikaa.

Ensin voi näyttää siltä, että Pietari on asiasta eri mieltä. Hän kirjoittaa:

> Ei Jumala säästänyt enkeleitäkään, jotka olivat tehneet syntiä, vaan syöksi heidät kahleissa manalan pimentoihin odottamaan tuomion toteutumista. (2. Piet. 2:4)

Vaikuttaa siltä, että Pietarin mielestä langenneet enkelit on jo suljettu manalaan. Mutta Raamattu ei ole koskaan ristiriidassa itsensä kanssa, ja avain tämän jakeen tulkintaan löytyy Pietarin sanavalinnasta.

Pietari käyttää manalasta kreikan sanaa *tartaroo*, mikä tarkoittaa "Tartarukseen heittämistä." Tämä on se ainoa kerta, kun sanaan *Tartarus* viitataan Raamatussa.

Kreikkalaisessa mytologiassa Tartarus oli sekä jumala, että erityinen paikka manalassa. Hades oli se paikka, minne kuolleet menivät, mutta Tartarus oli se paikka, jonne kreikkalaisten jumaloiden viholliset lähetettiin. Myöhemmin siitä tuli rangaistuspaikka.

Tartarus oli vankila, jonne kaikkein pahimmat pahantekijät, mutta eivät kaikki pahantekijät, päätyivät. Tämä on sopusoinnussa raamatullisen kuvan kanssa siitä, että jotkut langenneet enkelit vaeltavat maan päällä ja jotkut ovat kahleissa.

Miten Jumala, joka on oikeudenmukainen, tulee tuomaan rangaistuksen henkivalloille, jotka aiheuttivat ihmisen lankeemuksen?

Ihmisen kautta.

Ensin hän toi rangaistuksen Jeesuksen ja ensimmäisten opetuslasten kautta, nyt hän on tuomassa rangaistuksen meidän kauttamme.

Tämä on poeettista oikeudenmukaisuutta!

Jeesuksella oli valta heittää demonit syvyyteen. Niin on meilläkin – Pyhän Hengen kautta.

Jeesus sanoi Pietarille:

> Ja minä sanon sinulle: Sinä olet Pietari, ja tälle kalliolle minä rakennan kirkkoni. Sitä eivät tuonelan portit voita. Minä olen antava sinulle taivasten valtakunnan avaimet. Minkä sinä sidot maan päällä, se on sidottu taivaissa, ja minkä sinä vapautat maan päällä, se on myös taivaissa vapautettu. (Matt. 16:18-99)

Ottaen huomioon asiayhteys, on selvää, että Jeesus on delegoinut seurakunnalle valtansa sitoa Saatanan voimat maan päällä ja vapauttaa ihmiset hänen kahleistaan. Tätä hengellistä auktoriteettia voidaan käyttää demonisia henkivaltoja vastaan.

Jumala ei halua ainoastaan voittaa vihollisensa; hän tahtoo voittaa vihollisensa meidän avullamme.

On takaisinmaksun aika!

Evankeliointi ei yksin voi tuoda kansakuntaa Jumalan luo ilman hengellisen ilmaston siivousta.

Monet evankelistat ovat toimen miehiä, ja he voivat halveksua profeettaa, joka tuntuu viettävän kaiken aikansa rukouskammiossa, piilossa ihmisiltä. Mutta en ole vielä nähnyt yhtään onnistunutta evankeliointikampanjaa, jota ei olisi tuettu taukoamattomalla Hengen täyttämällä rukouksella.

Rukouksillamme on voima muuttaa kansakunnan hengellinen ilmasto. Kun rukoilet, pakotat mustia pilviä kansakuntasi yllä väistymään.

On monia tapoja rukoilla, mutta kun kyseessä on hengellinen sota, se ainoa toimiva tapa on voiman käyttäminen. Jeesus sanoi:

> Johannes Kastajan päivistä asti taivasten valtakunta on ollut murtautumassa esiin, ja jotkut yrittävät väkivalloin temmata sen itselleen. (Matt. 11:12)

Tuletko olemaan yksi niistä "väkivaltaisista" miehistä ja naisista, jotka työntävät pois Saatanan valtakunnan ja tuovat Jumalan valtakunnan maan päälle?

VALHEEN HENGEN KUKISTAMINEN

Kuten mainitsin aikaisemmin, kävin läpi pitkän aikajakson, jolloin koin raskasta hengellistä painostusta ja pelottelua. Sen jälkeen, kun vastustuskykyni vihollisen hyökkäyksiä vastaan oli kehittynyt, kysyin Jumalalta: "Mitä sielunvihollinen tulee heittämään seuraavaksi minua vastaan?"

Pyhän Hengen vastaus tuli nopeasti. "Ensin hän antaa sinulle, mitä et tahdo, sitten hän antaa sinulle, mitä tahdot." Tämän jälkeen aloin rukoilla, että olisin riittävän vahva, toi sielunvihollinen eteeni minkälaisia kiusauksia tahansa. Vähitellen pääsin siihen pisteeseen, että kykenin taas nauttimaan elämästä, siitä huolimatta, mitä oli tapahtumassa ympäröivässä hengellisessä todellisuudessa.

Ja selvät kiusaukset olivatkin osa vihollisen strategiaa, mutta opin myös, että ne toimivat myös harhauttajina, jotta vihollinen voisi hiipiä sisään takaovesta.

Vuoden 2011 San Franciscon matkan jälkeen sisimmässäni alkoi kasvaa levottomuus. Olin varma, että Jumala halusi minun jättävän työpaikkani Kensington Templessä, mutta hän ei ollut antanut minulle mitään selviä ohjeita. Rukoilin asian puolesta, mutta en saanut selvyyttä. Jumala ei antanut minulle minkäänlaista neuvoa asiasta. Ajattelin, että jos lähtisin työmarkkinoille, Jumala avaisi oikean oven, jos koputtaisin riittävän monia.

Seuraavat kolme kuukautta olivat jännittävää aikaa profeetallisessa palvelutyössäni. Tuntui siltä, että olin löytänyt uuden tarkkuuden ja voiman tason. Mutta samaan aikaan, kun rukoilin Jumalaa oman elämäni puolesta, tuntui siltä, että ympärilläni oli näkymätön voimakenttä, joka esti minua kuulemasta häntä. Mutta koska profetian armolahjani toimi voimallisesti, ajattelin, että kaikki oli hyvin. Mutta koin oloni hieman epämukavaksi, kun en kokenut samanlaista rauhaa kuin tavallisesti.

Joskus näen, minkä tyyppisiä demonisia olentoja toimii jonkun ympärillä, ikään kuin ne olisivat manga-hahmoja. Eräänä päivänä tunsin pahojen henkien läsnäolon huoneessa. Näin ne visuaalisesti mustana sumuna, joka leijui ilmassa. Se oli kaikkein pimeintä, mitä olin koskaan nähnyt, mutta se uhmasi kaikkia yrityksiäni erottaa sen luonne.

Joskus Pyhä Henki paljastaa minulle demonisen hengen entisen enkelinimen. Esimerkiksi nimi Lucifer on latinakielinen heprean *helel*-sanan käännös. Sen merkitys on: "Se, joka loistaa". Se on Saatanan enkelinimi, joka paljastettiin Jesajalle. Toisinaan hän paljastaa demonin luonteen sen operaation perusteella, esim. pelon tai himon tuottaminen. Demonin nimeäminen auttaa saamaan siitä tarttumapisteen, jonka avulla sen voi ajaa pois.

Mutta koska tämä henkiolento ei suoranaisesti tuntunut hyökkäävän, en ollut huolestunut. Noin kaksi viikkoa myöhemmin ystäväni Ikwu Amiaka näki näyn. Näyssä yritin yhdistää kahta jokea. Ensin hän uskoi, että se oli vahvistus siitä, että mitä halusin tehdä, oli Jumalasta, mutta sitten hän näki, että uudella joella oli metallipenkereet, mikä symbolisoi sitä, että se oli ihmiskäsien tekemä.

Tämä ilmestys alkoi avata jotain hengellisessä ulottuvuudessa. Aloin nähdä, että se mitä yritin tehdä, oli auttaa Jumalaa hänen lupauksensa toteutumisessa, samalla tavalla kuin Aabraham, joka oli sukupuoliyhteydessä vaimonsa orjan Haagarin kanssa saadakseen Jumalan lupaaman pojan, mikä toi vain ongelmia Lähi-itään.

Oli Jumalan tehtävä tehdä siitä näystä, jonka hän oli antanut minulle, todellisuutta. Minut oli eksyttänyt etsimään väärää ratkaisua se itseluottamus, jota tunsin sen vahvan profeetallisen palvelutyön aikana, jota olin kokenut viimeisen kolmen kuukauden ajan. Tavallisesti olisin etsinyt Herran kasvoja ja odottanut kuulevani häneltä selvästi ennen tärkeiden päätösten tekemistä, mutta tällä kertaa olin jo aloittanut ilman hänen neuvojaan.

Pyhä Henki puhui minulle ja sanoi, että nämä määrittelemistä pakenevat mustat muodot, jotka olin nähnyt huoneessa, olivat valheen ja väärän profetian henkiä. Sitten hän alkoi näyttää minulle, miten nämä henget toimivat.

Nämä demoniset henget ovat paljon vaarallisempia kuin ne aggressiiviset ja väkivaltaiset henget, jotka olin kohdannut aikaisemmin.

Kun luulin jo voittaneeni taistelun, se oli vasta alkanut. Nämä valheen henget antavat palvelutyösi menestyä ulkoisesti, mikä antaa sinulle väärän turvallisuudentunteen – kun todellisuudessa olet sokea. Vähitellen kun Jumalan vastaukset eivät saavukaan, meistä tulee kärsimättömiä, ja alamme tehdä päätöksiä ilman Jumalaa.

Aloin ymmärtää, että olin yrittänyt yhdistää kahta jokea, mutta yksi niistä oli jo kuivumassa! Molemmat joet virtaavat elämässäni, mutta eri suuntaan.

Kun olet valheen hengen vaikutuksen alla, alat hiljalleen irtaantua Jumalan suunnitelmasta. Yhden asteen virhe lentokoneen kurssissa, kun kone lähtee Lontoosta, saattaa vaikuttaa pieneltä, mutta kun se saapuu Los Angelesiin, ero on suuri.

Kun olet näiden henkien vaikutuksen alla, voit usein kuulla selvästi Jumalan äänen muiden ihmisten puolesta, mutta taivas tuntuu olevan hiljaa, kun kysyt mitään itseesi liittyvää.

Samson oli Jumalan voitelema, ja Jumala käytti häntä, mutta tietämättään hän oli matkalla tuhoon. Koska hän tunsi voitelun, hän ajatteli, että kaikki oli hyvin, kunnes hän paljasti Delilalle voimansa salaisuuden.

On elintärkeää ymmärtää voitelun dynamiikka. Se voi virrata lävitsesi, sillä Jumala siunaa seurakuntaansa, mutta tämä ei välttämättä tarkoita sitä, että elämäsi olisi kunnossa. Älä koskaan mittaa jumalasuhteesi syvyyttä sen perusteella, miten Jumala käyttää sinua muiden ihmisten elämässä.

Olen nähnyt monien hengellisten johtajien toimivan voimallisesti lavalla, ja kuitenkaan heillä ei ole yhtään hengellistä voimaa arkielämässä.

Ihmettelin tätä, ennen kuin Pyhä Henki sanoi minulle: "Voitelu, joka virtaa ylitsesi on erilainen kuin voitelu, joka virtaa ristiinnaulitun sydämen läpi."

Valheen henki ei lopulta löydä mitään, mistä pitää kiinni, jos sydämesi on ristiinnaulittu. Tämän takia profeetallisen palvelutyösi ei pitäisi olla koskaan esiintymishalun ajamaa, sillä tämä tekee sinut alttiiksi valheen ja väärän profetian hengille.

Ystäväni Ikwu oli huomannut, että sen jälkeen kun olin palannut San Franciscosta, en ollut oma itseni. Kun analysoin asiaa, löysin se tarkan hetken, jossa valheen henki oli tullut vaikuttamaan elämääni tilaisuudessa, jonne menin San Franciscossa. Muistin jälleen, että kuten Daniel, meidän pitää aina odottaa vastausta, kunnes se tulee – vaikka siihen menisi enemmän kuin kaksikymmentäyksi päivää.

Kerroin tämän tarinan ystävälleni, joka rakensi rukouskokouksen teeman sen ympärille. Ensin he rukoilivat valheen henkeä vastaan, ja sitten he rukoilivat Ilmestyksen Henkeä tulemaan. Kokouksen jälkeen kymmenen seurakunnan jäsentä – jotka eivät olleet koskaan puhuneet hänelle – tulivat hänen luokseen, ja sanoivat, etteivät he olleet koskaan kuulleet Jumalan ääntä yhtä selvästi kuin tämän rukouskokouksen aikana.

KESKITY JEESUKSEEN

Tietyt asiat voivat tuoda valheen hengen elämääsi. On myös asioita, jotka voivat alentaa hengellisen erottamiskykysi tasoa, kuten alkoholin nauttiminen.

Jo puolikkaan viinilasillisen juominen tekee minut hengellisesti tylsäksi, enkä voi enää erottaa sielunvihollisen operaatioita ympärilläni. Tämän takia olen täysin raitis kun olen käymässä läpi rajun hengellisen sodan vaihetta. Jesaja sanoi:

> Nuokin ovat viinistä humaltuneita, horjahtelevat väkevien juomien huumaamina: pappi ja profeetta juovat ja horjuvat, viini on vienyt heidät mukaansa. He horjuvat juopuneina, hoippuvat näkyjä nähdessään ja kompastuvat oikeutta jakaessaan. (Jes. 28:7)

En usko absolutismiin, sillä Jeesus muutti veden viiniksi, ja se johtaa helposti lakihenkisyyteen. Mutta on totta, että alkoholi tylsistää henkien erottamisen lahjan.

Yhdysvaltojen vuoden 2012 presidentinvaalit olivat tuhoisia monille karismaattisen liikkeen profeetoille, jotka "profetoivat" Romneyn voittavan. Näyttää siltä, että he sekoittivat poliittisen ohjelmansa Jumalan tahdon kanssa. Olen huomannut, että jos minulla on omia suunnitelmia, jotka eivät ole Jumalalta, ne avaavat elämäni helposti petokselle.

Yhtenä päivänä Pyhä Henki kysyi minulta: "Riittääkö sinulle Jeesus?" Paavali neuvoi Timoteusta:

> Ei kukaan sotilaana palveleva sekaannu jokapäiväisen elämän toimiin, jos haluaa, että päällikkö on häneen tyytyväinen. (2. Tim. 2:4)

Tämä ei ole Timoteuksen ohjaamista "täysipäiväiseen" Jumalan valtakunnan työhön, vaan yhteen päämäärään sitoutumiseen. Profeetalla voi olla vain yksi päämäärä – julistaa Mestarin sanat uskollisesti.

PAHOLAISEN KOLMIO

Paholainen haluaa saada sinut vangiksi pelon, valheen ja demonisten kiusausten kolmiomaisen sfäärin avulla, jotta hän voisi tuhota elämäsi ja palvelutyösi. Jos annat periksi mille tahansa näistä kolmesta voimasta, jotka vetoavat syntiseen luontoomme, se antaa sielunviholliselle mahdollisuuden rakentaa linnoituksensa elämääsi. Sinulla ei voi olla Hengen pyhyyttä ilman hänen rauhaansa, rakkauttaan ja anteeksiantavaa luontoaan. Samalla tavoin, jos päästät demonisen pelon elämääsi, valhe ja synti tulevat mukana.

Jos päästät mitä tahansa tästä sfääristä elämääsi – mikä tahansa kolmikulmaisen ansan kulmista sopii Saatanalle – se tuo kaiken muun mukanaan. Sillä ei ole väliä, onko se pelko, valhe vai synti, joka saa sinut ansaan ensin. Kun olet sfäärissä, olet vankeudessa.

Meidän pitää oppia pitämään paholaisen sfääri poissa elämästä Pyhän Hengen voiman avulla. Vain silloin voimme elää ja kulkea Jumalan valtakunnan täydessä vapaudessa.

20

MITÄ SEURAAVAKSI?

Viime vuosina monet tunnetuista profeetoista ovat kaatuneet, sillä sielunvihollinen on onnistunut murtamaan heidän puolustuksensa pelon, synnin ja petoksen avulla. Mutta on vielä jäljellä pieni joukko kypsiä profeettoja, jotka seuraavat Jeesusta uskollisesti.

Ikävä kyllä profeetallinen liike kokonaisuudessaan on nähnyt paljon seksiskandaaleja, alkoholismia, aviorikoksia, talousrikoksia, ja kaikenlaista muuta, joka on tehnyt siitä julkisen naurunaiheen.

Voi näyttää siltä, että profeetan tie on vaarallisin mahdollinen, ja se on varmaan totta, mutta se on myös yksi jännittävimmistä.

Tulen aina muistamaan Wynne Lewiksen, Kensington Templen entisen johtavan pastorin, viimeisen saarnan entisessä seurakunnassaan. Se oli noin kuusi kuukautta ennen hänen kuolemaansa. Hän näytti jo hauraalta hahmolta, ja minulla oli tunne, että tämä olisi hänen viimeinen sanomansa meille.

Wynne Lewiksen aikana Kensington Temple oli kasvanut viidestäsadasta viiteentuhanteen jäseneen, kun hän oli seurannut kuuliaisesti sitä näkyä, jonka Jumala antoi hänelle monikulttuurisesta seurakunnasta.

Hänenjohtajuutensaaikanakymmeniäsatelliittiseurakuntia oli istutettu ympäri Lontoota. Wynne puhui Aabrahamista, ja kertoi kuinka se oli ollut Aabrahamin isä Terah, joka oli alkanut matkan Urista Kanaanin maahan. Mutta hän oli pysähtynyt Haraniin.

"Hengelliset isät voivat viedä sinut vain puolitiehen", hän sanoi.

Tämä on totta myös profeetoista. Miten paljon tahansa rakastat uskovien yhteyttä, suuri osa profeetallista palvelutyötä tapahtuu yksinäisyydessä. Ainoastaan Jumala voi auttaa sinua tulemaan profeetaksi, joksi hän on sinut kutsunut.

Suurimmat taistelut ovat toisille näkymättömiä ja tapahtuvat sisimmässäsi. Niiden lopputulos tulee olemaan näkyvä vasta vuosien päästä.

Tämä kirja on arkkitehdin piirustus, tarkoitettu auttamaan sinua rakentamaan Pyhän Hengen temppeli sisimpääsi. Se voi auttaa sinua navigoimaan profeetallisen kutsumuksen kehittämisen vaikean maaston läpi. Mutta jokainen kutsu on ainutlaatuinen, joten hänen työnsä lopputulos sinussa voi olla hyvin erilainen.

Jumalan valtakunta on kuin sinapinsiemen. Se voi näyttää siemenistä pienimmältä, eikä sillä näytä olevan mitään potentiaalia. Muut siemenet näyttävät kasvavan nopeammin ja tuottavan paljon enemmän satoa.

Mutta olen ollut töissä isossa seurakunnassa viidentoista vuoden ajan, ja sen lisäksi olen asunut toisessa seurakuntarakennuksessa seitsemän vuotta. Tämä on antanut minulle mahdollisuuden nähdä seurakunnan elämä ja palvelutyö lähempää kuin edes haluaisin. On selvää, että nopeat ratkaisut tulevat ja menevät, mutta ne eivät tuota kestävää satoa. Jumalan valtakunnan tie on paljon parempi. Se tuottaa todellista hengellistä kasvua, jolla on voima muuttaa maailmaa, eikä pelkästään kirkon julkisivu.

Rukoilen, että tämä kirja auttaa sinua ottamaan vastaan Jumalan valtakunnan, jotta eräänä päivänä sen täysi voima toimisi elämässäsi. Rukoilen, että voit ottaa viisi askelta Henkeen; että oppisit elämään Jumalan läsnäolossa, huolenpidossa, luonnossa ja vapaudessa, ja että oppisit näkemään elämän hänen näkökulmastaan. Rukoilen, että Jumala antaa sinulle voimaa kestää ne tuskat, jotka tulevat väistämättä elämääsi, jos annat Jumalan valtakunnan siemenen kasvaa sisimmässäsi.

Paavali kirjoittaa:

> Jumalalta saamani armon mukaan olen taitavan rakentajan tavoin laskenut perustuksen, jolle joku toinen rakentaa. Mutta kukin katsokoon, miten rakentaa. Perustus on jo laskettu, ja se on Jeesus Kristus. Muuta perustusta ei kukaan voi laskea. Rakennetaanpa tälle perustukselle kullasta, hopeasta, jalokivistä, puusta, heinistä tai oljista, aikanaan tulee ilmi, mitä kukin on saanut aikaan. Tuomiopäivä sen paljastaa: se päivä ilmestyy tulenliekeissä, ja tuli koettelee, millainen itse kunkin aikaansaannos on. (1. Kor. 3:10-13)

Isä meidän -rukous antaa hyvän perustan profeetalliselle palvelutyöllesi. Rukoilen, että rakennat sille viisaasti, jotta se kestää ei vain tämän päivän tulen, vaan myös Herran päivän. Tulkoon Jumalan valtakunta elämääsi kaikessa täyteydessä, ja tapahtukoon hänen tahtonsa elämässäsi maan päällä, niin kuin taivaissa. *Aamen.*

Marko Joensuu

Marko Joensuu on toimittaja ja kirjailija, joka on työskennellyt Kensington Temple -seurakunnan media- ja julkaisutyössä viidentoista vuoden ajan. Kensington Temple on monikulttuurinen, karismaattinen seurakunta Lontoossa.

Marko kirjoittaa romaaneja ja inspiroivia kirjoja, johtaa erilaisia mediaprojekteja, ja opettaa hengellisistä lahjoista, erityisesti profetian armolahjasta.

Nettisivut: markojoensuu.com
Twitter: markojoensuu
Blogi: www.mentoringprophets.com
Facebook: facebook.com/fivemovements

www.ingramcontent.com/pod-product-compliance
Lightning Source LLC
Chambersburg PA
CBHW021138090426
42740CB00008B/836

* 9 7 8 0 9 5 7 5 3 5 4 4 2 *